2019年度教育部人文社会科学研究青年基金项目"西北地区早期工业化与民生设计研究（1840——1966）"研究成果（19YJC760128）

光明社科文库
GUANGMING DAILY PRESS:
A SOCIAL SCIENCE SERIES

·法律与社会书系·

乡域社会治理：
理论与路径

谢 炜 | 著

光明日报出版社

图书在版编目（CIP）数据

乡域社会治理：理论与路径 / 谢炜著 . -- 北京：
光明日报出版社，2022. 10

ISBN 978 - 7 - 5194 - 6830 - 9

Ⅰ.①乡… Ⅱ.①谢… Ⅲ.①农村—社会管理—研究
—中国 Ⅳ.①C912.82

中国版本图书馆 CIP 数据核字（2022）第 182994 号

乡域社会治理：理论与路径

XIANGYU SHEHUI ZHILI：LILUN YU LUJING

著 者：谢 炜	
责任编辑：刘兴华	责任校对：阮书平
封面设计：中联华文	责任印制：曹 净

出版发行：光明日报出版社

地 址：北京市西城区永安路 106 号，100050

电 话：010 - 63169890（咨询），010 - 63131930（邮购）

传 真：010 - 63131930

网 址：http：// book. gmw. cn

E - mail：gmrbcbs@ gmw. cn

法律顾问：北京市兰台律师事务所龚柳方律师

印 刷：三河市华东印刷有限公司

装 订：三河市华东印刷有限公司

本书如有破损、缺页、装订错误，请与本社联系调换，电话：010-63131930

开 本：170mm×240mm			
字 数：228 千字		印 张：16.5	
版 次：2023 年 1 月第 1 版		印 次：2023 年 1 月第 1 次印刷	
书 号：ISBN 978 - 7 - 5194 - 6830 - 9			
定 价：95.00 元			

目　录
CONTENTS

引言　乡村振兴与乡域社会治理 ·············· 1

第一节　乡村振兴战略的内涵 ·············· 2

第二节　乡域社会治理的价值 ·············· 6

第三节　乡域社会治理的实践 ·············· 10

第一章　乡域社会治理的基础理论 ·············· 20

第一节　"三治融合"理论意涵与关系辨析 ·············· 21

第二节　"三治融合"的目标群体认知 ·············· 23

第三节　"三治融合"推进的基本成效 ·············· 35

第四节　"三治融合"推进的显性挑战 ·············· 52

第五节　"三治融合"体系完善的策略 ·············· 72

第二章　乡域社会治理的核心目标 ·············· 80

第一节　乡域基层民主自治的法律演进 ·············· 80

第二节　乡域基层民主自治的实践困境 ·············· 85

第三节　乡域基层民主自治的路径选择 ·············· 89

第三章　乡域社会治理的多元主体 ·············· **95**

第一节　乡域基层党组织的角色与功能 ·············· 95

第二节　乡域村级行政组织的角色与功能 ·············· 99

第三节　其他类型村社组织参与乡域治理 ·············· 104

第四节　新乡贤参与乡域社会治理的功能 ·············· 107

第四章　乡域社会治理的心理契约 ·············· **112**

第一节　理解社会转型与社会稳定 ·············· 112

第二节　乡域社会心理的特征描述 ·············· 114

第三节　乡域社会心理面临的挑战 ·············· 117

第四节　乡域心理契约的提升举措 ·············· 121

第五章　乡域社会治理的软法保障 ·············· **126**

第一节　软法何为——村规民约的内涵与功能 ·············· 126

第二节　村规民约实施中影响村民参与的要素 ·············· 129

第三节　村规民约实施中村民参与的案例分析 ·············· 134

第四节　村规民约实施中村民参与的逻辑嬗变 ·············· 137

第六章　乡域社会治理的空间重构 ·············· **148**

第一节　"村改居"的政策变迁与实践历程 ·············· 149

第二节　"村改居"进程的现状与成效描述 ·············· 158

第三节　"村改居"进程面临的新问题分析 ·············· 170

第四节　"村改居"进程中治理优化的对策 ·············· 180

第七章　乡域社会治理的资源吸纳 ·············· **188**

第一节　作为村治模式改良新型因子的农民合作社 ·············· 189

第二节　农民合作社嵌入乡域社会治理的三重路径 ·············· 193

第三节　农民合作社嵌入乡域治理的案例图景描绘 …………… 196

第四节　农民合作社嵌入乡域社会治理的双重要素 …………… 199

第八章　乡域社会治理的代际重心 ……………………………… **211**

第一节　孔殷之需：乡域教育脱贫的治理价值 …………… 213

第二节　断裂之困：乡域教育脱贫的深层问题 …………… 217

第三节　溯源之考：乡域教育脱贫之困的成因 …………… 224

第四节　中国之治：乡域教育脱贫的重塑方案 …………… 230

第五节　前瞻之思：乡域教育振兴的基本路径 …………… 242

参考文献 ……………………………………………………… **248**

引言　乡村振兴与乡域社会治理

农业、农村、农民这三个问题，是关系国计民生的根本性问题，与中国的社会稳定、国家富强和民族复兴息息相关。2022年2月，《关于做好2022年全面推进乡村振兴重点工作的意见》正式发布，这是21世纪以来第19个指导"三农"工作的中央一号文件，足以说明"三农"问题在当代中国具有的重要意义。

乡村振兴战略与"乡村发展""新农村建设""美丽乡村营造"之间，从时间维度上有一定的延续性。2017年，党的十九大报告明确要求"按照产业兴旺、生态宜居、乡风文明、治理有效、生活富裕的总要求，建立健全城乡融合发展体制机制和政策体系，加快推进农业农村现代化"。《中华人民共和国国民经济和社会发展第十四个五年规划和2035年远景目标纲要》亦围绕"坚持农业农村优先发展、全面推进乡村振兴"作出一系列重要部署。习近平总书记强调："乡村振兴是包括产业振兴、人才振兴、文化振兴、生态振兴、组织振兴的全面振兴。"乡村振兴不仅要借助外力，更要激发内生动力，形成全面推进乡村振兴的强大合力。

第一节 乡村振兴战略的内涵

中国特色社会主义进入新时代，社会的主要矛盾已经转化为人民日益增长的美好生活需要和不平衡不充分的发展之间的矛盾。中国发展中最大的不平衡，是城乡之间的发展不平衡；最大的不充分，是农村发展的不充分；最大的不同步，是农业农村现代化滞后于城镇化、工业化和信息化[①]。

中心—外围理论认为，市场经济背景下商品、资本、人员、技术等要素完全以自由的方式流动，且它们首先是向具有极化效应的地区流动，因而这些地区发展得更快、更繁荣；相反，农业部门和农村则处在经济区域的边缘，从属于中心地带的工业部门和城市的不对等的发展关系。这种关系不仅促使中心—外围经济形成，而且随之而来形成了中心主导外围的城乡不平衡发展[②]。要解决这种现实发展的困境，亟待补齐农业农村发展滞后这块短板，为全面建成小康社会和实现社会主义现代化奠定坚实基础。"乡村振兴战略"的提出，对于弥合城乡发展差距、促进共同富裕的实现具有深远意义。理解"乡村振兴战略"的内涵，可以从系统性、功能性、梯度性等视角切入。

其一，基于系统性的维度，"乡村振兴战略"包含"产业兴旺、生态宜居、乡风文明、治理有效、生活富裕"的复合性要求。其中，"产业兴旺"是衔接脱贫攻坚与乡村振兴的载体，也是直接解决农民收入低下、农民弃农进城、城乡发展失衡问题的关键所在。从乡村振兴战略实施的现实

---

① 周立. 乡村振兴战略与中国的百年乡村振兴实践［J］. 人民论坛·学术前沿，2018（3）：6-13.

② KRUGMAN P. Increasing Returns and Economic Geography［J］. The Journal of Political Economy，1991（3）：483-499.

情况看，产业兴旺应主要定位于农业，依托农业发展二、三产业，并促进产业之间深度融合。当前我国农业产业现状表现为产业大而不强，农产品多而不精细，现代农业基础薄弱，科技普及率较低，现代农业装备应用不广泛，一二三产联动性不明显，农业经营抗风险能力弱等，需通过多元化产业和特色产业项目的途径，让产业为乡村振兴赋能。

"生态宜居"指以农村"整洁、美丽、和谐、宜居"为目标，大力推进农村生态文明建设和农村人居环境、生态环境整治，积极推进农村生产方式、生活方式和消费方式的绿色化、生态化，发展绿色产业，培育"美丽经济"，建设乡村田园综合体，让美丽乡村成为农民幸福生活的宜居家园和市民休闲养生养老的生态乐园。近年来推进的美丽庭院建设和农村"厕所革命"等即体现了"生态宜居"的导向。

"乡风文明"是乡域发展"软实力"的体现，为乡村振兴提供智力支持和精神动力。加强乡风文明建设，既要传承优秀传统文化，更要发挥好先进文化的引领作用，同时，充分尊重乡村本位和农民主体地位，围绕农民需要提供文化服务，组织农民开展文化活动，提升农民素质和乡风文明程度。近年来多地通过百姓大讲堂、农村文明随手拍、农民素质争优赛等方式，引导村民学礼仪、尊礼仪、用礼仪，摒弃不文明陋习，培育崇德向善、诚信友善的民风，让文明乡风、良好家风、淳朴民风不断焕发新活力，增强社会治理新能量。

"治理有效"是乡村振兴的基础。党中央提出建立"党委领导、政府负责、社会协同、公众参与、法治保障"的现代社会治理结构，具体到乡域，应围绕这一框架，积极构建制度机制，通过多方协力的统筹调配、科学保障作用，推动乡村治理科学合理、措施精准。在乡域治理中，村民为天然的治理主体，需进一步激发其内生动力与参与能力；村党支部和村民委员会是自治的组织保障，需规范村两委成员的履职行为；乡镇党委和基层政府是乡域治理的资源协调者，为乡村振兴提供政治保障和基础性资源；农民合作社、新乡贤、农业龙头企业等为新兴的参与力量，为乡村振兴提供治理动能。

"生活富裕"是实施乡村振兴战略的根本出发点和最终落脚点，是农村广大群众对美好生活的向往和需求。习近平总书记强调，要构建长效政策机制，通过发展集体经济、组织农民外出务工经商、增加农民财产性收入等多种途径，不断缩小城乡居民收入差距，让广大农民尽快富裕起来。生活富裕是当前阶段实现共同富裕的基本形式，它与消除贫困、改善民生、不断满足人民日益增长的美好生活需要相关联，充分体现了我国处于社会主义初级阶段的基本国情和主要矛盾；共同富裕是乡村生活富裕的目标导向和价值追求，彰显了中国特色社会主义的制度优势和发展优势。

其二，基于功能性的维度，"乡村振兴战略"具有明确新时代农村发展新任务、缩小发展差距以及推进国家治理体系和治理能力现代化的价值。"乡村振兴战略"以"社会主义新农村建设"为基础，但却实现了对建设目标的超越。2005年党的十六届五中全会通过规划纲要建议，提出按照"生产发展、生活宽裕、乡风文明、村容整洁、管理民主"的要求，扎实推进社会主义新农村建设。在"乡村振兴战略"的要求中，除"乡风文明"保持一致之外，"产业兴旺"替代了"生产发展"，"生活富裕"替代了"生活宽裕"，"生态宜居"替代了"村容整洁"，"治理有效"替代了"管理民主"。无论从涵盖的范围和内容看，抑或从达到的层次和高度看，乡村振兴战略对新时代农村发展的方向与任务均有了新的制度安排。

乡村振兴是推动新型城镇化、实现经济可持续发展的需要。中国的新型城市化被西方学者称为21世纪影响世界文明进程的大事，也是国家在经济发展进入新常态状态下实现可持续发展的新的动力和引擎。[1] 新型城镇化的核心在于不以牺牲农业和粮食、生态和环境为代价，着眼农民，涵

---

[1] 唐任伍. 新时代乡村振兴战略的实施路径及策略 [J]. 人民论坛·学术前沿, 2018 (3)：26-33.

盖农村，实现城乡基础设施一体化和公共服务均等化，促进经济社会发展，实现共同富裕。新型城镇化与传统城镇化的最大不同，在于新型城镇化是以人为核心的城镇化，注重保护农民利益。新型城镇化强调在产业支撑、人居环境、社会保障、生活方式等方面实现质的飞跃，这与乡村振兴的"产业兴旺、生态宜居、乡风文明、治理有效、生活富裕"的要求一脉相承。只有通过振兴乡村，实现城乡统筹和可持续发展，才能最终实现"人的无差别发展"。

乡村治理作为国家治理体系的重要组成部分，是治理体系中最基本的治理单元，也是实现乡村振兴战略的基石。因此，加强乡村治理，健全自治、法治、德治相结合的乡村治理体系，对于巩固国家治理基础，加快构建中国特色乡村治理体系，更好地开创乡村振兴新局面，具有非常重要的现实意义。近年来，我国农村经济社会结构发生的深刻变化给乡村治理机制创新带来多方面挑战。在新形势下，加强农村基层基础工作，进一步完善村级民主选举、民主决策、民主管理、民主监督机制，充分发挥村规民约的教育、引导、约束、惩戒作用，加快推进乡村治理法治化，依法保障农民权益，建立更加公正有效、多元共治的新型乡村治理体系，将是实现国家治理体系现代化的重要保障。

其三，基于梯度性的维度，"乡村振兴战略"蕴含着因地制宜、分类施策的基本导向。十九大报告指出"发展不平衡不充分的一些突出问题尚未解决"，这也意味着乡村振兴在不同城市、不同区域中具备差异性基础和条件。如发达地区的乡域与欠发达地区、艰苦边远地区的乡域在资源禀赋、产业基础、人才引入、市场条件等方面的情况千差万别；即使在同一地域内，示范型村庄和普通型村庄在政策倾斜、资源吸纳、品牌塑造、汲取能力等方面也时常成效迥异；即便在同一村域内，基于利益分化和结构分层的影响，村民之间的群体特征也较为明显，大多数收入来源有限的农户与少数先富起来的农户之间①形成了显著的落差。实施"乡村振兴战略"，要针对城郊型、平原型、山区型、边境型等不同类型村庄，并根据其发展水平和所处的地理位置，实行差别化政策和推进策略，鼓励不同地区积极探索多种形式的乡村振兴模式，②同时及时总结多元经验，加强交流和推广示范。

第二节　乡域社会治理的价值

党的十八届三中全会通过《中共中央关于全面深化改革若干重大问题的决定》，提出"创新社会治理体制"的目标，要求"着眼于维护最广大人民根本利益，最大限度增加和谐因素，增强社会发展活力，提高社会治理水平，全面推进平安中国建设，维护国家安全，确保人民安居乐业、社会安定有序"。

社会治理是国家治理体系的有机组成部分，即将治理原则和基本内涵引入行政职能转变和社会公共事务有效协调的各个环节和过程中。"社会治理"沿袭了既往"社会管理"的部分功能，却又呈现出发展理念和核心价值的转向。

从历时性来看，我国学术界对社会管理的研究始于 20 世纪 80 年代，但在很长一段时间内，不管是学术界还是实务界，对社会管理的关注度均远远低于经济管理、工商管理和行政管理等领域。一个佐证即是一直以来使用社会管理概念的现行法律和行政法规数量相当有限。随着改革开放和经济体制改革的逐渐深入，我国社会领域发生了深刻变化，产生了诸多社

---

① 贺雪峰. 谁的乡村建设——乡村振兴战略的实施前提 [J]. 探索与争鸣，2017（12）：71-76.
② 魏后凯. 如何走好新时代乡村振兴之路 [J]. 人民论坛·学术前沿，2018（3）：14-18.

会矛盾和社会问题。在经济转轨和社会转型的关键时期，中央政府适时将社会建设和社会管理提升至战略地位。2011 年，在省部级主要领导干部社会管理及其创新专题研讨班开班式上，社会管理被定性为"人类社会必不可少的一项管理活动"。加强和创新社会管理，根本目的是维护社会秩序、促进社会和谐、保障人民安居乐业，为党和国家事业发展营造良好的社会环境。社会管理的基本任务包括协调社会关系、规范社会行为、解决社会问题、化解社会矛盾、促进社会公正、应对社会风险、保持社会稳定等方面。做好社会管理工作，促进社会和谐，是全面建设小康社会、坚持和发展中国特色社会主义的基本条件。

什么是社会管理？这是一个困扰研究者和实践工作者的基本问题。社会管理分为广义的社会管理和狭义的社会管理。广义的社会管理是指对整个社会的管理，即包括对政治子系统、经济子系统、思想文化子系统和社会生活子系统在内的整个社会大系统的管理。这里的社会是与自然界相对应，和民族国家的范围重合，包括政治、经济、思想文化和社会生活各个子系统在内的广义的社会。狭义的社会管理则侧重于对与政治、经济、思想文化各个子系统并列的社会子系统的管理。这里的社会指的是作为整个社会这个大系统中一个子系统的狭义的社会。社会学通常用"社会生活"或"社会生活子系统"来表示。① 有学者认为社会管理主要是政府和社会组织为促进社会系统协调运转，对社会系统的组成部分、社会生活的不同领域以及社会发展的各个环节进行组织、协调、服务、监督和控制的过程。社会管理是社会建设的重要内容。② 这里把社会管理和社会建设结合起来，并且指出了社会管理的主体不仅包括政府，而且包括社会组织，还

---

① 李程伟. 社会管理体制创新：公共管理学视角的解读 [J]. 中国行政管理，2005（5）：40-42.

② 郑杭生. 中国人民大学中国社会发展研究报告 2006——走向更讲治理的社会：社会建设与社会管理 [M]. 北京：中国人民大学出版社，2006：2.

指出了社会管理是一个过程。这和《中国大百科全书·社会学卷》的表述类似，"在市场经济条件下，社会管理就是政府和社会组织为促进社会系统协调运转，对社会系统的组成部分、社会生活的不同领域以及社会发展的各个环节进行组织、协调、服务、监督和控制的过程"①。

何为社会治理？全球治理委员会将治理界定为：或公或私的个体或机构处理相同问题所形成的诸多方式的总和，是使相互冲突或不同的利益得以调和，并且采取联合行动使之得以持续的过程。治理包含了四重特征：其一，治理的主体呈现多元性，既包括公共部门，也包括准公共部门和私人部门，既涵纳组织，也涉及公民个体；其二，治理不是静态的规制，也不是某种单项活动，而是持续的动态过程；其三，治理的核心目标并非控制或管制，而是协调多方利益或诉求并达成共识；其四，治理强调主体之间的互动与合作。在"治理"这个关键词前加上"社会"的限定，意味着治理场域的具象化。社会治理是指在一定的共同价值基础上，多元组织和公众协调社会事务及合作供给公共服务的动态过程。社会治理的目标是实现社会公平、公正以及维持社会效率，社会治理的对象是社会事务、公共服务和社会价值，社会治理的主体包含纯公共组织、社会组织、企业组织及公民等。

乡域是一个社区空间性概念，乡镇则是一个行政性概念。明代何景明的诗作《十四夜同清溪子对月》中有"与子各乡域，邂逅临此堂"的表述，这里的"乡域"指向地区或处所。在我国，乡一般由若干个行政村组成，人口在5000至2万人之间，区域面积相对较小，经济相对薄弱，并以农业人口为主。乡域，指由众多村落组成的以农民农业为主体的农村社区，是一个包含经济、社会、生态等丰富内容的区域系统。从生产角度看，乡域泛指以农业生产为主体的地域，农业产业是乡村赖以存在和发展

---

① 中国大百科全书编委会. 中国大百科全书·社会学卷［M］. 北京：中国大百科出版社，1991：301-302.

的前提；从社会构成角度看，乡域是指社会生活以家庭为中心，人与人之间关系密切，物质文化设施较城市差，风俗、道德习惯势力较城市强，居民以从事农业生产活动为主要谋生手段的区域；从生态学角度看，乡域是指单个聚落人口规模较小，聚落之间具有较大开敞绿色景观地带的区域；从综合角度看，乡域作为一个动态系统，它的区域概念是相对于城镇而言的，指城镇以外的其他区域，包括集镇和乡村。[①]

乡镇，则指农村地区一定区域内工商业比较发达，具有一定的市政设施和服务设施的政治、经济、文化、科技和生活服务中心，是一种正在从乡村性的社区变成多种产业并存，向着现代化城市转变中的过渡性社区。乡镇作为一种组织制度，起源于中国古代的乡（里）制度。但是历史上的乡（里），在不同的时期，其概念与范畴并一致。西周后的"乡"往往属于州县之下，而西周只设"六乡"，其层级高于州县。到了春秋战国时期，这一情况才有所改变，乡的地位渐渐移至县下，"乡"才正式成为乡里基层组织的一级单位。[②] 秦始皇统一中国后，为了确保中央集权，方便行政管理，废除分封制，实行了"郡县—乡里"的组织体系，即以郡统县、以县统乡、以乡统里的政权体系。在全国划分郡、县、乡三级行政区域，分别置官管理。于是乡作为基层行政建制得以初步确定。[③] 与乡平行的镇为县以下城镇地区的行政建制，开始出现于宋代，比乡制晚了 2000 多年。

乡镇在行政层级上是区政府或县政府所辖制的一级政权，在整个国家行政体系中处于最低一级。乡政权是国家在乡村社区设置的基层政权组织，镇政权是在区域内或县域内建制镇所辖地区设置的基层政权组织，乡镇政府在一般意义上即指农村基层政权组织。

《中华人民共和国地方各级人大和地方人民政府组织法》第七十六条

① 邹力行. 乡村振兴战略研究［J］科学决策，2017（12）：19-34.

② 金太军，施从美. 乡村关系与村民自治［M］. 广州：广东人民出版社，2002：6-7.

③ 吴佩纶. 地方机构改革思考［M］. 北京：改革出版社，1992：138.

规定，乡、民族乡、镇的人民政府行使下列职权：①执行本级人民代表大会的决议和上级国家行政机关的决定和命令，发布决定和命令；②执行本行政区域内的经济和社会发展计划、预算，管理本行政区域内的经济、教育、科学、文化、卫生、体育等事业和生态环境保护、财政、民政、社会保障、公安、司法行政、人口与计划生育等行政工作；③保护社会主义的全民所有的财产和劳动群众集体所有的财产，保护公民私人所有的合法财产，维护社会秩序，保障公民的人身权利、民主权利和其他权利；④保护各种经济组织的合法权益；⑤铸牢中华民族共同体意识，促进各民族广泛交往交流交融，保障少数民族的合法权利和利益，保障少数民族保持或者改革自己的风俗习惯的自由；⑥保障宪法和法律赋予妇女的男女平等、同工同酬和婚姻自由等各项权利；⑦办理上级人民政府交办的其他事项。

从上述职权可以看出，乡镇政府负责的本行政"区域"内的经济、教育、科学、文化、卫生、体育等事业和生态环境保护、财政、民政、社会保障、公安、司法行政、人口与计划生育等任务，均属于基层社会治理范畴。乡镇政府和乡域中的村级党组织、农民自治组织、农民经济合作组织、村民个体等主体形成有机互动关系，方能在社会治理进程中实现社会公平、公正以及维持社会效率。

第三节　乡域社会治理的实践

党的十八大对进一步推进社会治理提出新要求，"必须加强社会管理法律、体制机制、能力、人才队伍和信息化建设……充分发挥群众参与社会管理的基础作用。完善和创新流动人口和特殊人群管理服务"。2013 年11 月，党的十八届三中全会第一次把"完善和发展中国特色社会主义制度，推进国家治理体系和治理能力现代化"列为全面深化改革的总目标。

在此基础上，2014年10月，党的十八届四中全会审议通过了《中共中央关于全面推进依法治国若干重大问题的决定》，进一步提出走依法治国之路来实现国家治理现代化。2015年中央"一号文件"明确提出各地可以根据形势发展的需要，对村民自治试点范围做进一步扩大，旨在进一步探索具有地方特色满足基层群众需要且更加富有成效的实现形式。2019年10月，党的十九届四中全会明确提出："完善党委领导、政府负责、民主协商、社会协同、公众参与、法治保障、科技支撑的社会治理体系，建设人人有责、人人尽责、人人享有的社会治理共同体，确保人民安居乐业、社会安定有序，建设更高水平的平安中国。"

自新中国成立以来，我国乡域治理经过了四次变迁，分别是新中国成立初期的"乡（村）政权"模式（1949—1978年）、计划经济时期的"人民公社"模式（1958—1978年）、改革开放后的"乡政村治"模式（1978—1994年）和社会主义市场经济条件下的"新农村"模式（1994年至今）。我国乡村治理模式的变迁是在经济发展的推动作用、国家的主导作用和农民的主体作用等各种社会力量的共同作用之下完成的。① 新时代我国乡域治理模式呈现出治理主体多元化、治理模式整体化、治理方法复合化等的发展趋势。

（一）在治理主体多元化方面

其一，基层党组织更加坚强有力。聚焦村级党组织不健全、无村级活动场所或村级活动场所不达标、村集体经济薄弱、3年以上未发展党员、村"两委"班子凝聚力战斗力不强、有宗族势力和黑恶势力残留、信访突出等问题，对基层党组织进行"全面体检""把脉问诊"，全面提升党组织的组织力。

---

① 李苗苗，许静波. 新中国成立以来乡村治理模式变迁研究［J］. 边疆经济与文化，2022（5）：25-28.

如调研所示，S市青浦区金泽镇莲湖村党总支坚持党建引领，推动乡村振兴，充分释放组织振兴第一牵引力的带动效应，不断提升组织力和战斗力，推动农村党建与乡村振兴深度融合，为实现乡村振兴提供坚强的组织保证。村党总支深化"党总支—党支部—党小组—党员"四级党建网格管理模式，选优配强7个网格片区队伍，通过上门征询村情民意、宣传政策法规、协调解决矛盾等，将力量凝聚在网格、问题解决在网格，激发村民自治动力。建立"心莲心"党员联系群众机制，形成"1+3+X"党群服务圈，即1个党群服务站、3个党群服务点和若干个综合为民服务点。每名党员联系若干农户，开展上门走访，了解社情民意，架起党员与群众的"连心桥"，服务涉及为老、助残、卫生、文体等多个领域。党员带头作表率，组建以"党性强、作风好、经验足、威望高"的老党员、老干部为主的"莲湖红马甲"党员先锋队，开展生态治理、垃圾分类、治安巡逻、巡防督查、矛盾调解等志愿服务。依托镇社区党群服务中心，创设"回归自然，我在莲湖等你"党建项目，整合工青妇等群团资源，形成党建带群建的良好氛围。建立莲湖村乡村青年中心，以青年农业人才培养、青年大学生乡村实践、青年创新创业等为抓手，搭建干事创业平台，吸引青年才俊来村"比学赶超"。大力培育引进服务性、公益性、互助性乡村社会组织，积极发展乡村社会工作和志愿服务，使公益慈善成为乡村文化的又一张亮丽名片。

其二，农民专业合作社参与乡域治理的功能更为突出。无论从产业类型、带动效应，还是服务内容看，农民专业合作社都已成为组织服务农民群众、激活乡村资源要素、推进产业扶贫、引领乡村产业发展和维护农民权益的重要组织载体。在基层实践中，"党支部+合作社""村组织+合作社""扶贫社+合作社""公司+合作社"等形式丰富多元，合作社的功能与新时代乡村治理水平呈现高度契合。

继2019年国家多部委共同出台《关于开展农民合作社规范提升行动

的若干意见》之后，全国各地陆续采取系列有力措施推进农民专业合作社实现高质量发展。这是自 2007 年《农民专业合作社法》实施以来，我国改革农村经济治理，强化优化农村市场主体作用的又一重大战略导向。其政策指向，当然首在提升农业经营质量、效益。与此同时，由效率需求激发的经济组织创新及其对乡村治理生态系统的赋能效应同样不可忽视。

如调研所示，A 省永济寨子村在过去二十余年间几经波折，凭着不懈的执着和探索，蒲韩合作社把解决一个又一个难题变成提高农民组织化的尝试、变成拓展团队服务的契机。蒲韩社区覆盖了两个乡镇的 43 个自然村，28 个合作社，3865 个农户会员在 8 万亩土地上转向多元生态种植，对接了永济和运城的 8100 个消费者家庭。合作社目前有 113 个全职工作人员，80% 以上是 35 岁以下的年轻人。合作社坚守着社区和生活第一、经济提升第二的原则。现阶段，蒲韩社区的农户会员把三分之一的产品用于社区内部的互换消费，三分之一直接提供给城市消费会员，三分之一出售给经过培训的经纪人。蒲韩社区从技术培训起步，到从组织妇女跳舞中发现骨干、凝聚群众，再到发动村民自力更生清理垃圾，通过组织活动为合作社的发展积累了群众基础和组织经验。此后，他们逐渐走向生产合作，然而经济合作并非易事，他们在失败和挫折中不断反思、调整，并发现组织农村的工作不应该把经济放在第一位，应该把农村的生活放在第一位，不能着急求快；同时，农村的发展需要年轻人的参与，蒲韩社区想方设法地吸收和锻炼年轻人，让他们融入社区的发展和服务中去。蒲韩社区的合作社成功处理自主发展与政府扶持之间的关系，在组织农业生产方面通过发掘本地资源逐步走向有计划的、多样化的、有机的生产，通过进一步将生产和消费相连接，探索了一种新的生产消费观和新的城乡关系。

其三，下派专业力量助力乡域社会治理的优化。结合脱贫攻坚和乡村振兴工作，下派第一书记、驻村工作队和乡村振兴工作队，脱离原工作岗位，扎根结对乡村，深入群众之中，开展走访调查，联通资源和需求，精准提供帮助和公共服务。

驻村干部是乡村治理的一线实践者，连接着村民、政府与研究人员，在乡村治理中发挥着至关重要的作用。在乡村振兴背景下的农村基层治理中，驻村干部的工作方式从以点带面转变为点面结合，肩负起串联各方实践主体的任务。

如调研所示，2019 年 6 月，S 市市委组织部会同市农业农村委从全市各条线选派了 200 名优秀干部开展驻村工作。两年间，在驻村指导员和村干部群众的共同努力下，200 个村中有 33 个村可支配收入和经营性资产已超过经济薄弱村指标；促成签订党建结对共建协议 1383 份，募集捐款、捐物共计 775 万余元；为所驻村引进项目 168 个，投资总额达 2.5 亿元，实现了优势互补、资源共享。在驻村指导员的带动下，883 场次各类文艺演出、送医下乡、知识讲座、教育培训等活动让村民的精神文化生活日益丰富，文明乡风、良好家风和淳朴民风正成为乡村新风尚；为村民帮扶解困办实事，共改善村内道路、房屋等公共设施、设备 660 余处（项）。此外，面对突发的疫情，驻村指导员们第一时间回到村里，全力配合村"两委"班子落实疫情防控各项工作，为打赢疫情防控阻击战贡献自己的智慧和力量。2021 年，S 市第二批驻村指导员开启为期 22 个月的驻村工作。为切实做好选派优秀干部支持经济相对薄弱村发展工作，根据市委组织部与市农业农村委印发的《关于在实施乡村振兴战略中选派优秀干部支持 S 市经济相对薄弱村发展工作的通知》，全市选派第二批驻村指导员共 200 人，其中市选派 65 人，区选派 135 人，入驻 6 个涉农区的经济薄弱村。第二批驻村指导员入驻乡村后，总结第一批驻村指导员工作的经验和成效，加大工作力度，指导农村基层组织建设，进一步发挥党建引领作用，推动村级集体经济发展壮大，帮助解决村民生产生活实际困难和具体问题，不断将乡村振兴战略工作推向深入。

（二）在治理模式整体化方面

国家与社会关系是现代国家治理的一条主线，基层治理是国家治理的重要组成部分。在诸多探索中，自治、法治、德治相结合逐渐成为构建和完善基层治理体系的主导思路。从国家与社会关系的角度看，"三治融合"蕴含着在新的时代条件下构建国家与社会之间有效互动机制的实践探索。

"三治融合"思想源于浙江等地创造的经验。2017 年 10 月党的十九大报告明确提出"健全自治、法治、德治相结合的乡村治理体系"。2018 年中央政法工作会议认为坚持自治、法治、德治相结合是新时代"枫桥经验"的精髓，也是新时代基层治理创新的发展方向。同年发布的《乡村振兴战略规划（2018—2022 年）》也在"健全现代乡村治理体系"部分对"三治融合"作出进一步定位，强调"坚持自治为基、法治为本、德治为先"。2019 年 10 月，十九届四中全会提出"健全党组织领导的自治、法治、德治相结合的城乡基层治理体系"，进一步将"三治融合"扩展至城市与乡村的基层治理体系建设中，这一要求为十九届五中全会所延续。从这样的决策历程看，"三治融合"发源于乡村治理实践，又不限于乡村场域，而是成为统领城乡基层治理体系建设的主导模式。

Z 省的枫桥镇，因乡村治理"小事不出村、大事不出镇、矛盾不上交"，得到了毛泽东同志的肯定，"枫桥经验"闻名全国。然而近年来，由于基层法治观念淡薄、社会道德部分滑坡，征地拆迁、生态环保等引发的社会问题更加突出。特别是世界互联网大会举办地永久落户嘉兴下辖的桐乡，面对每年重大国际峰会的常态化安保形势，依靠原先的社会治理模式已经无法适应。如何应对传统治理机制和治理方式的挑战？2013 年，在原先自治、法治、德治"单兵作战"的基础上，嘉兴首次提出"三治融合"的理念，探索既解决短期现实问题，又兼顾长效公平的社会治理新模式。试点探索从桐乡市高桥镇起步。这个位于城乡接合部的乡镇，因为高铁的开通，进入大开发、大建设的机遇期，拆迁补偿等问题随之集中爆发。2013 年，浙江第一个村级道德评判团在高桥街道越丰村成立，目的是让群众自己教育自己、自己规范自己、自己管理自己。由高桥街道带头组建的"一约两会三团"，已经成为嘉兴全市开展"三治融合"建设的有效载体，使各类矛盾纠纷逐一被解决。"一约"是指村规民约，"两会"是指百姓议事会和乡贤参事会，"三团"则是百事服务团、法律服务团及道德评判团。多年来，嘉兴不断深化载体创新，推动社会治理由"自上而下"向"上下互动"转变，并在全省率先公布 37 项基层群众自治组织依法履行职责事项和 40 项协助政府工作事项，从"要我干"变成"我要干"，从"为民做主"变成"由民做主"，基层治理活力不断增强。

如调研所示，2020 年，桐乡市在乡镇试点成功基础上，在全市推广"三治融合"积分管理。"三治融会"积分管理以村（居）民户、新居民户、企业、商铺等为积分主体，线下通过日记录、月审核、季公示、年评比的形式，运用正向反向双评价获得积分；线上通过"三治积分榜"和"三治积分商城"等板块，鼓励群众通过参与平安建设、主动报事议事等方式获得积分和兑换。在积分的运用上，"三治积分"除可以兑换物质和精神双重奖励外，还创新与金融惠民挂钩、与先进评比挂钩，激发了人民群众参与自我管理、参与公共事务的积极性和主动性，有效推动构筑起"人人有责、人人尽责、人人享有"的基层社会治理新格局。目前，217 个村（社区）497 家积分超市投入使用，已为 2.2 万户兑换 2.9 万次积分。依托"三治"积分已发放"三治信农贷"52.66 亿元、共 1.88 万户。2020 年 9 月 25 日，《桐乡市三治融合积分管理实施规范》地方标准正式发布。

（三）在治理方法复合化方面

其一，不断完善民主协商机制，聚焦群众关心的民生实事和重要事项，严格落实"四议两公开"制度，不断完善网格化管理服务，积极引导群众自我管理、自我服务、自我教育、自我监督。

1999 年，温岭松门镇政府会议室举行的一场"农业农村现代化教育论坛"诞生了温岭民主恳谈，实现了从百姓事、百姓议到大家事、大家办的转变。被誉为我国基层协商民主典型形式的温岭民主恳谈，经过 20 年的传承与弘扬，已从初期对话式的恳谈、协商深化到参与式的决策、预算，近年来还积极拓展到基层社会治理的各个领域，当地百姓广泛参与基层治理成为一种常态。据不完全统计，大至重大项目决策，小至群众烦心琐事，20 年来温岭已举行了 3 万余场大大小小的民主恳谈会。乡镇一级的民主恳谈会一般每季度召开一次，一期一个主题，恳谈会的内容主要是当地的重点工作以及群众普遍关注的问题。参加恳谈会的群众大多有备而来。村一级的民主恳谈会每半年召开一次，凡本村村民均可参加。方式与镇民主恳谈会类似，但村级民主恳谈会的开展初期并不顺利。最初，有些村民的发言无序、非理性和情绪化比较突出，过激的言辞批评使村干部颇为尴尬，部分村干部则反映自己有种被"批斗"的感觉，有些村干部开了一次恳谈会后就不敢再开第二次了。随着村民在恳谈会上提出的问题和要求逐步得到妥善解决，村民们对干部的态度也渐渐地改变，由猜疑转向信任，由抬杠转向合作，由矛盾转向和解。党的十九届四中全会要求，健全充满活力的基层群众自治制度。事实证明，民主恳谈就是一种充满活力的工作形式，充分体现了共建共治共享的现代社会治理理念。

其二，村民自治是乡村治理的重要方式，村规民约成为实现村民自治的重要载体。作为乡域社会内的自治性约束，村规民约对乡村社会中村民生产生活秩序的维护、村民行为习惯的规范、复杂村域事务的处理等做出约定。"从基层上看去，中国社会是乡土性的"，"人们彼此之间都是熟人，公共秩序的维持无须仰赖国家的法律，而是仅依靠对传统规则的服膺"①。村规民约是介于法律法规和村民个人意愿诉求之间的一种利益连接机制，可以兼顾各方利益平衡，最大限度地调动广大村民本村事务管理的积极性。

如调研所示，近年来，S市崇明区建设镇蟠南村以创建省级文明村为目标，不断提升乡村文明水平，其中《村规民约》发挥了积极作用。蟠南村的《村规民约》制定于2013年，目前已经过三次修改，分别新增了多项内容，有效提升了村民自治水平，让环境更整洁、乡风更文明。在2016年的修订中，增加了移风易俗的条款。在2020年的修订中，将迎花博环境整治的内容以更大的比例写进了《村规民约》。与此同时，还增加了大病补助措施、绝症病人年终慰问、丧偶慰问等福利待遇。自《村规民约》实施和修订以来，蟠南村共拆除违章和破旧"五棚"近4000平方米，整治镇村级河道35条段，装运垃圾3000余吨。村内党员干部逢年过节对村里的老人和患病村民关心慰问，村民们的宅前屋后环境更加干净整洁，邻里之间的关系更加和睦融洽，村民的生活水平和幸福指数都有了较大提升。

其三，提升村民参与能力，将新乡贤的象征性参与转化为实质性参与。自2015年起，中央一号文件中四次明确提出"创新新乡贤文化，传承农村文明"。中国传统的乡绅和地方贤人治理以及"选贤举能"的理念，为新乡贤参与乡村治理提供了历史文化基础。当下乡村大量劳动力及人才的流失使乡村建设内在动力不足，而新乡贤更加了解本土的文化及村落环境。新乡贤参与乡村治理，既可以有效协调基层干群关系，应对基层信任危机，亦可预防地方群体性冲突事件和村霸极端事件的发生。

如调研所示，S市竖新镇22个村居新乡贤理事会组建两年以来，310

---

① 费孝通. 乡土中国生育制度［M］. 北京：北京大学出版社，1998：6-50.

名理事会成员在参事议事、宣传引导、志愿服务等方面积极发挥作用，累计开展活动160余次，在夯实社会治理、扮靓美丽乡村、推动乡村振兴方面作出了积极贡献，取得了良好的社会效应。新乡贤积极参与生态文明、文化惠民、助农致富等公共事务管理，为镇村提供决策咨询。新乡贤广泛开展引智、引才、引资活动，助推村级经济社会发展。新乡贤充分利用自身优势、人脉关系等，推动资金回流、项目回归、信息回传、人才回乡等。新乡贤广泛收集社情民意，成为邻里纠纷的化解人、社情民意的知情人，帮助群众解决实际困难。新乡贤作为群众的身边人，有威望、说起话来也有分量，如大东村的新乡贤理事会在理事长的带领下，组建由理事会成员、姐妹议事会成员等为组成人员的协调机构，各成员认领片区，明确工作职责，了解百姓家中是否发生矛盾纠纷，并开展调解室成员走访和后续的随访工作，防止矛盾再次发生。新乡贤理事会成功化解矛盾100多起，为维护村内和谐稳定作出了较大贡献。

第一章　乡域社会治理的基础理论

党的十九大报告在明确"实施乡村振兴战略"时，要求"加强农村基层基础工作，健全自治、法治、德治相结合的乡村治理体系"。乡村振兴战略地位的确立表明党和国家将更加重视并致力于乡村地区的长远发展。这不仅意味着要改善乡村地区的面貌，促进乡村的繁荣，还意味着要实现乡村地区的持续稳定和有效治理。同时，2019 年 6 月 23 日中共中央办公厅、国务院办公厅印发的《关于加强和改进乡村治理的指导意见》提出，到 2035 年实现乡村公共服务、公共管理、公共安全保障水平显著提高，党组织领导的自治、法治、德治相结合的乡村治理体系更加完善，乡村社会治理有效、充满活力、和谐有序，乡村治理体系和治理能力基本实现现代化①。因此，培育自治、法治和德治相结合的乡村治理体系，不仅是对以往单一强调村民自治的超越，更强调多元治理理念和治理路径的重新组合。由此决定了在我国乡村振兴的进程中，治理体系的健全将是一个重大而紧迫的现实问题。

---

① 中共中央办公厅，国务院办公厅. 关于加强和改进乡村治理的指导意见［Z］. 2019-06-23.

第一节 "三治融合"理论意涵与关系辨析

2018年1月，中央政法委提出"坚持自治、法治、德治相结合，是新时代'枫桥经验'的精髓，也是新时期基层社会治理创新的发展方向"。"三治融合"乡村治理模式在党的十九大上被正式写入大会报告："加强农村基层基础工作，健全自治、法治、德治相结合的乡村治理体系"。

乡村"三治"即指自治、法治及德治。其中，自治是指村民民主决策、民主管理、民主监督、民主选举、民主协商，群众自我管理、自我教育、自我服务、自我提高等一系列内容，村民自治追求自由、公众参与以及在参与中个人权利的表达。基层社会治理中的法治是指在制定村规民约等一系列规则体系时要充分凝聚村民意志，强调法的精神，并通过现实依据和法律手段，对基层政府行为进行制约，同时要在政府和民众之间约束村委会行为，以及通过发挥社区民警、社区公证员、基层法律服务工作者、社区志愿者的作用，推进乡村公共法律服务体系建设。德治是指依靠乡土社会的礼治秩序对人们的行为形成约束和规范，并借助传统的乡规民约和地方风俗等一系列非正式制度，解决乡村矛盾，培育文明乡风，同时发挥乡村精英、道德模范在乡村德治中的榜样作用。

在乡村治理体系中，自治、法治、德治既相互区别，又相互联系。三者各有侧重，缺一不可，共同构成了乡村治理系统。不同学者对三者的关系提出的表述具体如表1-1所示。

表1-1 学者有关自治、法治与德治关系的论述

学者	"三治"关系相关论述
郁建兴，任杰（2018）①	自治是法治与德治的基础； 法治是自治与德治的边界和保障； 德治是较高追求，德治以自治与法治为基石，并对自治与法治形成有力补充，德治容许缺失，但会影响治理效果
王斌通（2018）②	德治是乡村善治的前提； 法治是乡村善治的保障； 自治是善治的基础
黄浩明（2018）③	自治是法治、德治的目标； 法治是自治、德治的保障； 德治是自治、法治的基础
邓超（2018）④	自治是乡村治理体系的核心； 法治是乡村治理体系的保障； 德治是乡村治理体系的价值引向标和支撑器
何阳，孙萍（2018）⑤	自治是"三治合一"乡村治理体系建设的主要内容； 法治是"三治合一"乡村治理体系建设的保障底线； 德治是"三治合一"乡村治理体系建设的辅助工具

综上所述，基层群众自治制度是中国特色社会主义的一项基本政治制度，村民自治是社会治理体系和治理能力现代化所追求的基本目标，是构

① 郁建兴，任杰. 中国基层社会治理中的自治、法治与德治［J］. 学术月刊，2018（12）：64-74.
② 王斌通. 新时代"枫桥经验"与基层善治体系创新——以新乡贤参与治理为视角［J］. 国家行政学院学报，2018（4）：134-140.
③ 黄浩明. 建立自治法治德治的基层社会治理模式［J］. 行政管理改革，2018（3）：39-44.
④ 邓超. 实践逻辑与功能定位：乡村治理体系中的自治、法治、德治［J］. 党政研究，2018（3）：91-97.
⑤ 何阳，孙萍. "三治合一"乡村治理体系建设的逻辑理路［J］. 西南民族大学学报（人文社科版），2018（6）：205-210.

建"三治融合"乡村治理体系的前提、核心与主要内容；法治是"三治融合"乡村治理体系能否平稳运行的重要保障，乡村治理中的村民自治，需要通过法治加以规范与保障。同时，在乡村治理中融入德治，能够发挥道德引领、规范、约束的内在作用，增强乡村自治和法治的道德底蕴，为自治和法治赢得情感支持、社会认同，使乡村治理事半功倍。纵观历史，中国封建专制统治者都很注重道德教化作用，通过教化民众来维护统治，特别是在广大的乡村，乡绅通过伦理道德、礼治、秩序等来维系乡村社会的稳定。

乡村治理体系是乡域自治、法治、德治的"三治合一"，在自治中实现法治、践行德治；在法治中保障自治、体现德治；以德治滋养自治，在德治中促进法治。在乡村治理中只有不断完善和发展自治、法治、德治，促进三者相融合，才能使乡村治理体系不断健全和完善，促进乡村治理并最终达到乡村善治。

第二节　"三治融合"的目标群体认知

乡村是我国基本的治理单元，在经济社会发展中发挥着基础性作用。当一个城市发展为超大城市，无论它与周边的乡村是行政隶属关系还是仅为区位相邻关系，都已经形成互为依托和影响的发展共同体，乡村是超大城市的宝贵财富与不可或缺的有机组成部分。2019年1月，S市实施乡村振兴战略会议强调要紧密结合S市超大城市特点，加快推动乡村振兴战略落地见效。

近年来，S市坚持按照"产业兴旺、生态宜居、乡风文明、治理有效、生活富裕"的总目标，推进城乡融合发展。S市乡村社会在人口流动、生产生活方式、社会结构、农民思想观念、法治意识等方面发生了广泛而深刻的变化。不断发展的新形势和新情况也给大都市乡村治理带来了新挑战。在 S 市农村基层工作中，加强乡村基层党组织建设、深化村民自治实践、建设法治乡村、提升乡村德治水平等均是实现有效治理的题中之义。

2018 年 S 市审议通过《S 市乡村振兴战略规划（2018—2022 年）》，提出紧紧围绕强村、富民、美环境，做实做好乡村振兴，加强"三农"工作领导干部配备和管理，充分调动基层干部工作积极性、提升村民参与度，并通过建设美丽乡村、最美庭院评比等举措，推进乡村自治、法治、德治建设。同步地，S 市崇明区 2018 年 12 月制定《关于充分发挥司法职能作用为崇明区实施乡村振兴战略提供司法服务和保障的意见》，提出创新发展新时代"枫桥经验"，推动建立人民法庭列席辖区乡镇综治例会制度，积极构建"村—乡镇—派出法庭—院本部"四级乡村诉调对接网络，建立特邀调解员制度，促进矛盾纠纷不出村、不出镇。加强涉农纠纷司法大数据分析，积极建言献策，提升乡村治理的法治化水平。闵行区 2019 年 3 月印发《闵行区乡村振兴战略规划（2018—2022 年）》的通知，提出促进自治、法治、德治相结合，坚持自治为基、法治为本、德治为先，深化、创新村民自治机制，加快推进基层"三治"融合发展。2019 年 4 月，奉贤区出台《关于开展"守护家园"行动实现"家门口"劳动增收的实施方案（试行）》，该方案试行 2 年，通过激发村民的自治管理意识和就业劳动意愿，形成共建共治共享共融的农村社区治理和农民增收致富"双轮驱动格局"。

基于此，本研究将致力于探讨：乡村治理体系以何健全？需要什么资源和条件？S 市乡村治理"三治融合"成效如何？亟须关注的重点和难点是什么？在乡村治理体系重塑过程中，自治、法治和德治的边界应该如何拓展或完善？彼此之间应如何匹配和衔接？能否挖掘典型性案例用以阐释大都市乡村治理的规律及特点？"三治融合"的具体路径是什么？笔者将以问题为研究导向，期冀获得真实反映现状、深入剖析难点、对策操作可行的科学性成果，力图通过健全乡村治理体系，提升 S 市乡村治理绩效。

研究立足于乡村振兴的现实背景，探讨乡村治理体系中自治、法治和德治的良性互动机理，对 S 市"三治融合"乡村治理体系建设展开了以深度访谈与结构式问卷调查相结合的实证调查。笔者团队走访了崇明区、闵行区、金山区、浦东新区等区域 17 个村、1 个镇农业技术服务站、1 个区农业委员会以及 1 个镇经济管理事务中心作为典型分析，并重点选取了"区—镇—社区—村委会"相关成员、村民代表等 36 人进行了半结构式深度访谈，音频转录访谈记录共 128329 字。其中，村主任、书记共 9 位，副主任共 5 位，村委会委员 14 名，村民代表 4 名以及农委、经办相关工作人员 4 名。

通过走访崇明区、闵行区、金山区、浦东新区等地的村委、镇级、区级等共计 20 个相关单位，并对问卷及访谈信息进行分析归纳，总结出村民对 S 市"三治融合"乡村治理体系的认知状况：首先，村民普遍认可"三治融合"在乡村治理中的重要价值，并意识到三者结合的重要性；其次，在治理乡村公共事务过程中，通过"三治"不同形式的组合，针对不同类型的事务，着重强调"三治"中一者或两者的作用，能够更加有效地实现对多元治理内容的回应；最后，村规民约在乡村治理过程中起到了较好的作用，绝大部分村民知晓村规民约，并能够较好地识别并遵守村规民约的主要内容。现阶段，S 市乡村治理过程中的主要矛盾集中在民房翻建、邻里关系和违章搭建等几个方面，在健全"三治融合"乡村治理体系的过程中，针对这些不同类别的突出矛盾，不同的治理主体发挥的作用也存在一定差异。

（一）普遍认可"三治融合"价值，强调自治和法治相结合

党的十九大报告指出，要"加强农村基层基础工作，健全自治、法治、德治相结合的乡村治理体系"。从浙江的"桐乡经验"出发，"三治融合"的创新性实践，深刻地体现了乡村治理体系的创新途径，基层治理方式从零碎性、技术性走向了集成化、成熟化，形成了基层治理的内生动力，使乡村自治制度有效地运转了起来，是构建乡村治理体系的成功

实践。

"三治融合"乡村治理体系的建设，注重发挥各治理主体的作用，厘清村委与政府之间的权责边界，提升基层自治组织的自治权限，增强村民的自治意识与能力；完善基层政府、自治组织等治理过程的法律法规，形成能够服务群众的公共法律体系，同时增强村民法律意识；规范乡村公共生活道德约束，树立良好的社会风气。"三治融合"不仅能够盘活传统的治理资源和权威，激发乡村治理的活力，也能为基层社会注入现代化的治理资源，并通过治理资源的流动与合作，加快改变部分乡村的衰败风貌，最终为乡村振兴创造良好的条件。

> "主要是赡养老人引发的一系列问题。这种家里亲戚先帮忙调解，再找村里面寻求帮助，如调解委员会或者援助律师。援助律师每个月到村里来一次，要咨询的话先约好。现在老百姓法律意识比之前强，还有司法所。"（MHMZ-FS）

调查数据显示，有 67.50% 的村民认为自治、法治、德治三者在乡村治理过程中发挥着同样重要的作用，而认为三者都不重要的仅占 1.25%（见图 1-1）。另外，从数据来看，自治与法治的重要程度更被村民认可。

被调查的对象中，38.24% 的村两委成员同样认为，在基层治理过程中自治与法治的融合做得比较好，支持"依法自治"，这一选项的比例明显高于"德法并重"（8.82%）与"以德自治"（8.82%）的选项（见图 1-2）。

自治是基层社会治理的主要形式，强调个体与自由，但自由必须以法治为边界和保障。同时，在基层治理中，法治的精神是以群众的意志为基础的，得到群众认可的法治规范才能促进基层治理的有效运行。在调查中，村级治理主体更加认可"自治"与"法治"融合的治理方式，其中在处理乡村公共事务、解决乡村治理难题过程中表现出更为有效的态势，发挥了更为重要的作用。

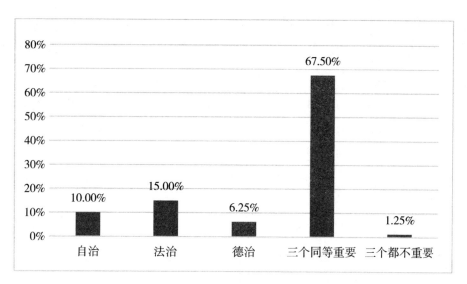

图 1-1 村民认为"三治"的重要程度

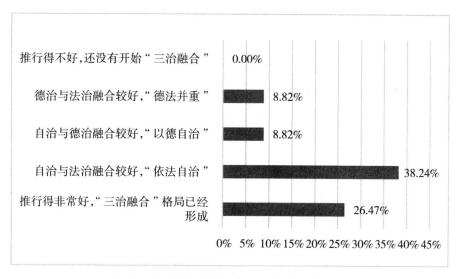

图 1-2 村两委成员认为"三治融合"的推进情况

（二）依托"三治"不同组合形式，有效回应多元治理需求

自治、法治、德治三者，从各自的内容来看，各有各的特点。法治太"硬"，德治太"软"，自治太"任性"①。自治与德治更多地强调个人意志与自由，依靠自我的准则与约束参与公共事务，而法治强调规则，限制人的自由，自治必须以法治为前提，法治必须以自治为基础，德治是前两者的保障，这三者之间存在相互约束、相互联系的关系，因此在乡村治理过程中，应对多元的治理内容，三者必须灵活应用，有所突出，才能达到更好的效果。

从逻辑组合的方面来看，自治、法治、德治三者组合的情况有四种，分别为自治与法治、自治与德治、法治与德治两两组合，以及自治、法治、德治三者组合。根据笔者的问卷调查及访谈情况分析，针对乡村文化建设、文化服务相关的事务，采用自治与德治相结合的方法更为有效，且德治起主要作用。

"德治方面的话，建设好乡村文化，多宣传教育老百姓，我整个村容村貌就是比别人的村好，或者我整个村的文化的一个氛围、精神风貌也变好，大家自觉地遵守一些村规民约，自治效果也就好了。"（CMBG-ZR）

针对民主选举、民主决策、民主监督等方面事务，自治与法治相结合的方法更为有效，且自治起主要作用。

"现在法治越来越好了，讲扫黑除恶，农村这种现象已经不多了。农村宗族力量不大，崇明村民委员会选举，贿选都没有，参与度很

---

① 侯宏伟，马培衢."自治、法治、德治"三治融合体系下治理主体嵌入型共治机制的构建［J］.华南师范大学学报（社会科学版），2018（11）：141-191.

高，这是法治和自治很好结合的表现。"（CMJB-ZR）

针对纠纷调解、利益冲突等方面的问题自治与法治相结合的方法更为有效，且法治起主要作用。

"村里如果发生纠纷的话，是先用调解干部调解，干部是任命的，干部有能力调解，做不好的话就找村委会的委员，70%左右在村里面就可以调解好，然后剩下一些可能要到乡镇政府、法院去。"（PDYL-WY）

另外，在强调"三治"中两者的主要作用过程时，不能忽视第三者的作用，只有将三者灵活应用，才能更好地解决乡村治理过程中的难题，形成完善的乡村治理体系。

根据调查数据分析，可以了解到村两委成员对乡村多元治理内容分属"三治"中哪些方面的大致情况。在民主选举方面，主要是法治（41.18%）与自治（44.12%）方法的运用；在村务公开方面，主要是自治（55.88%）与法治（35.29%）；在组建巡查队方面，主要是自治（64.71%）与法治（20.59%）；在设立法律顾问方面，主要是法治（82.35%）与自治（8.82%）；在人民调解委员会工作方面，主要是法治（58.82%）与自治（20.59%）。

在民主评议方面，主要是自治（55.88%）与德治（26.47%）方法；在制定村规民约方面，主要是自治（76.47%）与德治（17.65%）；在增强志愿服务方面，主要是自治（73.53%）与德治（17.65%）；提供文化服务方面，主要是自治（50.00%）与德治（38.24%）；在发挥乡贤作用方面，主要是德治（61.76%）与自治（26.47%）；在文明评比方面，主要是德治（70.59%）与自治（20.59%）（见图1-3）。

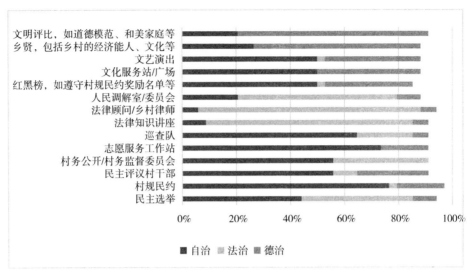

图1-3 村两委成员认为各项事务属于"三治"中哪部分的占比情况

（三）村民对于村规民约广泛知晓，可以准确识别具体内容

在乡村治理的过程中，治理成效的好坏取决于是否有完善的治理规则。无论是纵向基层政府层级的治理，还是横向村民内部自治过程，都需要完善的规则。纵向的规则体现为政府与基层自治组织建设及运行的相关法律，横向的规则体现为村民共同制定的村规民约。当前中国的自治单元基本上以建制村为单位，而建制村自治基本单元的范围超出了治理规则的约束边界，造成治理规则在乡村治理中的约束力日渐式微。在现实乡村治理过程中，政府层级的治理方式的法律法规并不一定适合村庄的村民自治情况，因此村规民约在村级事务治理过程中就显得非常重要。

调研中，笔者发现在S市乡村治理过程中，村规民约的制定情况较为完善，有85.29%的村两委成员表示，其所在村已制定村规民约。在这85.29%制定了村规民约的村子中，有82.35%的村两委成员表示，村规民约是通过村党支部提议，村两委商议通过后听取村民意见完善定稿的方式制定的（见图1-4）。

"村规民约每个村都有的，我们村不是创新，是完善。原来的村规民约内容是村两委制定，都是为了应付检查，村民委员会换届的时候按照村里的需要设计完善，就村委班子里写几条挂在墙上。但是这样的村规民约存在很多问题，首先内容不符合农村新形势，出现了很多新问题，原来陈旧的村规就不符合情况了，其次老百姓不知道什么是村规民约。"（CMPN-ZR）

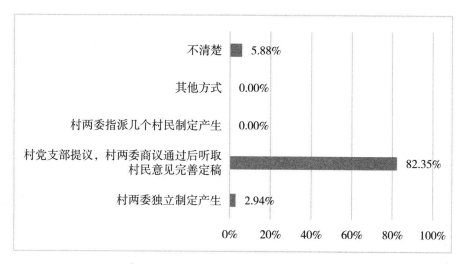

图 1-4　村规民约的产生方式

另外，各村村规民约的内容也较为丰富，涵盖乡村治理过程中体现出的突出问题。涉及环境卫生、公共安全、社会公德、乡风民俗以及奖励与惩罚措施等方面的内容比较多，分别占 80.00%、66.25%、42.50%、42.50%、41.25%（见图 1-5）。

调查数据显示，在违反村规民约的情况下，有 76%的村民能够遵照规定执行处罚（见图 1-6）。由此可见，村民对于村规民约的遵守情况比较好。

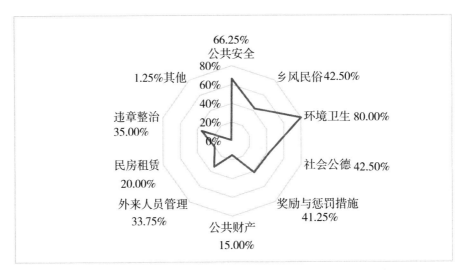

图 1-5　村规民约的主要内容

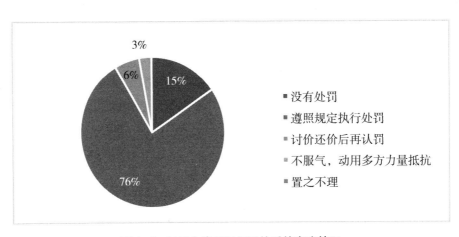

图 1-6　村民在违反村规民约后的态度情况

（四）乡村社会矛盾类别较为丰富，主要纠纷形态发生变化

新时代，我国社会的主要矛盾已经转化为人民日益增长的美好生活需求和不平衡不充分的发展之间的矛盾，人民的生活水平不断提高，社会的生产力水平也有了巨大的飞跃，人民的需求也发生了变化。以往农村经济发展落后，乡村社会中存在各种各样的矛盾，如土地流转、集体资产纠纷、家庭内部矛盾、邻里纠纷、征地拆迁等，农民经济收入低，涉及经济利益的矛盾都比较突出。S市作为全国经济发展的前沿地区，农村的发展较全国其他地区快一些。问卷调查数据显示，崇明区、闵行区、金山区、浦东新区等几个地区，被调查的村两委成员人均月收入达到了6441.18元，村民人均月收入达到了3893.75元。随着乡村经济的发展及村民收入的增加，乡村社会中的矛盾已经发生了变化，转变为与提高生活质量相关方面的矛盾。

通过访谈及问卷调查情况分析，现阶段S市在不断完善"三治融合"乡村治理体系的过程中，乡村社会的主要矛盾也发生变化，现有的一些值得关注的问题，主要表现在民房翻建、邻里纠纷和违章搭建等几个方面。

调查数据显示，村民认为村里的主要矛盾体现在邻里关系（48.75%）、违章建筑（38.75%）、动拆迁，民房翻建（36.25%）、劳动就业（20.00%）、土地流转（13.75%）等几个方面（见图1-7）。

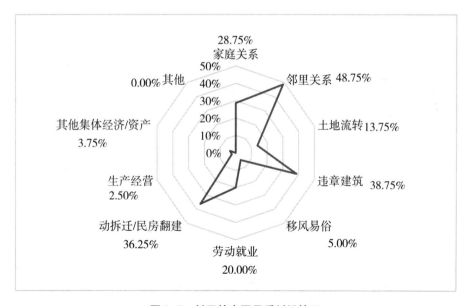

图1-7 村里的主要矛盾纠纷情况

"我们村有3500人，村务实在太多。主要就两方面，一个是邻里矛盾问题，一个是违章建筑问题。"（CMPN-ZR）

"邻居之间的矛盾，比如说地方上的问题，土地，砍树呀，土地建房什么的矛盾比较突出。"（CMXH-ZS）

（五）乡村治理的手段日益精准化，不同主体作用存在差异

针对基层治理过程中出现的各种矛盾，不同的治理主体在各个类别的矛盾化解中呈现出不同的效用。人民调解室/委员会在处理家庭内部矛盾（67.65%）、邻里矛盾（61.76%）及移风易俗矛盾（23.53%）中发挥着较大的作用；而村委会作为基层最主要的自治主体，在调解各方面矛盾过程中都发挥了较大的作用，其中在调解村民劳动就业纠纷（61.76%）、移风易俗矛盾（52.94%）、违章建筑纠纷（47.06%）、动拆迁矛盾（47.06%）等几个方面表现较为突出；村党支部在违章建筑纠纷（32.35%）、动拆迁矛盾（32.35%）、移风易俗矛盾（26.47%）等几个方面起到较好的调解作用，与村委会之间的作用较为相似；镇政府则在调解动拆迁矛盾（32.35%）、土地流转纠纷（26.47%）、违章建筑纠纷（26.47%）、其他集体经济/资产纠纷（26.47%）等方面发挥了重要作用（见图1-8）。

"现在内部矛盾主要通过调解，几乎没有上访，因为我们村没有动拆迁问题，利益问题不是很突出，也没有历史遗留问题，没有什么矛盾。"（MHMZ-FS）

"三治融合"乡村治理体系的建设过程，各治理主体的作用愈发凸显，同时针对不同的乡村治理事务，不同的治理主体发挥的作用也存在一定差异，必须充分认识到这些差异，并正确定位多元主体之间的权责边界，才

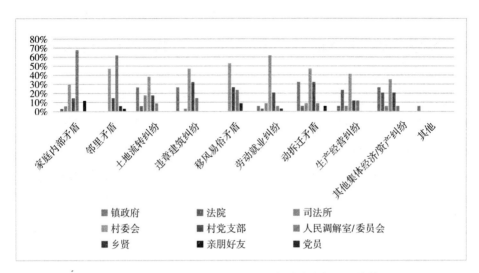

图 1-8 不同主体在不同矛盾纠纷的解决中发挥作用的情况

能建立有效的乡村治理体系。

第三节 "三治融合"推进的基本成效

"乡村振兴，治理有效是基础"。从党的十九大报告到近两年的中央一号文件，"加强农村基层基础工作，健全自治、法治、德治相结合的乡村治理体系"被多次提及，"三治融合"乡村治理体系建设被赋予了非常重要的地位。S 市承接中央精神，结合地方特点，于 2018 年审议通过《S 市乡村振兴战略规划（2018—2022 年）》，提出紧紧围绕强村、富民、美环境，做实做好乡村振兴，推进乡村自治、法治、德治建设。S 市各区亦紧跟步伐，因地制宜地出台了相应的实施方案。在这个过程中，S 市积极推动农村自治、法治、德治建设相结合，持续探索村级治理体系完善之道，并取得了一定的成效。

（一）民主选举流程整体规范，村民代表会议能够按期召开

根据《中华人民共和国村民委员会组织法》（以下简称《村委会组织法》），"村民委员会主任、副主任和委员，由村民直接选举产生"。"村民代表会议每季度召开一次。有五分之一以上的村民代表提议，应当召集村民代表会议。"调研发现，走访的大部分农村民主选举较为规范，且能够依法如期召开村民代表会议。

在选举规范性方面，问卷调查结果显示，71%的村民认为其所在村的选举流程"非常规范"，26%的村民表示其所在村的选举流程"比较规范"（见图1-9）。访谈中多位村两委成员表示其所在村的选举严格按照法律规定流程进行，不存在贿选等现象。且问卷调查中反映村域"贿选、盲选现象严重"的村民占比极低，村民的选举参与率高达95%-100%。

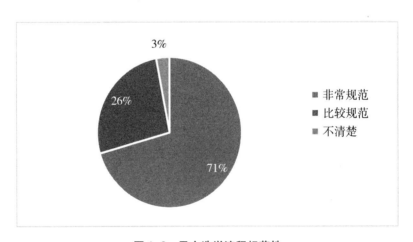

图1-9 民主选举流程规范性

"崇明村民委员会选举，贿选都是没有的，参与度很高。"（CMPN-ZR）

"村里面选举出席率都在95%以上，选举之前每个村会开生产小组座谈会，选举的时候老百姓也会好好考虑。"（MHTX-WY）

"基本都是100%参与……村民很在意选举，选出的新班子必须得是自己心仪的人选。"（MHMZ-WY）

从村民代表会议的设立与召开情况来看，所有的受访村两委成员所在村均设立了村民代表会议（见图1-10）；65.63%的村两委成员表明本村一个季度召开一次村民代表会议，28.13%的村两委成员则表明具体"视情况而定"（见图1-11）。

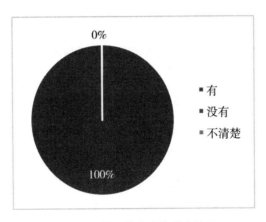

图1-10　村民代表会议设立情况

"村民代表大会一年至少四次，涉及经济、表决就要召开会议……"（MHMZ-FS）

"村民代表大会不能低于一个季度一次，一年至少四次，特殊情况比如'三重一大'要开村民代表大会。"（MHYT-FZ）

"村民代表大会一个季度一次，全体村民大会一般不会开的，没这个地方开，2000多人站不下的，选举的时候我们也是分点选举，按照生产队开展。"（MHPJ-WY）

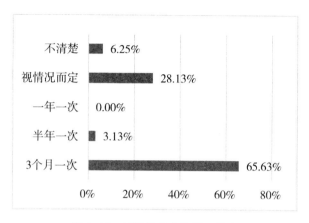

图1-11 村民代表会议召开频率

（二）乡村德治建设评价最优，文明评比等软约束成效显著

道德规范、教化、引领着农民向上向善，贯穿乡村治理全过程。调查得出，在乡村自治、法治与德治中，德治建设获得最高认可。被调查的村两委成员与村民均给予了德治建设最高评分，分别是4.00与4.13。22%的村两委成员与27%的村民表示德治建设成效"非常好"，68%的村两委成员与60%的村民认为德治建设成效"很好"（见图1-12与图1-13）。

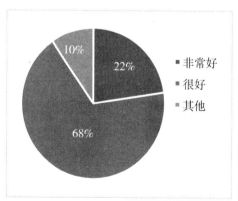

图1-12 德治建设成效（村两委成员）

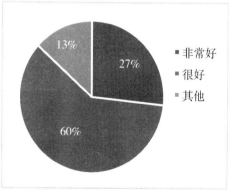

图1-13 德治建设成效（村民）

一方面，乡村德治载体形式丰富多样，宣传力度较大。调研发现，较多农村筹备并举办了道德评议、文明评比等各类活动，如闵行区愈塘村的"凡人明星""闵行好人"评选，通过评选有志愿精神且服务意识强的村民为其他村民形成示范，树立榜样，推动乡风文明建设。再如闵行区杜行村的"星级文明户""美丽家园"评比，该村村委会通过线上线下多种渠道宣传推动，形成较大的辐射范围。

> "我们现在每两个月评一次'凡人明星''闵行好人'，在社区里面找一些有志愿精神，服务他人比较突出的，每两个月评一次，现在有5个人评选出来了。主动申报，镇上面批注，没有物质奖励，只是精神支持，越多越好，对于德治来说也很好。"（MHYT-FS）
>
> "像凡人明星啊这都是镇上主推的活动，我们就是每年跨年的时候大家一起热闹一下，组织一台晚会，评选一些优秀人员，村民召集在一起，大家也都很高兴。"（MHQZ-WY）
>
> "星级文明户评选，美丽家园评选……我们参与活动积极性比较高，村子里还有一家拿到了镇级的美丽家园……我们是通过微信公众号，派村代表去宣传。一般就是1个队长5个村民代表，分别到村里去宣传，一个村里50~60户，一个人10户左右，动迁了的就不用宣传。"（MHDH-WY）

另一方面，道德评议、文明评比等柔性约束较为有力。调查数据显示，55.88%的村两委成员与30%的村民均认为，村民遵守村规民约是红黑榜等形式的道德约束使然；32.35%的村两委成员则表示，淳朴乡风的熏陶与村民对村规民约的敬畏是村民遵守村规民约的原因。这可在某种程度上反映出，德治的软约束已经对村民的行为产生了一定的影响。访谈中部分两委班子成员亦表示诸如"最美庭院"等的评比活动确实对村庄环境带来较大的积极影响，村民通过此类评比活动形成较好的行为习惯，使得村容村貌得到较大程度的改善。

> "自从做了'最美庭院'、'美丽家园'评选，村子里的环境是真的有改善，虽然还是有些村民习惯改不过来，但是大部分还是比较自觉地维护宅前屋后的整洁。邻里之间相互会有影响的，看你做得挺好，那我也不能差，会有这种想法的。"（PDHN-ZS）

（三）村两委成员法治意识较强，村民参与普法宣传频率较高

由于都市特点与历史传统，法治观念的灌输与法治意识的培育在 S 市的村居尤为明显。调研发现，S 市农村的村两委成员法治意识较强受到公认，村民对于普法宣传的参与亦较为充分。

就法治意识而言，不论自评抑或他评，村两委的法治意识均处于较高水平。

调查数据显示，94%的村两委成员与 88%的村民均认为，村两委成员的法治意识处于"比较强"及以上的水平（见图 1-14 和图 1-15）。

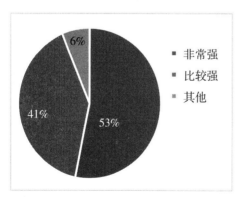

图 1-14 村两委成员法治意识（自评）

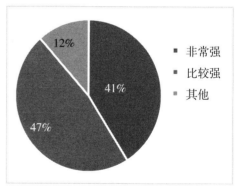

图 1-15 村两委成员法治意识（他评）

> "受环境影响，S 市法治意识比较高。"（MHMZ-FS）

"村干部法治意识肯定高的，现在文化水平高了，村干部的知识水平、文化素质越来越高，法治意识不差的。"（MHHX-MD）

在村民参与上，大部分村民与村两委成员对普法类的宣传活动参与频率较高。85.29%的村两委成员与63.15%的村民经常甚至每次都参加村内的普法宣传活动。此外，不同的农村有着不同的普法宣传形式，如闵行区杜行村公众号的法治宣传推送、民主村的普法周周会、浦东新区塘路村的普法知识讲座等，村干部普遍反映村民对这类普法活动的参与较积极。

"法治的话主要就是宣传，我们公众号每个月都做。因为我们村里面没有执法权，碰到这种问题只能跟上级沟通。我们通过公众号宣传教育，召开村民代表大会的时候也会普法的，普法的小讲座也有的，村民参与率蛮高的，基本上都坐满的，就是小青年不多，老年人比较多。"（MHDH-WY）

"普法周周会每次200多人，老年人为主，在家没啥事，聊聊天，村民广场条件很好；活动一般按照参与次数发点小礼品，发奖励……会有一些政府讲座，有一次市里面下来三个讲故事的，大家听得非常认真，纪律非常好。"（MHMZ-FS）

（四）村级财务收支和集体资产管理等村务公开举措效果良好

从调研情况来看，目前 S 市农村的村务公开基本上可以做到"阳光、透明"，各方面的村级事务均已做到全公开，尤其是村级财务收支与集体资产管理方面的村务公开效果较好，村民的知情权得到充分保障。

在村务公开的内容上，集体资产管理、公共服务、村级党务、村级财务收支、村工程建设项目等均有不同比例的覆盖，村两委成员的认知比例整体较村民高。特别地，村级财务收支与集体资产管理方面的村务公开效果最佳。82.35%的村两委成员与65%的村民均表示本村的村级财务收支已公开；79.41%的村两委成员和61.25%的村民均认为村集体资产管理事项亦已公开。

从村民对村务公开的评价亦不难看出，村务公开效果较好。87%的村民对本村村务公开的评价为"满意"及以上。访谈中，较多村两委成员表示村内收益分红明细、村干部的薪资等均已公开化、透明化。

"土地出租的收益分红全部都是公开的，每年都是更新的……"（MHBX-WY）

"村务公开涉及十五个项目，公开栏在村子最醒目的位置张榜，很人性化，按照即时、月度、季度公开，阳光村务、党务。现在是更公开的方式，集体办公，党员亮牌，工资也是公开的，全部公开之后老百姓找不出来什么问题。"（MHLM-FS）

（五）通过基层人民调解和网格管理等手段有效化解显性矛盾

因牵涉土地、房屋等要素以及历史遗留问题，农村社会的运行与管理较为复杂。调研发现，S市农村的矛盾纠纷同样繁杂，包括家庭关系、邻里矛盾、动拆迁纠纷等多个方面。在这些显性的民间纠纷的处理与解决过程中，行政调解、司法调解、人民调解、诉讼、网格化管理等手段发挥了不同程度的作用。其中，人民调解与网格化管理的运用尤为普遍且有效。

根据《中华人民共和国人民调解法》，人民调解是指人民调解委员会通过说服、疏导等方法，促使当事人在平等协商基础上自愿达成调解协议，解决民间纠纷的活动。随着乡村矛盾的日益复杂，基层人民调解委员会在实践中也会吸纳如乡贤、律师等其他力量，协助化解矛盾。村级的网格化管理则是一种三级联动的工作模式。调研发现其通常做法是，各村组以地域和人口为单位划分网格，每个网格设置网格监督员（或网格长），及时将辖区内需要处理的事务上传到网格系统。细小矛盾或事务由网格监督员直接处理；网格监督员无法处理则上报系统，平台系统反馈给村委会；若村委会亦无法处理，则由系统反馈到乡镇职能部门；乡镇无法处理的个别矛盾则由系统反馈至区县。换言之，人民调解是网格化管理系统中的一环，当村内出现矛盾纠纷时，由网格监督员首先进行处理；化解无效则移交人民调解委员会，人民调解委员会针对不同类型的矛盾纠纷，动用不同的力量，采取差异化的方法进行调解。人民调解与网格管理这两种手段各尽所长，相辅相成。

首先，网格化管理手段的运用在一定程度上促进了农村显性矛盾的解决。一方面，网格监督员的巡查与监管工作有利于优化乡村事务的管理，进而防止潜在矛盾的爆发。另一方面，当矛盾出现时，网格监督员能够及时发现并采取应对措施，实现"内部矛盾自我消化"。如在闵行区同心村，村民遇到一般的矛盾或纠纷首先便会寻求网格长的帮助，网格长第一时间找准矛盾根源之所在，"晓之以理，动之以情"，往往能够成功将矛盾化解。据同心村两委班子成员估算，网格长能够解决村内80%的矛盾纠纷案件。而网格长在这方面的突出能力也为其进入人民调解委员会、成为新的人民调解力量做了铺垫。调研发现，较多村的人民调解委员会也会吸纳应变能力强、说服能力强的网格长，协助人民调解。

"我们的网格很作为，很多事情到网格就可以解决。村民有矛盾了，首先去找网格，让网格调解员先帮忙调解，网格调解员其实就是网格巡查员、网格长。网格调解不了就找村里面的调解员，像老舅妈、老娘舅。再不行就找专业律师，村里有合作的律所。我听说有些村网格不做事，都是村委在做。我们的网格还是发挥作用的，村委相对安静，除了网格解决不了的……村民矛盾网格长能解决80%，常规地讲不清的就是找书记，我们只有一起案件走到了司法诉讼阶段……网格长有几位很能说服人的进到了人民调解会当委员，包括退休老干

部也是调解员。"（MHTX-WY）

然而，当遇到较为特殊的个别复杂矛盾时，网格长往往发挥作用有限，通常由网格管理系统将其逐级上报，由多方联动处理（如案例1）。

案例1：闵行区沪星村某户有一位自闭症儿童，夫妻离婚后女方出走，男方孤身一人在家照顾孩子。遇2018年动拆迁，这户人家迟迟不愿搬迁，其认为自己属于弱势群体，但是政策没有优待自己，所以对于动迁非常不满意。网格长对此无法处理，上报至村委会，村人民调解委员会上门与其沟通20余次，村两委委员、书记也上门多次劝说，该户户主始终不肯点头。而后网格化管理系统将其反馈至司法所、镇政府相关部门。最后，在多方合力之下，该动迁户于2019年6月成功搬迁。

其次，人民调解在农村家庭关系、邻里矛盾以及移风易俗矛盾解决中的作用尤其明显。调查数据显示，67.65%的村两委成员认为人民调解在家庭内部矛盾的解决上发挥了重要作用，61.76%的村两委成员表示人民调解在邻里矛盾的处理上作用显著，23.53%的村两委成员则认为人民调解对于解决移风易俗类矛盾的效果较好；当被问及"如果遇到矛盾纠纷，您会寻求谁的帮助"时，26.25%的村民选择了人民调解委员会，其被选择比例在所有备选主体中位居第二。

虽然不同村的矛盾纠纷与具体情况存在差异，但整体观之，其对于人民调解力量的运用是相通的。或是充分发挥熟人社会中的人情作用，利用当事人亲朋好友的力量（如案例2）；或是引入乡村律师等第三方力量，增强调解专业性，实现更好的调解效果（如案例3）。

案例2：浦东新区塘路村某户空巢家庭散养鸡鸭20余只，鸡鸭粪便、残食等随处可见，环境脏臭，夏季尤其严重。其隔壁邻居难以忍受，向村委反映，村人民调解委员会了解情况后，多次上门与两位老人沟通无果。于是调解委员会联系上老人工作在外的儿子，向他说明事情的原委以及圈养的必要性和标准（5平方米不得超过15只）。老人的儿子便回家对老人做思想工作，最终成功劝服老人将鸡鸭圈养，并将规模缩小至合适的范围，而后村委会也协同志愿者一起为老人清理了后院，矛盾得以解决。

案例3：浦东新区勤丰村某户老人去世，留有遗产，儿女争抢。这家兄弟姊妹较多，村委会和人民调解委员会亦不清楚其真实的生养关系，加之该家儿女不认可调解委员会给出的协调方案，于是调解委员会联络驻村律师帮忙调解。律师来到村内，针对该户复杂的人员情况，依据《中华人民共和国继承法》①及相关法律，向当事人解释说明继承权、继承顺序、遗产分配份额等具体规定，以说服教育的方法使得这家儿女都不再坚持各自的分配方案，但在具体款项的分配上几位当事人还存有较大差异。律师对该户家庭人员结构、继承人的不同心理和需求进行分析，综合相关法律提出适度建议，得到了当事人认可，最终促使该户达成了调解协议。

（六）部分典型乡域形成了"三治融合"的可复制可推广经验

在"三治融合"的持续探索过程中，S市部分乡村已经形成了较为典型的好经验好做法。比如崇明区蟠南村通过其在村规民约方面的创新做法较好地实现了自治、法治、德治三者间的完美结合；闵行区旗忠村与俞塘村以其独具特色的"村民周周会"制度助推自治融合法治与德治，且分别在德治融合法治、德治融合自治方面形成一些经验；金山区夹漏村依托

---

① 2020年5月28日，十三届全国人大三次会议表决通过了《中华人民共和国民法典》，自2021年1月1日起施行，《中华人民共和国继承法》等九部法律同时废止。

"巷邻坊"服务点成功打造了"三治融合"的新平台。这些典型乡域的经验做法具备一定的可复制性与可推广性，对于Ｓ市健全"三治融合"乡村治理体系具有一定的参考与借鉴意义。

一例为崇明区蟠南村，"村规民约，迎来融合新气象"。其典型经验主要围绕在村规民约的创新举措上，有三方面的体现。

其一，自治中含法治、德治。①蟠南村在村民委员会、村民小组、村务监督委员会等基本的自治组织形式之外，还设立了"二厅二点五室"，即活动展示厅、党员议事厅、党员志愿服务点、远程教育点、党员学习室、书记工作室、党代表接待室、党员活动室、党员谈心室。此举不仅是自治载体的体现，同样也承载着一定的法治精神与规则意识，体现了道德宣扬与感化、弘扬社会正气的作用。②蟠南村的党员与乡贤在志愿服务中发挥了较好的示范带动作用。蟠南村制定了《党员积分管理实施办法》①，通过一系列评分细则发动党员力量，推动村民自治。如村干部带头"分片包队"管理，党员志愿者主动上门帮扶弱势村户、开展环境整治等。村内的乡贤也积极加入其中，如结对帮扶五保困难户。

蟠南"好乡贤"：沈家兴，77岁，退休中学教师。秉着"退休不退岗"的信念，主动要求参加邻里守望党员"一对一"志愿者活动，积极结对帮扶一位肢体残疾的五保户村民。通过日常生活中的点点滴滴关心，为帮扶对象提供了实实在在的帮助，也感染了周边的村民。

蟠南"好党员"：顾德彬，64岁，中共党员，原村主任。退休后依旧热衷农村工作，积极主动配合村两委，报名参加村规民约巡查队的志愿服务，针对本村范围内的乱搭乱建、擅自沟河保塌、乱埋乱葬等现象与违反者进行沟通和劝阻，并在发现问题第一时间及时反馈给

---

① 2016年初，蟠南村在全村推行"党员管理积分制"，并形成《党员积分管理实施办法》，包括主要责任人、评分细则与奖励等具体内容。

村两委，成为村干部的"眼睛和雷达"。

其二，法治中有自治、德治。①蟠南村通过"三上三下"的工作步骤，形成了新版的《村规民约》。村党支部提议《村规民约》初稿后，一上村两委班子商议修改，二上村党员大会审议修改，三上村民代表会议决议通过。而后，将初稿下发至每家农户征求意见；待意见汇总吸纳后再次下发至农户，由户代表签字确认，90%以上的户代表签字同意方可定稿；最后将正式版本发至农户手中。村规民约的形成过程中充分听取了村民的意见，深化了村民的自我管理。②蟠南村普及新版《村规民约》，将其谱成崇明山歌与蟠南村歌，由文艺骨干带唱，并在村民代表会议等村内会议中进行宣传，村民们自发学唱，规则意识与法治精神更加深入人心。③蟠南村为落实新版《村规民约》，成立了村民自我监督的村规民约巡查队。这个巡查队由村民自发报名组成，定期就《村规民约》的规定内容进行巡查，发现问题以教育说服手段为先，惩罚手段托底。

"那我们村是怎么做的呢？首先是党支部根据现在的形势来确定老百姓怎么做才符合农村形势，按照新形势写。我们开了3次党员大会，还有村民代表会议，不停地讨论，内容调换出来之后我们发放给老百姓，然后每家每户听取意见，总共改了五稿才定下来……我们还根据崇明老百姓需求，把村规民约编成崇明山歌，由村里面文艺骨干队（我们村每晚200人以上活动，有6个健身点）带大家唱起来；又编成村歌，要求每次开会，不管什么会议，开会之前先唱歌，随时随地记得牢。

这支巡查队是老百姓自己报名组成的。我们先制定了条件，要求本村老百姓，70岁以下，因为我们有一些活动需要跑，要有一定的群众基础，老百姓才听。有18个人报名，每个人一个月500元，待遇其实很低。当时我们准备定5个人，召开村民代表会议，这18个人上台讲，做了巡查员之后要怎么做，45个村民代表投票，票数由高到低选取5个人。5个同志当中3个党员，2个村组长。后来我们就成立办公室，同时确定规章制度。

我们每次巡查要做日志，包括巡查的地方、内容、发现的问题等。巡查发现违规行为怎么办？细小违规说清楚，不是以扣钱为主，以教育为主；教育不听那就扣分。"（CMPN-ZR）

其三，德治中体现自治、法治。以"村规民约的奖惩制度+红黑榜"组合拳推动移风易俗。乱埋乱葬现象在蟠南村极为盛行，为开展集中整治，蟠南村一方面在《村规民约》中明确规定，如若违规建墓立碑，取消死者本村直系亲属家庭包括农业人员养老金补贴、合作医疗补助等在内的所有民生保障待遇；另一方面设立"红黑榜"，将遵守《村规民约》的奖励名单和未能享受村级补助的名单都予以公开。这一举措在村内产生了较大威慑力与影响力，亦对村民的行为形成强大约束，成功拔除所有不合规墓碑。

二例为闵行区旗忠村与俞塘村，"村民周周会，呈现融合新样态"。两村同属马桥镇，在自治融合法治与德治方面存在共性的举措——"村民周周会"制度①，这是马桥镇独具特色的干群沟通平台。每周二村内都会举办"村民周周会"，会上村干部轮流给村民讲村情，请村民反映问题和困难；同时还会加入普法宣传与优秀事迹展览的环节，以提升村民的法治意识，端正村民的道德观念。

旗忠村与俞塘村分别在德治融合法治、德治融合自治方面形成了一些经验做法。一是旗忠村通过将"文明新风户"考评与村规民约的奖惩挂钩，约束村民行为，塑造文明乡风。此举较好地将文明评比类的德治手段

---

① 发端于闵行区马桥镇金星村，前身为"老年远程教育收视班"。2009年轮值村干部开始走进每个收视点，收视班逐渐转变为村民有效沟通的议事载体。村干部每周定期轮流在周会上与村民沟通，了解村情民意。2010年起，马桥镇在全镇推广"村民周周会"。

与奖惩类的法治规则相结合，一定程度上体现了德治与法治的融合。二是俞塘村充分利用人民调解化解农村矛盾，借助村内较有威望的老人、村民代表以及驻村律师的力量，或是发动村内亲朋好友，将矛盾进行内部消化，实现村民自己的矛盾自己内部解决。此外，俞塘村还举办了"凡人明星""闵行好人"等评选活动，鼓励村民自主申报，将好人好事在村内传播，借助榜样的力量引导村民自觉规范自身行为，参与村内事务。

"我们每个月有一个新风户的考评，你要遵守村规民约，评上了我们就有一些奖励……"（MHQZ-WY）

"基本上找上村子的都是矛盾比较大的，我们有调解委员会，一般通过调解委员会做双方工作；或者找一些能说上话的亲戚朋友，找村民代表、有威望的村民去跟他们相互协调；后面可能就是法律援助，我们有结对律师。"（MHYT-FZ）

三例为金山区夹漏村，"巷邻坊服务，打造融合新平台"。作为国家级村民自治试点单位，夹漏村在创新村民自治模式、深化乡村自治的同时，结合"巷邻坊"服务点①、村民小组理事会②等组织载体较好地推动了自治、法治与德治的融合。首先，在自治融合法治与德治方面，①夹漏村积极丰富村民自治组织载体形式，根据村民意愿建立理事会、议事会、协商会，结合村民意见、专家建议与区民政局的指导精神制定理事会章程、理事会职责、工作清单等规章制度，推动理事会工作开展的规范化，实现村民的科学决策、民主管理和有序参与。②为解决留守老人"吃饭难"的问

---

① 夹漏村于 2015 年 9 月成立"群众帮群众服务点"，服务点设在村民小组长家中，各服务点由附近的一名村民小组长、一名党小组长、一名妇女信息员每天轮流值班。2016 年 5 月，"群众帮群众服务点"更名为"巷邻坊"并在全镇推广，2016 年 11 月，"巷邻坊"党建服务点正式挂牌。

② 2017 年 5 月，夹漏村各组村民根据小组户数选举 3~5 名理事会成员，组成村民小组理事会，"为大家说话，为大家办事，带领大家开展自治"。

题，村民小组理事会共商共议，组建了一支"爱在夕阳宅急送"送餐志愿队，为老年人送餐上门。在实现"村民事村民办"的同时弘扬村民志愿服务精神，鼓励村民投入志愿服务行列，促进村民自我教育。其次，在法治融合自治与德治方面，夹漏村依托镇司法所持续向"巷邻坊"平台注入法治元素，依托这一村民自治平台积极开展"律师走进巷邻坊，法律服务送到家"等法治活动。①着力打造"巷邻坊"学法用法宣传点，在"巷邻坊"服务点放置法治报刊资料、司法行政综合法律服务联系卡，方便村民快速获取法律服务。②"巷邻坊"服务点人员积极进行政策法规宣传，开办普法讲座，向村民普及法律常识，提升村民的法律意识。再次，在德治融合自治与法治方面，夹漏村组建"巷邻坊里老娘舅"服务团队，形成"巷邻坊"矛盾纠纷化解点。"巷邻坊"服务点的村民小组长、党小组长、妇女信息员等人员利用茶余饭后时间深入了解村情民意，排摸化解纠纷，实现矛盾纠纷"不出埭、不出队、不出村、不上交"。

　　金慰芳是金山区夹漏村"巷邻坊"服务点的负责人之一，村内两家村民曾因土地问题闹得不可开交，调解员几次三番上门调解，没有成功。金慰芳知道后，主动上门做两家人的思想工作，凭借着在村内的好人缘，再加上"晓之以理、动之以情"，这一矛盾得以平息。

部分典型乡村的"三治融合"经验做法可总结为表1-2。

表 1-2 部分典型乡村的"三治融合"经验做法

村名\组合	＊自治×法治×德治	自治×＊法治×德治	自治×法治×＊德治
蟠南村	"二厅二点五室" 活动展示厅、议事厅、志愿服务点、远程教育点、党员学习室、书记工作室、党代表接待室、党员活动室、党员谈心室	"三上三下"制定《村规民约》 一上村两委班子商议修改，二上村党员大会审议修改，三上村民代表会议决议通过；三下农户听取意见、签字同意	以"村规民约的奖惩制度＋红黑榜"组合拳推动移风易俗
蟠南村	《党员积分管理实施办法》党员带头参与志愿服务	《村规民约》谱成村歌 文艺骨干带唱 村民自发学唱	
蟠南村	乡贤结对帮扶困难户	村规民约巡查队 村民自主报名组成 配合教育说服手段 实现村民自我监督	
蟠南村		普法讲座 志愿者开展普法宣传活动	
旗忠村			"文明新风户"考评与村规民约的奖惩挂钩
俞塘村	"村民周周会"×普法宣传×优秀事迹展览	——	多方力量纳入人民调解，矛盾纠纷内部消化
俞塘村			"凡人明星" "闵行好人"

组合 村名	*自治×法治×德治	自治×*法治×德治	自治×法治×*德治
夹漏村	成立"巷邻坊"服务点、村民小组理事会，制定相关规章制度 "爱心助餐"志愿服务	"巷邻坊"学法用法宣传点	"巷邻坊里老娘舅"服务团队摸排化解矛盾

注：带有"*"的一项为该组合形式中的主成分，如"*自治×法治×德治"表示"自治中含法治与德治"。

第四节　"三治融合"推进的显性挑战

虽然目前S市"三治融合"建设在部分地区已经取得了不错的成效，形成了一些可复制推广的经验做法，但是必须警醒的是，整体来看，S市"三治融合"建设还处于起步阶段，由于资源禀赋和发展起点的不同，在"三治融合"实践的探索过程中，地区差异较大，尚未形成全市统筹协调发展局面，"三治融合"建设中"S市经验""S市模式"的提炼宣传程度远远不足，尚未形成以点带线以线带面的经验推广模式。目前金山区对"三治融合"建设关注度较高，不断探索以法治思维完善乡村治理体系，通过自治法治德治推进乡村治理，实现村村有"法律顾问"，打造"开发式村规民约"，引入"巷邻坊"党建服务点营造文明乡风，在"三治融合"建设方面率先一步。但是还有很多地区对"三治融合"建设处于了解试水期，虽然"三治"举措频频出现，但是并未形成全区重视、统筹发展、协调并进的局面。

同时S市各区区域内部各村"三治融合"建设差距也较为显著，以闵行区为例。闵行区 QZ 村以村规民约为抓手，不断细化各项条款，形成可操作性流程，加强对村民的引导，通过"新风户"评选落实奖励惩罚措施，营造良好乡风，严格控制外来租户，以村民周周会、五议两公开等举措提升自治水平，发挥党员家庭模范带头作用，加强道德示范引领，以法治村，强化普法宣传工作，在"三治融合"建设方面都有突出成效。但是与其相距不远的 YJ 村，囿于历史遗留问题，在村庄动迁之后，长期面临村庄经济入不敷出，村域村民外流严重，村庄建设难以突破的难题。一方面，村两委班子动员能力较差，文化普法宣传活动举办力度不足，村民参与积极性不高；另一方面，村庄村规民约建设、自治章程建设较为宽泛，缺乏对村民的实质性约束作用，"三治融合"建设意义、"三治融合"建设内容都未得到村两委班子的重视。

健全自治、法治、德治相结合的乡村治理体系，提升乡镇和村为农服务能力是乡村治理的重要举措。对于"三治融合"建设中存在的以下问题必须保持高度重视，不断提高乡村基层治理建设工作当中的实效和水平。当前 S 市各区乡域治理仍然保持以"村两委"为核心的单一发展模式，新兴乡村治理主体发展不足，村民的参与意识不高，"三治融合"意识明显低于村委干部，也存在德治基础存在缺失、民主决策参与广度需要提升、村规民约尚未深入人心，操作性较低的问题，"三治融合"建设显现短板。

（一）德治基础有一定缺失："新乡贤"等内生权威的作用发挥不明显

德治是健全乡村治理体系的重要支撑，提升乡村德治水平，要发挥好道德引领作用，坚持以人为核心，但目前"新乡贤"等内生权威的弱化导致德治基础存在一定的缺失。乡贤是中国乡村传统文化的重要组成部分，以乡贤为楷模，是实现社会稳定、村民安居乐业的一种文化形态，乡贤在提升乡村治理、维护乡村稳定中发挥了关键作用。在当下，由于社会流动性的增强，"乡贤"一词也被赋予了新的含义，"新乡贤"指突破地域性，能够在当代农村政治、经济、文化和社会等方面居于优势地位且为村庄公共利益有所贡献得到村民认可的乡村精英。"新乡贤"不仅包括"内生乡贤"，还包括一批返乡能人和外来精英群体。

"新乡贤"与传统时期的乡贤一样，参与乡村治理与建设，各方面优势突出，拥有很强的号召力。"新乡贤"文化所蕴含的文化道德力量，能延续传统乡村文脉，教化乡民，提升乡村治理内涵，是实现乡村"德治"的重要基础。2015年中央一号文件提出，要创新乡贤文化，以乡情乡愁为纽带吸引和凝聚各方人士支持家乡建设，传承乡村文明。但是由于乡村精英的大量外流、乡村老龄化、外来人口倒挂等现实问题，"新乡贤"等内生权威主体规模不断萎缩，乡贤治理资源薄弱，在乡村治理中"心有余而力不足"。

通过对17个乡村的村民调研可以发现，被寄予厚望的乡贤在乡村实际矛盾纠纷解决中发挥的作用仅仅达到1.25%，而党员作为乡村治理主体中独特的一环，发挥作用比例也仅为1.25%（见图1-16）。当前乡贤在乡村治理中的重要性已被广泛认知，但是乡贤在实际参与治理过程当中所发挥出的作用、显现的成果却较为薄弱，并未在村民当中得到广泛认可。

在基层干部眼中当前乡村乡贤主体以退休书记、退休村委会主任为主，他们愿意继续为乡村奉献力量，为乡民排忧解难，调解纠纷、愿意带领乡村志愿者队伍、乡村文体队伍营造良好的乡村文化，但是这样的乡贤却寥寥无几，在我们调研的村庄中只有3个村将老村长、老支书聘请为"老龄书记"，在乡村治理中继续发挥余热。

> "我们原来的老支书，我们聘请他做老龄书记，他到老百姓家做调研，老人调解、矛盾调解还可以，我们要用好这种资源，老人纠纷让他处理基本都能解决。"（MHDH-WY）
>
> "我们老村长算乡贤吗？他在村里做调解，村民都很听他的话的，基本都能调解成功，他还带头做志愿服务，做了一个志愿服务队队长。"（MHPJ-WY）

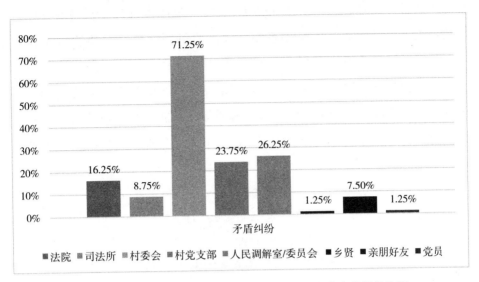

图 1-16　村民认为不同主体在村内矛盾纠纷解决当中发挥的作用

乡贤在村庄矛盾调解中发挥的作用得到村干部的广泛认可，"老娘舅"队伍、村民调解委员会当中都十分渴求乡贤群体，但是实际上这批人才十分稀少，可遇不可求。基层干部亟须涌现一批让老百姓认可、秉公处事的乡贤队伍成员，为乡村治理带来新力量，提供新鲜血液。

"以前我们有一位老娘舅，在村里面第一个是辈分高，第二个是社会威望高，然后进行德治，就给他们调解，但是现在他年龄大了，做不了了，村子里就没有了，哪里找人去替代他呢？"（CMBG-ZR）
"其实原来当没当过官、有没有多少文化不重要，主要是得老百姓认可他，尊重他，他办事得秉公对吧？化解矛盾能够站在中间的立场，不偏私，这样就可以了，这样的人少啊。"（CMXH-ZS）

在村两委成员看来，乡村德治当中存在的突出问题中"乡贤带动性不强"占比达到 26.47%，是其所认为的最难解决的四大问题之一，"乡村传统文化式微"紧随其后，占比达到 17.65%（见图 1-17）。在当前整体村庄治理当中，村两委既要协助乡镇人民政府开展工作，又要管理本村事务，为村民提供服务，而村两委班子成员的有限性导致他们无法面面俱到，乡贤的参与为村民自治提供了良好的帮助，德治是自治发挥作用的重要补充。但是现实社会中乡贤力量的薄弱却并不能帮助乡村自治进一步发展，反而需要村两委班子去推动前进，这不利于乡村"三治融合"建设。

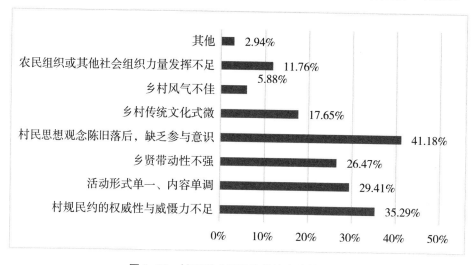

图 1-17　村两委成员认为德治存在的问题

（二）决策参与广度需提升：村内重大事项意见征集未实现全覆盖

民主决策作为四个"民主"之一，是村民自治的核心，在村民自治中起着不可忽视的作用，直接影响村民自治实施的成效。但调研发现，目前村内重大事项意见征集尚未实现全覆盖，决策参与广度需要提升。

根据《村委会组织法》规定，对涉及村民利益的各类重大事项应由村民会议讨论决定，村民会议可以授权村民代表会议审议村内各种重大事务，村民代表会议应每季度召开一次，一年至少召开四次。但是在人口"老龄化"和"空心化"背景下，广大留守村民代表的年龄普遍偏大，一方面法定参会人数召集面临困难，另外一方面参会人员的素质和文化水平的局限性导致村庄实际决策结果受到影响。另外，由于乡村人口流动性大，部分公共事务与全体村民代表利益关联性并不强，而村委会也无法根据利益相关性来及时更替村民代表大会成员，这同样会影响民主决策质量。

乡村是基层社会治理的最小单元，很多村委委员表示目前乡村治理存在"上面千根针，下面万条线"的沉重工作压力，但是在访谈中却发现许多村庄的村民代表大会的召开频率仅仅达到了一季度一次的基本要求，并没有实现村内各重大事务全部向村民公开征集意见，召开村民代表大会的现实需求。

> "我们村民代表大会一季度开一次，村里面重大决策一定要通过村民代表大会。"（MHHX-RS）
>
> "我们村民代表大会一个季度一次的，全体村民大会一般不会开的，没这个地方开，2000多人站不下的，选举的时候我们也是分点选举，按照生产队开展。"（MHPJ-WY）

在对村民的调查中发现，有19%的村民明确表示村内重大事项并未广泛征求意见，另外有21%的村民表示他们并不确定是否征求过意见（见图1-18），这也表示在当前乡村治理生态当中，重大事项征求意见落实制度并未实现全覆盖，村民民主决策的实际水平还需要进一步考量。

在村民看来，有27.50%的村民认为村内重大事务决策是由村民代表决定的，有25%的村民认为是由全体村民决定的，可以观察到，有32.50%的村民认为村内重大事务是由村委会主任或村支书决定的（见图1-19），他们并不认可村民在村庄事务决策的主体地位。这也表明当前村内民主决策落实并未实现全覆盖，广大村民尚未认可自己的自治主体地位，也并未在村庄治理过程中积极地参与。

在对村民的调查中发现，有38.75%的村民反映村民自治意识匮乏是当前自治的最突出问题（见图1-20），这也是目前自治突出问题中首先要

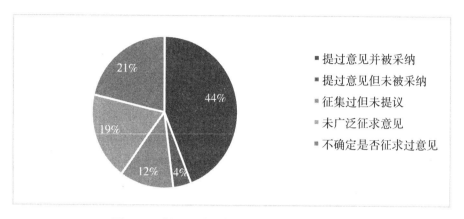

图1-18　村民反映村内重大事项意见征集情况

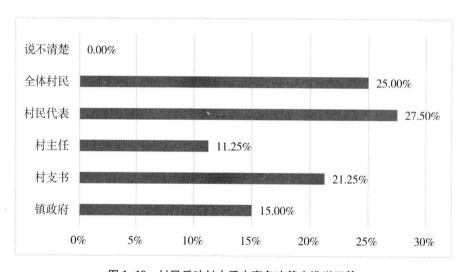

图1-19　村民反映村内重大事务决策由谁说了算

解决的事项。落实重大事项意见征集覆盖制度、提升村民决策参与广度才能不断增强村民自治主体意识，促进乡村自治建设。

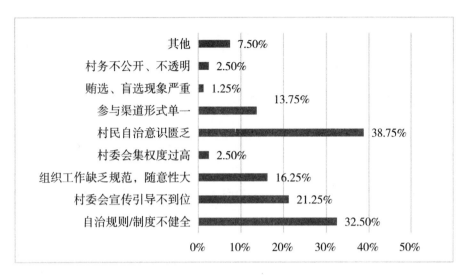

图 1-20　村民反映自治的突出问题

（三）村规民约操作性较弱：缺乏惩戒举措导致形式大于实质效用

村规民约，是由全体村民共同制定、共同遵守的自治性行为规范，它是一种集体契约，一种集体意志的明文化、规范化，是公序良俗的公约化，对推进移风易俗、净化风气，推动村民自治有着独特的作用。但 S 市多村的村规民约实质内容宽泛，可操作性较弱，"大而空"的条款具备行为规范作用，但却难以落地执行，更由于缺乏惩戒举措，导致形式主义，缺乏实质效用。

2019 年 6 月，中共中央办公厅、国务院办公厅印发的《关于加强和改进乡村治理的指导意见》提出，要加强村规民约建设，强化党组织领导和把关，实现村规民约行政村全覆盖；依靠群众因地制宜制定村规民约；以法律法规为依据，规范完善村规民约，确保制定过程、条文内容合法合规；建立健全村规民约监督和奖惩机制。在我们所调研的村庄中，村规民约已经实现了全覆盖，但是我们却发现，部分村规民约的形式效用大于实质效用。首先，部分地区村规民约设置比较粗放，不够细致，可操作性较低。

> "我们的村规民约是粗线条的，还是以教育为主，主要靠民房租赁条例，管理好出租户，绿化不能破坏，写进到村规民约里面，可以有一个依据处罚，但是实际上处罚的还是少，还是靠教育。"（MHMZ-FS）

> "我们村集体经济薄弱，拿村规民约约束百姓很难。现在的村民，一个是信息化时代，什么情况都知道；一个是我们的村规民约也比较粗，很难面面俱到。"（MHBX-ZS）

其次，部分村规民约的处罚条例并未详细设置，只有41.25%的村民表示村规民约当中设置了奖励与惩罚措施，其余村庄中奖惩措施是缺位的，这导致村规民约的影响力和实际效力有限。32.59%的村民表示德治存在的突出问题就是村规民约的权威性和威慑力不足。

> "我们现在村规民约奖励措施是有的，惩罚也有，但是实施起来有难度，还是以教育为主，加大管理监督，我们现在都是在做"加法"，不能做"减法"，把罚的东西套到村民头上是不行的。村民福利好我们压力就小，他们都喜欢有实惠、看得见摸得着的。"（MHLM-FS）

52.50%的村民认为他们遵守村规民约是因为村两委的动员能力，而不是由于对村规民约的敬畏之心，还有48.75%的村民表示遵守村规民约是因为有物质奖励，仅有20%的村民表示是因为惩罚措施让他们遵守村规民约（见图1-21）。奖励措施固然是提高村规民约有效性的重要方法，但是我们必须认识到当前乡村发展的差异是显著的，经济发展是不平衡的，奖励措施的推广性有限，操作性较弱。

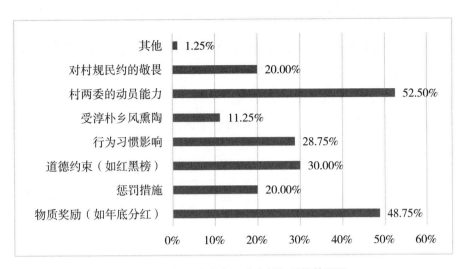

图1-21 村民认为自己遵守村规民约的原因

最后，当前对于S市许多村庄而言，外来人口已远远超出本地人口比例，有些村子甚至本地常住人口和外来人口比例是1∶7，在这种情况下，即使村规民约对本地人有一定约束力，但是对于外来租户而言村规民约的知晓度和约束性都是有限的。不少外来租户多的村庄反映，村规民约本地居民虽然遵守效果很好，但是对于外来租户而言，村规民约约束性乏力。这也表现出当前村规民约的内容还需要不断结合实际情况更新完善。

"我们村本地常住人口400多人，外来租户2000多人，加起来3000多人，本地和外地人口比例大概为1∶7。现在村子里最难的也就是外来人口管理问题，这些外来人口只有周末才会集聚，但是平时像扫黑除恶信息的通知，只能趁礼拜六礼拜天告诉他们要怎么做，管理成本高，他们的配合度方面比本村人差很多，村规民约这种基本他们也不看的。"（MHYT-FS）

（四）村两委"三治"意识强：在自评与他评中均明显高于普通村民

乡村"三治融合"建设中，村民是主体，但是整体来看，在村两委成员和村民的自评及他评中，村两委成员的"三治"意识更具优势，明显高于普通村民（见表1-3以及图1-22至图1-25）。这表明当前村民对于"三治"的了解程度还不深，对于"三治"建设的全面推展不是一个好现象。

表1-3　村两委成员与村民的"三治"意识评价对比

	村两委成员 （他评）	村民 （自评）	村两委成员 （自评）	村民 （他评）
自治意识较强	78%	66%	91%	73%
德治意识较强	82%	67%	84%	81%
法治意识较强	88%	62%	94%	81%

78%的村民认为村两委成员的自治意识比较强（见图1-23），66%的村民自评自治意识较强（见图1-24）；82%的村民认为村两委成员德治意识比较强，67%的村民自评德治意识较强；88%的村民认为村两委成员法治意识比较强，62%的村民自评法治意识较强。从以上数据可用看出，村民对于村两委成员的"三治"意识评价是明显高于村民本身的，村民自身也意识到了整体来看村民的"三治"意识是相对较低的。38.75%的村民认为自治突出问题是村民自治意识匮乏，53.75%的村民认为法治突出问题是村民参与不足，52.5%的村民认为德治突出问题是村民思想观念陈旧，缺乏参与意识。55%的村民认为乡村"三治融合"建设出现问题最主要的原因就是村民缺乏参与意识。

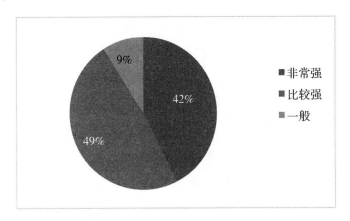

图1-22 村两委成员自治意识（自评）

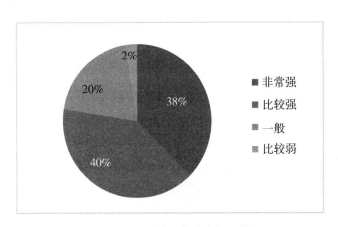

图1-23 村两委成员自治意识（他评）

对于村两委成员而言，他们对村民的"三治"意识评价也低于村两委成员本身的自评。91%的村两委成员自评认为自治意识较强（见图1-22），却只有73%的村两委成员认为村民自治意识较强（见图1-25）。众多村委成员在访谈中表示村民的自治意识还是不够，村民做事情还是倾向于找村干部，观念尚未得到更新，并未意识到自己的主体地位。村中的志愿者队伍也以村委引导组建为主，村民自发成立的较少。

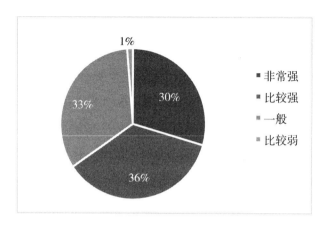

图 1-24　村民自治意识（自评）

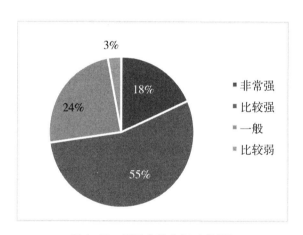

图 1-25　村民自治意识（他评）

"自治的话主要是通过村民代表大会、村民公约来实现，还是靠村委引导，村容村貌、宅前屋后、垃圾分类、文艺活动、民房租赁这些跟村民利益息息相关的，还是可以做到自治的，应该也就只有这些了。网格化应该也算是自治的补充吧。"（MHYT-FZ）

"我们村里最近倡导每个村小组都要成立一个志愿者队伍，现在基本上每个队伍也就五六个人，主要还是以党员为主，普通村民参与

得少。"（MHPJ-WY）

84%的村两委成员自评德治意识较强，却只有81%的村两委成员认为村民德治意识较强（见表1-3），当前环境下，本地原住村民比例不断下降，村民之间的邻里关系较以前更为松散，乡风民俗虽然不断得到改善，但是村民的参与意识、乡贤的出现比例却不断下降，以德治村的意识不足。

94%的村两委成员自评法治意识较强；却只有81%的村两委成员认为村民法治意识较强（见表1-3）。从访谈中我们也可以看到，虽然村干部表示村民的法治意识相较于以前而言有了显著增长，但是村民的法治观念以及履约意识还是较低。

"法治意识是有的，谈不上强。他们是不按规矩，他们明明知道这个规矩，但是这是近几十年形成的，很难改变。"（PDXA-ZS）

"现在的村民法治意识观念肯定是不错的，但是他们也就是知道去找法律援助，找完之后签订协议，但他们的履约意识还是不充足。"（MHMZ-FS）

"现在的村民都懂法，法治意识是有的，有的人直接拿着国务院文件第几号令跟我们谈，拿法律来聊，法律意识很强的。农村的遗产啊，家产啊，他们都会自己上法院的。"（MHHX-RS）

（五）村民更不赞同"一肩挑"：对村书记和村主任"合一"存疑虑

"一肩挑"政策指的是村支书与村主任由一人担任的政策。调研发现，村民对于"一肩挑"政策更不赞同，他们对该政策存在疑虑，认为村支书和村委会主任"合一"会造成工作压力加剧，减少与村民的沟通交流，不利于乡村建设。

2018 年 12 月 28 日起施行的《中国共产党农村基层组织工作条例》规定"党的农村基层组织应当加强对各类组织的统一领导，打造充满活力、和谐有序的善治乡村，形成共建共治共享的乡村治理格局"，"村党组织书记应当通过法定程序担任村民委员会主任和村级集体经济组织、合作经济组织负责人，村'两委'班子成员应当交叉任职"①。同时根据中央政治局审议通过的《国家乡村振兴战略规划（2018—2022 年）》中也明确提出到 2020 年全国村党组织书记、主任"一肩挑"要达到 35%，到 2022 年要达到 50% 的预期目标②。

在多数村干部看来，实行"一肩挑"有利于减少村务开支，提高干部待遇。村书记、主任实行"一肩挑"后，在问题的决策、事务的处理上，减少了书记、主任的沟通、协调环节，避免了因为两者的意见不同引起事务的拖延，使决策能够快速实施。

> "按照这样的话反而'一肩挑'好，支书责任感会强一些，既是主任又是书记那最好，之前主任做事情没有支书积极。"（CMXH-ZS）
> "感觉挑和没有挑都是一样的，没有挑也是听书记的，本来是两个人可以讨论商量，现在跟之前差别不大，没区别，原来也是党组织领导，也是听书记的。"（MHTX-FZ）
> "一肩挑执行率方面不会有太大问题。"（MHYT-FS）

在实际走访过程中我们发现，当前 S 市"一肩挑"政策落实比例较高，除部分村组织由于村支书不是本村人无法兼任村主任外，大部分村落实了"一肩挑"政策。在实际落实过程中反映出来了一些显性问题，部分村庄表示村支书的年龄偏年轻化，而目前村委班子成员年龄相对偏大，支

---

① 中国共产党中央委员会. 中国共产党农村基层组织工作条例 [Z]. 2018-12-28.
② 中央农村工作领导小组办公室. 国家乡村振兴战略规划（2018—2022 年）[Z]. 2018-05-31.

书同时担任村主任对下面的班子成员的领导力会下降，年轻书记的话语权较弱；普遍反映最重要的问题是一人身兼双职，带来的工作压力显著增强。

"说实话我觉得不太好，一个人压力太大。又是法人代表又是支书，工作压力太大，而且现在书记很多是新同志，他们太难了。新书记"一肩挑"，下面的同志能不能按照你的方向走，也是一个问题。年轻书记管理老人员，老人员不听话，很难管的，碍于面子，处理结果不好。"（CMPN-ZR）

"这个政策有利有弊，一个是职数问题，岗位数量会少，少了一个人干活，工作压力更大。"（MHYT-WY）

对于"一肩挑"这一政策，村两委成员能够既认识到政策的利弊两面，只有6%表示不赞同（见图1-26），但是对于村民而言，有18%的村民表示并不清楚"一肩挑"政策，这意味着当前政策宣传还需要进一步加强。另外，一些熟悉政策的村民表示"一肩挑"意味着他们熟悉的村主任要离开了，村里面可以咨询的只有村支书了，在当前的熟人社会当中，村民的利益受到了一定的影响，调研数据显示，有16%的村民表示不赞同该政策（见图1-27）。

"我们不管书记主任是不是一个人，我们就愿意找我们熟悉的人说话，我们就只相信他。"（HHX-MD）

"不行的，一个人不行的，村支书又不了解我们的情况，主任熟悉呀，我们得找主任说话。"（MHYT-MD）

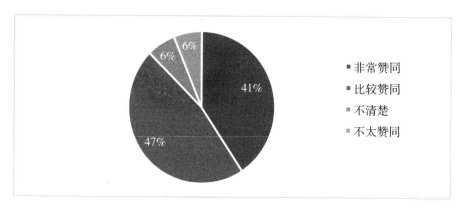

图1-26 村两委成员对"一肩挑"看法

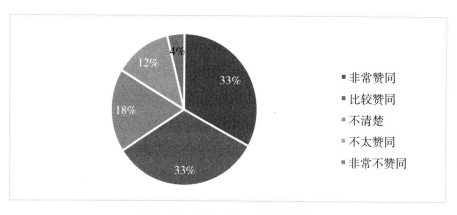

图1-27 村民对"一肩挑"看法

对于"一肩挑"政策，不少村委成员也反映此政策的落实应该要坚持两委班子职数不变化，设置"副主任"职位，分担村支书的压力，提高工作效率。

"'一肩挑'，我认为没有问题，但是团队人数要实实在在。班子里面就五个人，假如真的少一个人，对应几十个条线，光靠这些人来做是做不好的。我们面对的工作量是很大的，一个条线很多人，要关

心下面的基层。"（MHBX-ZS）

"相关政策应该比较严格设置，在村里面，条线上，要设置条件，村主任跟书记'一肩挑'的话，要设置一个副书记，要承担责任，然后书记薪资方面要提高。"（PDHN-ZS）

村两委是党执政的神经末梢和毛细血管，村两委班子成员关系着基层治理的成效，村支书和村主任作为村两委的核心人物，对乡村发展意义重大，"一肩挑"政策的实施也影响着"三治融合"建设的种种举措，要提高"一肩挑"政策的宣传工作，真正做好入户群众工作，听取群众意见，确保选出组织满意、党员群众拥护的带头人，重塑优化村两委干部队伍结构。

（六）"三治融合"显现短板：民主评议、公共法律服务满意度较低

健全自治、法治、德治"三治融合"乡村治理体系对维护农村稳定、促进农村发展、保障农民权益、实现乡村振兴至关重要。但是从目前的调研来看，乡村"三治融合"的格局尚未形成，自治、法治服务建设方面存在明显短板，民主评议、公共法律服务满意度较低。

在对村两委成员的调研中发现，仅有26.47%的村两委成员认为"三治融合"格局已经形成，而73.53%的村两委成员认为"三治融合"并未完全成型。其中38.24%的村两委成员认为目前自治与法治融合较好，村庄能够做到依法自治，而各有8.82%的村两委成员认为德治与法治融合、自治与德治融合目前成果比较突出。总体来看，"三治融合"任重道远，还需要不断加强自治、德治、法治的整体性建设，推动落实效果不断提升。

从村两委成员对乡村"三治融合"建设情况评价来看，法治平均分仅为3.91，是"三治"中得分最低的项目；自治平均分为3.97，位于中间位置，而德治平均分为4，位列三者第一（见图1-28）。在满分为5的情

况下，整体来看"三治"得分还不够理想，只有德治平均分处于较高水平，自治、法治则存在明显短板。

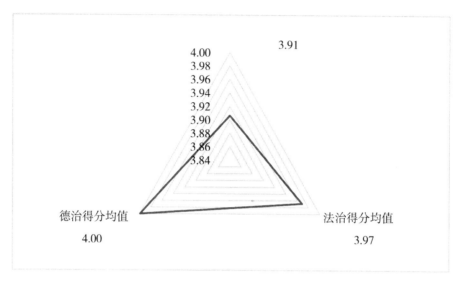

图1-28　村两委成员"三治"评价得分

目前，从乡村自治落实情况来看，乡村自治仍面临主体意识淡薄、制度落实不够到位等问题，其中民主评议项目满意度平均分仅为4.22，位于较低水平，乡村自治体系建设任重道远。调研发现，有32.5%的村民认为当前的乡村自治制度建设还不够健全，21.25%的村民认为村委会的宣传不够到位，还有16.25%的村民反映当前乡村自治组织工作缺乏规范性，随意性较大；个别地方甚至存在"决策走形式、管理参与较难、监督效果不够明显"等现象。实践中，法治作用有待进一步发挥，教育受众不够宽泛、教育形式不够灵活、法律服务不够精细，一定程度影响了普法效果。与此同时，法治阵地建设、法治文化培育等尚需加大力度。37.5%的村民认为当前乡村法律人才不足，还有21.25%的村民直接反映当前乡村法律宣传形式单一，内容枯燥，有18.75%的村民表示当前法律宣传活动频率低，时间短。其中对于公共法律服务的满意度评价平均分仅为4.19，是所有项目平均分当中最低的，法律服务建设必须加强。法律宣传方面的得分也不尽如人意，仅为4.22，同样处于满意度相对较低的水平（见图1-29）。

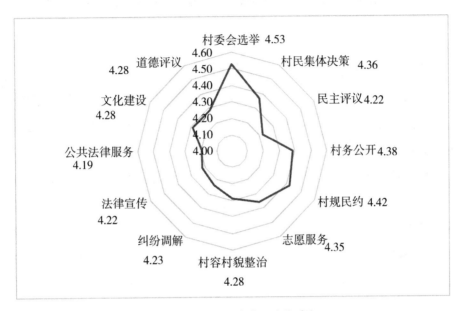

图1-29　村民满意度平均分对比

"三治融合"强调要将自治、德治、法治建设有机结合起来，三者协同共进。要以法治手段保障基层群众组织自治功能，避免村（居）委会的自治功能被"悬空"和"虚化"。坚持依法决策、依法行政，提升基层自治民主化、科学化、法治化水平。以自治为基础，通过广泛凝聚群众共识，在全社会形成普遍认同的道德规范和价值尺度，以道德力量调节社会关系，引导人们讲道德、遵道德、守道德，预防和减少社会矛盾，降低基层社会治理成本。"三治"建设应该形成"融合"性格局，补短板，强弱项。

第五节　"三治融合"体系完善的策略

（一）形塑共同价值准则，坚固乡村三治融合土壤

"乡田同井，出入相友，守望相助，疾病相扶持"是传承千年的乡土道德规范和交往规则，是乡村宝贵的价值资源和心理归依。乡村经济建设的高速发展带来了多元化的道德价值观的冲击，"向钱看"的风气在乡民中迅速蔓延，乡村"三治"建设中面临着村民积极性不高、主动性不强、配合度不高的困境。2018年中央一号文件指出，乡村振兴，乡风文明是保障。对于"三治融合"建设而言，乡风文明是一切治理措施落实到位的基础，在经济社会发展迅速的当下，有必要形塑乡村共同的价值准则，提升农村温度与情感认同，培育文明乡风、良好家风、淳朴民风，坚固乡村三治融合土壤。

首先，强化乡村共同价值观的践行，累积社会资本，增进情感认同。核心价值观是最持久最深层的精神力量，有必要以一定的广度与深度将积极向上的核心价值观教育融入乡村生活，覆盖全体村民，增进村民对乡村核心价值理念的认同。其次，培育守望相助的新邻里关系，提高乡村凝聚力。注重营造"与邻为德、与邻为善、与邻为亲、与邻为乐"的乡村文明氛围，唤醒熟人社会"守望相助、乐善好施、扶贫济困、助人为乐"的美德，通过一系列增进邻里互动往来、疏通村民间与干群间沟通渠道的活动，缝补农村社会关系网络，提升村民间的信任感，增进乡村凝聚力。另外，传承与弘扬乡村优秀传统文化，发挥信仰道德的教化作用。中华优秀传统文化是中华民族的精神命脉，乡村传统的信仰、道德以及留存的习俗与品格是乡风文明建设与教化村民的重要文化资源，可结合喜闻乐见的文艺实践活动搭建农村传统文化展示交流平台，突出文化培育与道德教化的

作用。

(二)拓展村民公共参与,加大村务公开的广度和深度

村民是农村社会中的基本主体,对乡村公共事务有着切身体会与紧密联系。特别地,村务公开是村民实现知情权,保障村民充分了解村务管理信息,进一步行使决策权、管理权、监督权的前置性条件,是村民公共参与的重要体现。调研中,部分村庄在村务公开方面仍然存在重形式、轻实效等问题,村民的公共参与也较为不足,有必要加大村务公开的广度与深度,拓展村民公共参与。

第一,培育村民参与意识。一方面,通过线上与线下的表层宣传,向村民输入自治主体观念,使其明确自身在乡村治理中的地位与作用,自发地参与其中。另一方面,对村民进行适度的教育培训,对民主选举、民主决策、民主监督等方面的内容进行讲解,提高村民对村民自治的认知程度。第二,实现村级事务依法全公开、皆透明。国家有关法律法规和政策明确要求公开的事项,都应坚持公开。其中,财务公开是村务公开的重点,有必要将村集体资产、集体经济等方面的所有收支逐项逐笔公布明细账目,增进群众对村务的了解,加强村民对村集体资产和财务收支情况的监督。同时,随乡村发展新形势新情况动态调整村务公开内容,适时予以丰富和拓展。第三,丰富村务公开的形式,规范村务公开的时间与程序。在形式上,基于便民的原则设立村务公开栏,方便村民观阅,同时可结合广播、电视、网络、民主听证会、座谈会等多样的形式进行公开。在公开时间上,一般的村务事项依法至少每季度公开一次;涉及农民利益的重大问题以及群众关心的事项采取及时公开原则;针对经济容量较大的农村,其村级财务收支情况可每月公布一次。在程序上,依法按照"村民委员会提出公开方案—村务公开监督小组审查、补充、完善—提交村党组织和村民委员会联席会议讨论确定—村民委员会通过村务公开栏等形式及时公布"的基本流程展开村务公开。第四,重视村民监督,从单向公开走向双

向互动。村务监督根植于乡土社会环境，切忌因过度追求规范化的形式创新而走向形式主义，忽视村民这一自治力量。村级治理事务繁杂，仅仅依靠村务监督委员会成员的力量是不够的，有必要动员全体村民参与村务监督，鼓励和支持村民参与互动、发表评论，允许村民就村务公开的任何事项发表意见或质疑，增强村民与村两委的交互性，实现村务公开从单向公开走向双向互动。

（三）激发乡贤引领示范，治理多元主体有效协同

S市乡村治理过程中，在发挥乡贤引领示范作用上做得还有一些欠缺。在这一方面，可以借鉴一些其他省市的优秀经验，如浙江的"桐乡经验"、广州的"增城经验"。健全"三治融合"乡村治理体系，必须充分激发乡贤引领示范作用，协同多元治理主体。

现代社会的乡贤包含了更加广泛的内涵，不仅包括传统意义上的"乡绅父老"，如老党员、老干部、辈分高有威望的老人等，还包括经济文化上的成功人士、企业法人、道德模范、教育科研人员等各行各业的贤才能人。浙江桐乡建立"乡贤参事会"，通过汇集乡村的老党员、老干部、复转军人、各行能人等，发挥其影响力，助力乡风文明、公序良俗、引才引资、邻里协调等方面的问题解决；广州增城建立"乡贤工作室"，按照有固定场所、有本土乡贤、有工作制度、有专人管理、有工作台账等"五有"的要求，选有德行、威望高、口碑好的社会贤达，组成乡贤工作室，处理一线乡村矛盾纠纷，发挥乡贤力量，扩大乡贤影响力。

以乡贤为切入点，通过梳理其参与农村治理的过程，能够更深刻地展现当代农村治理模式的内在机制，从而为推进农村善治提供一定的指导[①]。首先，充分发挥乡贤的社会影响力。这些乡贤在村民中具有较高的威望，将他们引入到乡村治理模式中来，能够快速获得群众的支持，降低沟通成

---

① 张文，徐勇，何显明，等. 推进自治法治德治融合建设，创新基层社会治理 [J]. 治理研究，2018（6）：5-16.

本，促进乡村治理政策的落实。其次，树立乡贤典型榜样。树立他们在慈善公益、乡风民俗、文明礼仪等方面的积极榜样，引导他们参与乡村治理，发挥他们在民意表达、决策建议等方面的作用。再次，建立"乡贤议事会议"，形成正式的规则程序，只有这样才能长效发挥乡贤参与乡村治理的作用。

"三治融合"乡村治理体系的核心是形成多元治理格局。乡村多元治理主体包括政府、村干部、党务干部、乡贤、村民以及相关社会组织等。只有将多元主体有效地融合起来，才能促进乡村治理规则的现代化以及乡村治理组织结构的合理化，形成高效的乡村治理体系。协同多元治理主体，首先，给予基层自治组织足够的自治空间，明确政府与村两委的权责边界。其次，充分发挥农民的治理主体地位，拓展农民参与乡村治理的途径，确保农民表达意见的空间与权利。最后，注重发挥乡村治理中村干部、党务干部和乡贤（及村民代表）等主体的重要作用，辅之其他主体的指导、监督、支持与参与，从而实现高效自治的乡村治理体系。

（四）重视村规民约作用，实现激励约束双重效应

当前中国基层自治事务纷繁复杂，不同地区也存在差异，另外应用于基层治理过程的法律法规更多地针对基层政府组织，因此外部的规范很难满足农村现实治理过程中的需求，因此村规民约在乡村治理过程中就显得尤为重要，必须重视发挥村规民约的作用。

村规民约往往是将一个村庄的文化习俗、道德信仰加以制度化，形成村治过程的内部规范。制定村规民约时需注意：首先，村规民约是乡村法治过程的重要补充和辅助，不能违反国家的法律法规和中央的政策方针；其次，村规民约作为规范村民道德的标准，不能损害村民的基本公民权利，要以服务公共利益为准则、以伦理道德为引领，形成一套村民认同度高、治理边界清晰的村庄内部行为规范。淳朴的民风和认同度高的村规民约在约束村民行为的同时，渐进地提高了村民的自治能力和道德素养，从

而不断地促进乡村治理体系的完善。

通过村规民约建立起道德规范、行为准则、奖惩措施等，以此为标准，评选道德模范、好人好事；或惩罚违反道德、不遵公序者，以此弘扬社会主义核心价值观，建立治理秩序。在这个过程中，会不断提高村民对于村规民约的认同感，使村民追求更高的道德水准、摒弃不良的思想观念；同时，不断明确村规民约的内容及其权威性，逐渐形成激励与约束的双重效应，形成一套行之有效的村级治理规范。

（五）补齐乡村治理短板，促进村民满意度的提升

促进"三治融合"乡村治理模式的形成，需要加紧"补短板"。以问题为导向，瞄准"弱点"，精准发力，全方位提升村民在民主评议、公共法律服务等方面的满意度。

在自治方面，首先，建立健全乡村自治制度，完善民主决策、民主监督、民主管理、民主选举各项机制，实现村内重大事项意见征集制度的全覆盖，提高决策参与广度，提升组织工作有效性；其次，加强对村民的宣传教育，提升村民自治意识，村两委要加强宣传与组织工作建设，提高村民参与积极性，使得村民产生归属感和主人翁意识，同时提高村民的参与能力和评议能力。在法治方面，首先，加强乡村法律人才队伍建设，使一批有理想有抱负的法律人才愿意入村、主动入村为村民提供法律服务，建立完善法律人才服务补贴保障机制；其次，全力推进法治阵地建设，加强乡镇法律服务站和村级法律服务工作室建设，完善法律服务机制，搭建一站式公共法律服务平台；再次，提高普法宣传频率，创新普法宣传形式，将法治融入村民喜闻乐见的传统文化中，用多样化手段与形式使法律宣传深入人心，在完善公共法律服务的同时，使村民懂法，学会正确用法律手段来维护自身的合法权益。在德治方面，一方面，增强与乡贤的联系，发挥乡贤在乡村中解决纠纷、树立榜样等方面的作用，并鼓励新乡贤主动参与乡村治理，为乡村带来新的理念与动力；另一方面，完善纠纷调解反馈

机制，拓宽调解委员会成员身份，建立及时沟通反馈机制，在多方的共同监督下解决问题，提升村内纠纷调解的满意度。

（六）凝练区域治理经验，加强地方智慧辐射效应

首先，深入基层，挖掘各村"三治融合"成功做法。例如崇明区蟠南村通过将村规民约编制成山歌村歌的形式，使规则意识和法治精神更加深入人心；金山区吕巷镇夹漏村创建"巷邻坊"服务点，借助村中老党员及有威望的人来解决村中出现的邻里纠纷、村民内部矛盾等问题，该平台充分体现了村民"三治融合"的治理模式，值得借鉴与学习；闵行区旗忠村与俞塘村以其独具特色的"村民周周会"制度助推自治融合法治与德治，且分别在德治融合法治、德治融合自治方面形成一些经验，值得在全镇推广。其次，建立常态化的典型经验总结推广机制。各个区域、各个村镇可通过开展"三治融合"工作经验交流会，加强总结，不断提升，形成深入交流、相互借鉴、共同提高的好氛围，形成更多适合在全市乃至全国推广的可复制可操作的好经验、好做法。最后，加强"三治融合"建设宣传引导工作。在梳理总结典型经验的基础上，开展全方位、立体式的新闻宣传，宣传"三治融合"进展成效及背后的典型做法。通过典型引路、示范引领，进一步鼓励先进、鞭策后进，以形成以点带面、带动全局的效果。在此基础上，需要进一步展现 S 市乡村治理建设的成效，形成 S 市特色做法，打造全国性的示范性建设基地，不断提升 S 市"三治融合"建设成效的宣传推广力度，从而推动全国各地区"三治融合"发展建设。

结论与讨论

健全自治、法治、德治相结合的乡村治理体系，推动乡村治理有效、充满活力、和谐有序，对于实施乡村振兴战略、实现乡村治理能力现代化

具有极其重要的意义。而对于 S 市这一不断面临新形势、新情况的超大都市而言，深化村民自治实践、建设法治乡村、提升乡村德治水平等更是实现有效治理的题中之义。

本部分结合问卷调查、深度访谈和参与式观察等实地调研的情况，分析了 S 市乡村治理"三治融合"的认知现状，总结归纳出 S 市健全"三治融合"乡村治理体系的基本成效与现存问题，并有针对性地提出数点优化对策。总体而言，本研究认为：

第一，传统观点中认为的"国权不下县，县下唯宗族"情况在 S 市并不适用。在调研中，宗族和血亲家族关系的力量比较微弱，在 S 市乡村治理中并不是一个显性要素。村民内在的经济诉求和对村两委权威的认同与否构成了村民配合村级事务与否的两个重要考量要素。

第二，值得嘉许的是，S 市村两委成员的自治、法治和德治意识均比较高，自评得分分别达到 4.33、4.47、4.38，他评得分分别达到 4.13、4.29、4.23，不论自评还是他评都远远高于村民平均水平（3.91、3.78、3.90），说明 S 市在配齐乡村治理的人力资源方面效果明显。

第三，在对村党支部书记和村委会主任"合一"的疑虑中，要特别关注一批新的年轻干部返村任职后，"有治权却无权威"的问题。调研中，部分村庄村支书年轻化，而村委班子成员年龄相对偏大，年轻书记同时担任村主任，容易造成威信力不足。

第四，S 市农村村民的法治意识普遍较高，契约精神的延续也使得乡村治理中矛盾冲突的张力被有效缓解。虽然法治在"三治"融合中"重要性"的单项得分（无论是村两委成员还是普通村民评价）最高，但法治的"成效"得分却最低。究其原因，可能有三：一是法治中的一些公共服务供给举措存在明显不足；二是法治作为"三治"的关键内容，具有保障和托底功能，村民对其期望最高反而容易造成心理落差而使得评价较低；三是较之德治与自治，法治的手段更为具体和明晰，因而也更容易形成评价，短板易于被放大。调研中，部分村民屡上访不止且诉求无理，占据了较多政府资源却无较好的治理效果，法律和制度规则等刚性约束乏力。

第五，人民调解、网格化管理等将 80% 左右的农村矛盾有效化解，S 市已经形成了"人民调解（网格管理）—村委会介入—律师援助—司法所管辖—法院诉讼"等多层级法律服务与联动机制。

第六，实践中，基层已累积了一些乡村治理经验，针对不同的村级事务匹配了不同的治理手段组合。比如，以"自治为主+德治为辅"的组合可充分推动农村志愿服务，以"法治为主+自治和德治为两翼"的组合可有效化解矛盾纠纷，"自治为主+法治保障"的组合可使村务公开与村务监督得以较好实现等。

第七，S 市村与村之间的治理成效差距较大，这与村集体经济水平有一定的关联性，但不为因果关系。因为有富裕的村庄矛盾突出、治理无序的现象，也有的欠发达村庄秩序井然—治理有效。调研发现两个因素深刻影响治理水平：村两委带头人的理念及村庄社会资本的累积程度。

第二章　乡域社会治理的核心目标

作为我国政治文明建设的基础性工程，以民主选举、民主决策、民主管理、民主监督为主要内容的基层民主建设是改革开放以来我国乡域治理最引人注目的重大实践。2021年5月，第七次全国人口普查主要数据公布，居住在乡村的人口为50979万人，占36.11%。可以说在中国这样一个人口大国，农村基层民主建设是涉及亿万农民切身利益的民主政治活动，农村的基层政权和民主政治建设是关系整个国家社会稳定和政治发展的重要因素。

我国农村基层民主建设以村民自治制度为实现载体，兼含政治民主、经济民主和社会生活民主等多方面内容。正如邓小平同志所言，"我们农村改革之所以见效，就是因为给农民更多的自主权，调动了农民的积极性"①。

第一节　乡域基层民主自治的法律演进

托克维尔在谈到相当于我国"村"层级的美国乡镇的时候，曾提到，"乡镇是自然界中只要有人聚集就能自行组织起来的唯一联合体。……乡

---

① 邓小平. 邓小平文选（第3卷）[M]. 北京：人民出版社，1993：117.

镇是自由人民的力量所在。……在没有乡镇组织的前提下，国家虽然可以建立起自由的政府，但它却没有自由的精神"①。中国的村民自治，是"党领导下亿万农民的伟大创造"②，它的诞生和发展是中国基层民主政治的一大特色，具有重要的意义。

从农村基层民主发展的进程来看，我国村民自治经历了由"大民主"向"制度民主"演进的阶段。从缺少制度规范的初始阶段的"大民主"发展到由法规作为刚性约束的"制度民主"阶段，《中华人民共和国村民委员会组织法》（简称《村民委员会组织法》）扮演了至关重要的角色。

《村民委员会组织法》基于"保障农村村民实行自治，由村民依法办理自己的事情，发展农村基层民主"的立法目的而制定，自1988年试行十年后，于1998年正式施行，对推动我国农村经济社会发展、完善农村基层群众自治制度发挥了重要作用。2018年12月，《村民委员会组织法》进行了修订，将村民委员会的任期由原来的"三年"调整为"五年"。

数据显示，截至2022年5月，全国49.1万个村民委员会完成新老更替。村"两委"成员高中（中专）以上学历的占74%，提高16.7个百分点，村党组织书记大专以上学历的占46.4%，提高19.9个百分点；村党组织书记中致富带富能力较强的占73.6%，提高23.6个百分点；村"两委"成员平均年龄为42.5岁，下降5.9岁，村党组织书记平均年龄为45.4岁，下降3.9岁。选举中，党员、群众参选率分别达92.7%、90.2%，村党组织、村委会一次性选举成功率分别达99.7%、98.3%；村党组织书记、村民委员会主任"一肩挑"比例达95.6%，比换届前提高29.5个百分点。③《村民委员会组织法》的实施使村民自治这种由农民自发创造，基于个体理性而达成的集体行动获得来自法律层面的保护。

---

① 托克维尔. 论美国的民主［M］. 高牧，译. 海口：南海出版公司，2007：57-58.

② 江泽民. 江泽民文选（第2卷）［M］. 北京：人民出版社，2006：210.

③ 刘维涛，张洋，赵兵. 全国村"两委"集中换届完成［N］. 人民日报，2022-05-23（4）.

近年来，随着工业化、城镇化、市场化对我国农村影响的不断加深，实施《村民委员会组织法》的环境发生了深刻变化，其部分条款已经无法适应现实的需要。与2018年法律的"微调"相比，2010年10月《村民委员会组织法》实现了二十多年来的首次大范围修改并获得通过，就法律涉及的人口之众、地域之广而言，其变化无疑是我国立法实践中最值得关注的事项之一，也是我国农村基层民主自治发展的重要里程碑。修订后的《村民委员会组织法》中增加、细化、修正和完善了大量有关农村基层民主自治的保障性内容。

首先，通过实行选民登记制度和非本村村民在村民会议中的列席制度，扩大了农村基层民主自治的参与范围。选举，是选民行使民主权利的行为和过程。《村民委员会组织法》第十三条规定："村民委员会选举前，应当对下列人员进行登记，列入参加选举的村民名单：（一）户籍在本村并且在本村居住的村民；（二）户籍在本村，不在本村居住，本人表示参加选举的村民；（三）户籍不在本村，在本村居住一年以上，本人申请参加选举，并且经村民会议或者村民代表会议同意参加选举的公民。已在户籍所在村或者居住村登记参加选举的村民，不得再参加其他地方村民委员会的选举。"登记对象中第二类主体的规定更加尊重户籍在本村但不在本村居住这一群体的选举权利和选择意愿。第三类主体则囊括了"非本村村民"，将流动人口有条件地纳入选民登记的范围之内，初步打破了户籍制下的"唯身份论"，根据自治权益的实际享有者适当扩大了自治的主体范围①，并使"大学生村官"、回村居住的离退休人员等事实上已经成为村委会成员的"户籍非本村人员"身份合法化。《村民委员会组织法》同时规定了非本村村民在村民会议中的列席制度，第二十二条规定"召开村民会议，根据需要可以邀请驻本村的企业、事业单位和群众组织派代表

---

① 曹利. 民主之维中的村民自治——《村民委员会组织法》修订的法理内涵之解读 [J]. 法学杂志，2011（2）：105-107.

列席。"

其次，为保障民主选举过程的顺利进行，法律对候选人资格、村民选举委员会的组成和推选程序、选举进程等做了新的规定。

1. 村民自治中，因为涉及村民自治的管理权问题，候选人资格问题成为整个基层民主建设中的关键要素，即谁有资格代表村民进行村务管理。在实践中出现的所谓"强人治村""恶人治村"这类问题，乃是未能解决好被选举权的问题。为了把农村中的精英分子选拔到村委会中，《村民委员会组织法》对村民委员会候选人条件提出了"德才兼备"的明确要求。第十五条规定："村民提名候选人，应当从全体村民利益出发，推荐奉公守法、品行良好、公道正派、热心公益、具有一定文化水平和工作能力的村民为候选人。"这是村民委员会候选人的素质和条件首次以法律条款的形式具体化。

2. 在村民选举委员会的组成和推选程序方面，法律规定由村民会议、村民代表会议或者各村民小组会议推选产生村民选举委员会的主任和委员。村民选举委员会成员被提名为村民委员会成员候选人的，应当退出村民选举委员会，缺额按照原推选结果依次递补，也可以另行推选。

3. 法律增加了有关选举进程的环节，要求候选人与选民互动。"村民选举委员会应当组织候选人与村民见面，由候选人介绍履行职责的设想，回答村民提出的问题。"法律同时规范了村民的委托投票行为，"登记参加选举的村民，选举期间外出不能参加投票的，可以书面委托本村有选举权的近亲属代为投票，村民选举委员会应当公布委托人和受委托人的名单"，以保障选举过程更加透明、公正。

第三，一直以来，在我国农村，独立于村民委员会之外的村民权利实现空间十分有限，在某种意义上，村民委员会"垄断"了村民自治权的行使。因而在现实生活中，普遍存在着村民委员会成员罢免难的问题，部分省市甚至多年来没有一起成功罢免村民委员会成员的案例，换届选举成了事实上更换不称职村民委员会成员的主要方式。与之相对应的是，法律修订前我国村干部违法违纪呈高发态势。根据最高人民检察院的数据统计，在 2008 年全国立案侦查的涉农职务犯罪案件犯罪嫌疑人中，农村基层组织人员 4968 人，占 42.4%。其中，村党支部书记 1739 人，村委会主任 1111 人。① 修订前的《村民委员会组织法》虽然赋予了村民罢免村干部的权利，但却不具备操作性，因为其规定罢免村干部必须有选民过半数通过才有效，显然存在出口严和难的问题。为了降低"问题村干部"的危害，有效遏制村域腐败，修订后的法律规定，罢免"须有登记参加选举的村民过半数投票，并须经投票的村民过半数通过"。按照该条款计算，1/4 有选举权的村民即可罢免村委会成员，村民对村委会成员享有了更大的监督权利。

第四，民主议事是村民民主参与的重要方式，是村民行使民主权利、维护自身利益的重要制度，对于制约村委会成员不作为和乱作为等有着重要的屏障作用。但是随着人口流动的加快，农村中外出务工和经商人员逐渐增多，这类群体专程回村参加村民会议的意愿较低，而村组合并等因素又进一步加剧了村民会议召开的难度。在此背景下，《村民委员会组织法》对事实上已经代行村民会议的村民代表会议的组成和议事程序做了详细阐述。法律规定，人数较多或者居住分散的村，可以设立村民代表会议，讨论决定村民会议授权的事项。村民代表会议由村民委员会成员和村民代表组成，村民代表应当占村民代表会议组成人员的五分之四以上，妇女村民代表应当占村民代表会议组成人员的三分之一以上。村民代表由村民按每五户至十五户推选一人，或者由各村民小组推选若干人。法律对村民代表会议构成及其职权、村民代表人数、妇女村民代表人数、村民代表会议召开的时间、表决结果的有效性等分别进行具体的规定，有助于进一步增强农村民主议事机制的可操作性。② 此外，为了实现村民依法办理自己的事

---

① 彭东昱.《村民委员会组织法》围绕民主完成大修 [J]. 中国人大，2010 (22)：42-44.

② 陈圣龙. 修订后的《村民委员会组织法》凸显五大亮点 [J]. 村委主任，2010 (21)：8-9.

情，保护其利益不被侵害，法律还增加了村民小组会议制度，规定属于村民小组集体所有的土地、企业和其他财产的经营管理以及公益事项的办理，由村民小组会议依照有关法律的规定讨论决定，所做决定及实施情况及时向本村民小组的村民公布。

第五，为了进一步规范村级民主管理和民主监督，法律增设了村务监督机构和村务档案制度等内容。当前由于部分农村地区监督措施落实不到位，对村委会成员缺乏有效的约束，因财务不公开、决策不民主、管理无规章而引发的村民集体上访事件频发。为有效应对这一问题，《村民委员会组织法》第三十二条规定，村应当建立村务监督委员会或者其他形式的村务监督机构，负责村民民主理财，监督村务公开等制度的落实，其成员由村民会议或者村民代表会议在村民中推选产生，其中应有具备财会、管理知识的人员。村民委员会成员及其近亲属不得担任村务监督机构成员。有关村务档案的规定也纳入法律条款，要求村民委员会和村务监督机构建立村务档案。法律同时完善了村民委员会成员任期和离任审计制度，明确了任期和离任审计包含的具体事项。

第二节　乡域基层民主自治的实践困境

几十年来，我国农村民主政治实践取得了长足进展，全国各地根据自身情况，对村民自治的实际运作进行了积极的创新与探索，积累了丰富经验。一些富有成效的举措在反复实验和逐步推广中获得强大的生命力，成为《村民委员会组织法》修订的素材和源泉。但农村基层民主建设毕竟是长期和系统的工程，我国村民自治之路仍面临一些困境，需要在实践中谨慎把握。

（一）村民参与农村政治生活的内在动力不足

选举是民主政治的基石，农村基层民主选举即村民委员会民主选举是农村基层民主建设的重要内容之一。数据显示，早在 2008 年底，我国农民的平均参选率即达到 90.7%①。与参选率高相悖的事实是村民参与基层民主的质量尚不高，选举时许多村民形式上到场投票，但实质的参与意识仍比较薄弱。许多地方给予投票的村民五元、十元等作为误工补偿费用，以提高村民选举的热情。在经济利益驱动下，村民在村民委员会换届选举中容易漠视选举的意义，对于长远利益和眼前利益、局部利益和整体利益的关系缺乏正确把握。一方面，受宗族因素的影响，支持同姓本宗人；另一方面，如无宗族关联，则常常一包烟、一瓶油可以改变选举初衷，对选谁当村委会成员持无所谓的态度。广东省梅州市曾经对 103 个村民委员会和 605 名村干部、4635 名农民进行调查，结果显示 8.31% 的农民对民主选举反应冷淡，对谁当选并不关心。

（二）应对贿选的地方差异

贿选一直是阻碍村民自治良性发展的顽疾，但在操作层面各个地方的做法却相距甚远。典型的例证如：在广东省 Y 市，十几年来该市民政局先后受理过 30 多起贿选投诉，最终却没有一起被认定为贿选。而在辽宁省 B 市，某村民当选村委会主任，却因送两瓶酒和一个菠萝被举报贿选而无法任职，一怒之下将举报人一家全部杀害，制造了辽西地区近年来最恶性的血案。究其原因，法律既缺乏何为贿选的明确界定，也缺失对贿选惩处的条款，导致现实中的应对举措可能完全相悖。《村民委员会组织法》第十七条规定："以暴力、威胁、欺骗、贿赂、伪造选票、虚报选举票数等不正当手段当选村民委员会成员的，当选无效。"可以看出，法律虽然有关于警惕贿选发生的内容，但什么算贿选、金钱贿选数额的最低界限是多少、财物贿选如何定性、村民举报的具体要件是什么等均未说明。值得警惕的是，目前财物贿选在农村地区民主选举中比较普遍，加上部分人员贿

---

① 申保珍.《村民委员会组织法》（修订草案）备受关注 [J]. 农村百事通，2010（19）：6-8.

选成功产生的"扩散"效应，使贿选之风蔓延。特别是经济发达地区，竞选者不惜高额投入金钱。如在选举期间，某些郊区经济条件较好的村，竞选村委会主任要花数百万元，较偏远的村也要花十几万元。①

（三）村务公开的难题

村务公开是实现村级事务民主决策、民主管理和民主监督的重要方式，也是农村工作的难点和村民批评与关注的焦点。法律规定村民委员会应当及时公布由村民会议、村民代表会议讨论决定的事项及其实施情况；国家计划生育政策的落实方案；政府拨付和接受社会捐赠的救灾救助、补贴补助等资金、物资的管理使用情况；村民委员会协助人民政府开展工作的情况；涉及本村村民利益，村民普遍关心的其他事项等。尽管《村民委员会组织法》较之以往已经对村务公开的时间和内容等做了更加详细的规定，要求"一般事项至少每季度公布一次；集体财务往来较多的，财务收支情况应当每月公布一次；涉及村民利益的重大事项应当随时公布，"但在村民自治的实际运行中，村务公开难的问题依然在相当一部分地区的农村普遍存在。在村务公开上，公开形式单一，多以公开栏为主，以村民代表会议形式公开的不多；公开的内容多以常规性、阶段性的事务为主，重大事项的公布不及时、不全面；公开的效果不佳，流于形式的较多；在财务支出上，许多大额支出没有标明去向及项目，使村民无法掌握村里财务、资金的使用、支配情况，从而无法行使村务监督权。广州市白云区的专题调研资料显示，仅有 26.7%的村民认为村务监督作用发挥得很好。

（四）自治权与行政权的冲突

我国自实行村民自治制度以来，国家行政权力逐步退出了乡村社会，但根据《村民委员会组织法》第四条的规定，村民委员会有"协助乡、民族乡、镇的人民政府开展工作"的职责。这也意味着我国村级自治组织事

---

① 段小力. 解读新一轮农村基层民主选举之困 [J]. 理论与改革，2009（3）：73-74.

实上担负了双重身份，乡镇政府要求村级组织扮演基层政权代理机构的角色，承担起国家行政权力延伸的功能，而村民则期望通过选举产生的村干部能够成为全体村民利益的代言人。在实际运作中，当自治权与行政权发生冲突时，一般是自治职能让位于行政职能。因为在现行体制下，乡镇政府较之自然村拥有政治、经济以及社会方面的资源优势，绝大多数村委会日常运行及办理村公益事业所需经费的支出源于乡镇政府的转移支付，这就加大了村委会对乡镇政府的经济依赖。另外，从更大范围来看，在我国乡与村之间其实具有三种关联：乡镇党委与村党支部之间是领导与被领导关系，体现了党的领导原则；乡镇党政机关与村级组织之间在贯彻执行党的方针政策、国家法律、政府公共政策等事务方面是行政管理与被管理的关系，体现了依法行政原则；乡镇政府与村委会在村民自治事务范围内是指导与被指导关系，体现了村民自治原则。在三种关系中，前两者实质即为上下级关系，因而自治权让位于行政权也就不难理解。

（五）村党支部、村民委员会和村集体经济组织之间的关系未能厘清，矛盾凸显

以村党支部和村民委员会为代表的权力分配问题，是当前研究村民自治的重中之重。尽管法律对于党支部如何体现领导核心作用、村委会如何依法行使村务管理权等有相关规定，但均缺乏操作性。在有些地方，村党支部将发挥党支部的领导核心作用片面理解为党支部包办一切，导致村民会议、村民代表会议形同虚设；有些村委会成员认为村民自治是村委会仅对村民负责，不尊重党支部的意见，不接受党支部的领导，造成两委工作不协调，矛盾重重，各自为政。在村民自治过程中，两委关系的不协调，不仅削弱了党支部在自然村的领导地位，而且对我国农村基层民主自治的发育程度也会产生消极的影响。

村集体经济组织是农村社区发展中不可或缺的组织。我国从1983年开始实行农村政社分设管理，但村党支部和村民委员会与村集体经济组织

基本没有实现有效分开。由于村集体经济组织经营收入少，甚至存在大量无经营性收入的"空壳村"，一些村甚至没有保留集体经济组织名称。除一些发达地区有独立于村委会的村一级经济组织，大部分地区由村委会代表村民行使所有权，村集体经济组织与村委会实行"两块牌子，一班人马，交叉任职"。这种"村社一体"的做法，既使集体经济的竞争力被消解，也使经济组织的独立性和自主权受到损害。

第三节　乡域基层民主自治的路径选择

中共中央和国务院《关于做好 2022 年全面推进乡村振兴重点工作的意见》中指出，落实乡村振兴为农民而兴、乡村建设为农民而建的要求，坚持自下而上、村民自治、农民参与，启动乡村建设行动实施方案，因地制宜、有力有序推进。乡村振兴目标的实现不可能一蹴而就，需要在主体定位、宏观政策、民主程序、制度保障等多方面形成路径合力，以确保农村基层民主建设稳步发展。

第一，构建农民参与基层民主的独立政治人格是我国农村基层民主建设的重要任务，"农村改革是权力下放……让他们参与管理，实现管理民主化，各方面都要解决这个问题"[1]。美国学者米格代尔曾根据农民政治参与目标不同，将农民的政治参与行为分为四个层次：1. 农民不会为了他们的利益主动地去影响或控制社会制度；2. 农民寻求个人的物质利益和社会利益；3. 农民为整个农村社区或农村社区内部某些特殊的社会群体和集团寻求利益；4. 农民为整个农民阶级寻求利益。[2] 从实然的角度来看，我国的农民政治参与尚处于浅层次阶段，自主意识和自发行为有待进一步增

---

① 邓小平. 邓小平文选（第 3 卷）[M]. 北京：人民出版社，1993：180.

② 米格代尔. 农民、政治与革命——第三世界政治与社会变革的压力 [M]. 李玉琪，袁宁，译. 北京：中央编译出版社，1996：57.

强，其参与选举、参加村民会议往往具有一定的被动性。

如何形成农民独立的政治人格？"在实际生活中民主永远不会'单独存在'，而总是'相互依存'的，它也会影响经济，推动经济的改造，受经济发展的影响"①。我国农业基础薄弱，区域发展不协调，大多数地方经济发展相对落后，部分农民尚未脱贫，解决温饱仍是头等大事。由于发展观念落后、资金不足等多重原因，农村整体上生产性投资不足，大量农民选择外出打工挣钱。国家统计局的数据显示，2021 年农民工总量 29251 万人，比上年增加 691 万人，增长 2.4%。其中，本地农民工 12079 万人，增长 4.1%；外出农民工 17172 万人，增长 1.3%。农民工月均收入水平 4432元，比上年增长 8.8%。② 大部分农民工所关心的首先是生计问题，他们既没有时间、没有精力，也没有动力参与政治活动。在此背景下，推进农业现代化，完善以工促农、以城带乡长效机制，加大强农惠农力度，扩大公共财政覆盖农村范围，提高农业现代化水平和农民生活水平成为当前农村地区发展的首要之急。其次，应通过提升农村义务教育质量和均衡发展水平，推进农村中等职业教育免费进程等举措提高农民知识素质和民主素养，消除因受教育程度和文化素质低而导致的影响农民政治参与的种种因素。再次，给予农民政治参与的技能训练，普及民主政治的基本知识。历史上形成的政治文化传统，伴随改革开放传入的西方政治文化等都影响着农村民主政治文化的养成和政治人格的培育。譬如农民对权利与义务、民主制度与程序、个体意识与制度意识等民主建设中的关系尚缺乏全面的理解；对不合国情的政治文化缺乏甄别力；缺乏制度建设与适应的足够耐心等。③ 应通过多种渠道宣传、推广、实践民主的意义和程序，促使广大农

---

① 中共中央马克思恩格斯列宁斯大林著作编译局. 列宁选集（第 3 卷）[M]. 北京：人民出版社，1987：238.

② 中华人民共和国国家统计局. 中华人民共和国 2021 年国民经济和社会发展统计公报 [Z]. 2022-01-21.

③ 李兴平. 政治文化视角下的农村基层民主限制因素分析 [J]. 甘肃社会科学，2010 (1)：203-206.

民逐步成为具备民主意识和民主能力的成熟选民及民主决策与监督的主体。

第二，建立和健全法律、制度和程序体系以保障农村基层民主选举的有序进行。以暴力、威胁、欺骗、贿赂等手段妨碍村民行使选举权和被选举权，破坏村民委员会的选举行为，仅仅靠村民向上级举报或者反映，由上级出面并不能完全解决问题，反而容易形成持续性的上访，应当建立村民自治权利的司法救济和保障机制，"一切权利的前提就在于时刻都准备着去主张权利。法不仅仅是思想，而且是活的力量"①。对村委会选举中违法行政行为的诉讼救济制度包括刑事诉讼救济和行政诉讼救济。就我国目前的选举诉讼现状而言，无论是在理论层面还是在实践层面都未能引起足够的重视，诉讼制度不完整。可以通过完善《中华人民共和国行政诉讼法》《中华人民共和国刑事诉讼法》等相关法律，或出台有关司法解释惩处影响和破坏村民自治的行为，村民认为县乡行政组织处理有失公平或者不彻底的，可以由村民代表或者由一定人数的村民联名向人民法院提出诉讼，追究相关人员的法律责任。同时在中央层面的立法建立对违法行政行为制约机制的规定之后，应要求地方在其框架内制定相应的地方选举法规。

第三，科学定位自治组织与行政组织的关系。在村民委员会和乡镇政府之间，指导与协助、服务与监督的关系是二者之间有效衔接和良性互动的基础。村民自治属于非政权性质的农村社区基层民主，在其发展和完善过程中，乡镇政府不应将村委会视为下级政权机构或附属的执行机构。村委会的协助职责体现在通过宣传政府的各项规定，说服、动员群众自觉地履行各项应尽的义务。村党支部与村委会的关系，虽然类似于国家政治系统中的党政关系，但因为村委会不是一级行政组织，不能简单地套用国家政治系统中的党政关系。村党支部的主要职责是负责传达上级党委的指

---

① 耶林. 为权利而斗争 [M]. 郑永流，译. 北京：法律出版社，2007：13.

示，将党的路线、方针、政策及时交付村委会执行，并在本村发展总体规划的制定、村规民约的起草以及重大村务的处理等问题上发挥主导作用，但不能干预或包揽村委会职权范围内的事务。村支部可以通过村民会议或村民代表会议推荐候选人，对村委会的日常工作进行监督，发现有不恰当或与党的方针政策相违背的及时指出，并通过"两委"会议、村民代表会议或村民会议予以否决和纠正。在村民委员会和村集体经济组织的关系方面，村委会代行集体经济组织职能、利用集体收入兴办社会公益事业的使命已完成，应当根据村民委员会和村集体经济组织的性质、功能，真正实现村集体经济组织独立运作。

第四，着力培养与农村基层民主建设的成效紧密关联的四类专门人才。①以提高科技素质、职业技能和经营能力为核心，着力打造服务农村经济社会发展、数量充足的农村实用人才队伍。长期以来，乡村中青年、优秀人才持续外流，人才总量不足、结构失衡、素质偏低、老龄化严重等问题仍然存在，乡村人才总体发展水平与乡村振兴的要求之间依然存在差距。全面推进乡村振兴，人才振兴是关键，只有人才的供给跟上了，产业才能正常运转、迭代、发展，每个行政村主要特色产业至少有1~2名示范带动能力强的带头人。②加大对乡镇干部的培训力度。乡镇干部在我国农村改革发展中起着至关重要的作用：党的路线、方针、政策要靠他们来贯彻，政府的各项措施要靠他们来落实，各项任务、指标要靠他们来完成；同时，基层群众创造出来的新鲜做法、经验也主要由他们发现、总结，基层群众在村级组织范围解决不了的问题也靠他们来解决。① 因此，必须建立健全乡镇干部培训工作的长效机制，使其理念、态度、行为成为基层民主自治良性发展的引导。③充分利用地县党校和农村现代远程教育网络，加强对村级干部法律法规知识、农业实用技术、党的路线方针政策等方面的培训，提高村干部的政治素质和业务素质。④发挥驻村干部、"大学生

---

① 杨福忠. 谁妨碍了农村基层民主的发展 [J]. 青海社会科学，2008（1）：14-16.

村官""三支一扶"人员的积极作用。为了弥补基层人才的力量不足问题，通过选派驻村第一书记和工作队的方式，不但能够破解基层干部队伍不强的问题，还能够破解基层干部专业能力缺乏的问题。大学生加入人才队伍对于改变村干部结构、打破传统思想观念的束缚等有着良好的效应。大学生具备较好的法律知识、专业知识和民主素养，在经过系统培训和基层民主实践锻炼后，可成为农村建设的重要成员。2021 年我国启动实施第四轮（2021—2025 年）高校毕业生"三支一扶"（支教、支农、支医和帮扶乡村振兴）计划。"三支一扶"计划自 2006 年实施以来，已累计选派 43.1万名高校毕业生到基层服务。

由于我国幅员辽阔，区域间在自治基础、开展时间、地方政府理念等方面存在差异，导致基层民主发展在空间上呈现出很大的不平衡性。一些地区基层民主自治发展障碍重重，村民的自主权利大打折扣，而一部分地区村民履行民主权利的能力较强，地方配套政策法规也更具操作性。如近年来，浙江、湖北、广东以及山东等地在民主监督以及民主决策方面富有成效的创新引起了广泛关注，这些举措较好地应对了村民自治在新形势下产生的新问题。因此，就全国范围而言，可以通过理论指导、经验推广、交流共享、示范带动等多种方式，推动不同省份、不同区域间的平衡发展，以全面提高我国基层民主建设的成果。

结论与讨论

经过几十年的民主自治实践，村民委员会直接选举制度、村民代表会议制度、村务公开制度等"三项制度"和民主选举、民主决策、民主管理、民主监督等"四个民主"在农村得到了实施，广大农民增强了民主自治意识，提升了民主素养，村民自治成了农村的"民主培训班"。

但是随着经济的发展，我国农村社会正在经历深刻的变化，并由此产生了一些新情况与新问题。首先，经济生活的逐渐市场化使农民在经济收入提高的同时，主体意识相应增强。"在现代化国家，政治参与扩大的一个主要转折点就是农村民众开始介入国家政治"①，村民更加关心村级事务管理，更加关注村委会成员的工作成效和日常行为规范。其次，伴随着多元文化观念的激烈冲撞，我国农村生产方式和社会组织结构正经历着前所未有的改变，农村中形成了新的利益群体，各阶层在维护自身既得利益的过程中产生了不同的利益诉求。如何有效整合和协调各阶层的利益关系，是对农村基层组织执政理念、执政方式的重大考验。再次，农村社会阶层不断分化，农业劳动者、农民工、村务管理者、知识型职业者、自主经营者之间的群体特征愈加清晰。我国农村社会阶层结构的巨大变化不仅预示着农村社会生活基础的深刻变迁，而且影响着农村政治生活及其未来发展，特别是直接关联农村基层民主政治的建设和发展。最后，农村阶层分化后农村"精英"流失，非制度化政治参与在农村有扩大的趋势。② 农村阶层分化使农民区域间迁移、城乡间流动加剧。农村外出就业的人口中包含了农村大部分"精英"，从而形成一系列包括农村劳动力的老龄化、低学历等问题。较高素质的农村"精英"的流失，弱化了原有的农村组织的功能，使农村经济稳定发展的人力资本基础有所动摇，并给农村中的非主流意识形态和非正式组织让出了空间。这些问题有待结合案例，进行更为深入而具体的探讨。

---

① 塞缪尔·亨廷顿. 变革社会中的政治秩序 [M]. 李盛平，等译. 北京：华夏出版社，1988：39.

② 林炳玉. 农村社会阶层分化与村党组织建设 [J]. 马克思主义与现实，2005（3）：84-90.

第三章　乡域社会治理的多元主体

乡域，本质上是农村社区共同体的承载，农民群众"生于斯，长于斯"，在这里进行社会交往和建立各种社会关系。在乡域的空间中所进行的社区性公共事务，比如纠纷调解、社会救助、防火防盗、安全保卫、捐资助教、修桥补路等，都需要乡域治理的多元主体共同发挥作用，方显治理绩效。在乡域治理中，村民为天然的治理主体，村党支部和村民委员会是自治的组织保障，乡镇党委和基层政府是乡域治理的资源协调者，农民合作社、新乡贤、农业龙头企业等是新兴的参与力量，为乡村振兴提供治理动能。

第一节　乡域基层党组织的角色与功能

农村基层党组织是推进乡村振兴的坚强组织保障。中国共产党作为我国唯一的执政党，在实现乡域社会整合的过程中起着无可替代的作用。中国共产党自成立以来，就在农村地区强调提高基层组织覆盖面，以此增强在农村地区的凝聚力和战斗力。垂直方向上的"延伸到底"，使得农村基层党组织从乡、村层面逐渐延伸到最为基层的自然村，与农民群体建立起更加紧密的联系。水平方向上的"横向到边"，使得基层党组织能够覆盖农村社会的各个方面，强化在农村地区的治理功能。① 2013 年 12 月 23 日，习近平总书记强调"加快完善乡村治理机制"，要求农村基层党组织在推进乡村治理中发挥重要作用。

农村基层党组织主要包含乡镇党的委员会（以下指称乡镇党委）和村党组织（以下指称村党支部）等。乡镇党委和村党支部（村指行政村）是党在农村全部工作和战斗力的基础，全面领导乡镇、村的各类组织和各项工作。《中国共产党章程》第三十三条规定：街道、乡、镇党的基层委员会和村、社区党组织，领导本地区的工作和基层社会治理，支持和保证行政组织、经济组织和群众自治组织充分行使职权。

乡镇党委是党在农村的一级基层组织，领导本地区的工作和基层社会治理，支持和保证行政组织、经济组织和群众自治组织充分行使职权。乡镇党委的主要职责包括以下几个方面。其一，宣传和贯彻执行党的路线方针政策和党中央、上级党组织及本乡镇党员代表大会（党员大会）的决议。其二，讨论和决定本乡镇经济建设、政治建设、文化建设、社会建设、生态文明建设和党的建设以及乡村振兴中的重大问题。需由乡镇政权机关或者集体经济组织决定的重要事项，经乡镇党委研究讨论后，由乡镇政权机关或者集体经济组织依照法律和有关规定作出决定。其三，领导乡镇政权机关、群团组织和其他各类组织，加强指导和规范，支持和保证这些机关和组织依照国家法律法规以及各自章程履行职责。其四，加强乡镇党委自身建设和村党组织建设，以及其他隶属乡镇党委的党组织建设，抓好发展党员工作，加强党员队伍建设。维护和执行党的纪律，监督党员干部和其他任何工作人员严格遵守国家法律法规。其五，按照干部管理权限，负责对干部的教育、培训、选拔、考核和监督工作，协助管理上级有关部门驻乡镇单位的干部，做好人才服务和引进工作。其六，领导本乡镇

---

① 徐明强，李戈. 组织覆盖与农村基层党组织建设的历史经验——基于中国共产党百年历程的考察［J］. 华中农业大学学报（社会科学版），2021（4）：28-36.

的基层治理，加强社会主义民主法治建设和精神文明建设，加强社会治安综合治理，做好生态环保、美丽乡村建设、民生保障、脱贫致富、民族宗教等工作。

村党支部则是以村为基本单元设置党组织。《村民委员会组织法》规定：中国共产党在农村的基层组织，按照中国共产党章程进行工作，发挥领导核心作用，领导和支持村民委员会行使职权；依照宪法和法律，支持和保障村民开展自治活动、直接行使民主权利。村党的委员会、总支部委员会、支部委员会每届任期五年，由党员大会选举产生。党员人数 500 人以上的村党的委员会，经乡镇党委批准，可以由党员代表大会选举产生。习近平总书记强调："办好农村的事情，实现乡村振兴，基层党组织必须坚强，党员队伍必须过硬。"①

在乡域治理中，村级基层党组织的功能主要体现在以下几个方面。

（一）政治引领功能

农村基层党组织作为党在基层的"神经末梢"，是党夯实执政根基的"最后一公里"。政治引领功能包括国家政策方面的宣传动员，在村级组织换届选举、人事安排方面的建议、推荐权，在项目建设、资金使用等重要事项上的决定权，对党员、村组干部的管理权等。其中，宣传和贯彻执行党的路线方针政策和党中央、上级党组织及本村党员大会（党员代表大会）的决议，有利于增强村民的政治认同。政治认同是衡量民众参与政治社会化的重要指标，农村基层党组织是基层群众参政议政的重要组织，其执政能力高低直接影响村民政治认同的效果。除此以外，《中国共产党农村基层组织工作条例》还规定，村级党组织应领导和推进村级民主选举、民主决策、民主管理、民主监督，推进农村基层协商，支持和保障村民依法开展自治活动。领导村民委员会以及村务监督委员会、村集体经济组织、群团组织和其他经济组织、社会组织，加强指导和规范，支持和保证

---

① 习近平回信勉励浙江宁波余姚横坎头村全体党员［N］．人民日报，2018-03-02（01）．

这些组织依照国家法律法规以及各自章程履行职责。

（二）组织凝聚功能

党的十九大报告明确指出，基层党组织建设"要以提升组织力为重点"，这就为农村基层党组织建设指明了新的目标和要求。基层党组织的组织力，主要是指基层党组织为了全面贯彻落实党中央的决策部署和方针政策，依靠自身的政治优势和组织优势，引导、动员、组织人民群众响应党中央的号召，积极参与社会治理，推动农村社会经济发展的能力。组织力是农村基层党组织的领导力、凝聚力、动员力的综合体现。基层党组织通过优化党群关系以巩固党在农村的执政地位，有利于加强党对乡村振兴事业的全面领导，有利于进一步团结广大村民，真正推动乡村振兴战略在农村地区得到全面落实。

（三）服务群众功能

一方面，村级党组织应组织群众、宣传群众、凝聚群众、服务群众，经常了解群众的批评和意见，维护群众正当权利和利益，加强对群众的教育引导，做好群众思想政治工作。另一方面，村级党组织领导本村的社会治理，做好本村的社会主义精神文明建设、法治宣传教育、社会治安综合治理、生态环保、美丽村庄建设、民生保障、脱贫致富、民族宗教等工作。一段时间以来，受市场经济环境影响，一部分农村基层党员，特别是农村一些党员领导干部出现了"四风"问题，道德堕落、经济贪婪等现象时有发生，在激化社会矛盾的同时，损害了村民的利益。2019 年 1 月，中共中央做出"三农"工作指示：对后进农村党组织进行整顿，坚决把曾有过违法犯罪、群众口碑差、存在涉黑行为的村干部清理出去。同时明确推进村党组织实行五年任期规定，按时举行村委会的选举，乡村重大问题必须经过村党组织集体讨论等。

（四）监督检查功能

村级党组织不仅是社会治理政策不折不扣的落实者，也是党员和各项政策实施的监督者。2015 年 12 月 31 日，中共中央强调"坚持农村基层党组织领导核心地位不动摇"，要求选好用好农村党组织书记及领导班子，同时，加强基层干部廉政建设，加大对农村基层干部贪污涉农资金及村集体经济的审查与处理力度。数据显示，近五年，全国纪检监察机关共处分村党支部书记、村委会主任 27.8 万人。① 从近年查处的群众身边腐败和作风问题案件看，背后都有基层党组织弱化、虚化、边缘化的问题，普遍存在不想监督、不敢监督、不会监督的现象。"村看村、户看户、群众看支部"，解决发生在村民身边的腐败和作风问题，关键靠基层党组织主动作为。2018 年我国推行村级小微权力清单制度，加大基层小微权力腐败惩处力度。通过探索建立权力清单、责任清单、流程清单、风险清单等，严格执行清单公开公示制度，把"小微权力"晒在"阳光"下，实现村民能够监督、便于监督、乐于监督。

第二节　乡域村级行政组织的角色与功能

在我国乡域，基层党组织与村民委员会构成了农村社区稳定与发展的重要制度力量，二者的功能发挥与协作能力，直接关系到乡域治理水平的程度。

从组织属性上看，村民委员会是我国村民自我管理、自我教育、自我服务的基层群众性自治组织。村民委员会办理本村的公共事务和公益事业，调解民间纠纷，协助维护社会治安，向人民政府反映村民的意见、要求和提出建议。

从结构特征上看，村民委员会由主任、副主任和委员共三至七人组

---

① 王同昌. 党的十八大以来农村基层党组织建设的经验总结［J］. 国家治理，2021（41）：28-32.

成。村民委员会根据需要设人民调解、治安保卫、公共卫生与计划生育等委员会，村民委员会成员可以兼任下属委员会的成员。村民委员会应当宣传宪法、法律、法规和国家的政策，教育和推动村民履行法律规定的义务、爱护公共财产，维护村民的合法权益，发展文化教育，普及科技知识，促进男女平等，做好计划生育工作，促进村与村之间的团结、互助，开展多种形式的社会主义精神文明建设活动。村民委员会及其成员应当遵守宪法、法律、法规和国家的政策，遵守并组织实施村民自治章程、村规民约，执行村民会议、村民代表会议的决定、决议，办事公道，廉洁奉公，热心为村民服务，接受村民监督。

从外展关系上看，村民委员会与乡镇政府之间在应然层面属于被指导与指导关系，体现在：其一，村民委员会的设立、撤销、范围调整，由乡、民族乡、镇的人民政府提出，经村民会议讨论同意，报县级人民政府批准；其二，村民自治章程、村规民约以及村民会议或者村民代表会议的决定违反程序或内容规定，由乡、民族乡、镇的人民政府责令改正；其三，村民委员会协助乡、民族乡、镇的人民政府开展工作，乡、民族乡、镇的人民政府对村民委员会的工作给予指导、支持和帮助，但是不得干预依法属于村民自治范围内的事项。

从内在关系上看，村民委员会以村民会议、村民代表会议、村民小组会议为议事决策载体。村民会议至关重要，覆盖本村十八周岁以上的村民。村民会议通常或由村民委员会召集，或由十分之一以上的村民或者三分之一以上的村民代表提议。村民会议审议村民委员会的年度工作报告，评议村民委员会成员的工作；有权撤销或者变更村民委员会不适当的决定；有权撤销或者变更村民代表会议不适当的决定。村民会议也可以制定和修改村民自治章程、村规民约，并报乡、民族乡、镇的人民政府备案。《村民委员会组织法》规定，凡是涉及本村享受误工补贴的人员及补贴标准；从村集体经济所得收益的使用；本村公益事业的兴办和筹资筹劳方案及建设承包方案；土地承包经营方案；村集体经济项目的立项、承包方案；宅基地的使用方案；征地补偿费的使用、分配方案；以借贷、租赁或者其他方式处分村集体财产；以及村民会议认为应当由村民会议讨论决定的涉及村民利益的其他事项等，经村民会议讨论决定方可办理。

村民代表会议主要在人数较多或者居住分散的村设立，村民代表会议讨论决定村民会议授权的事项。村民代表会议由村民委员会成员和村民代表组成，村民代表由村民按每五户至十五户推选一人，或者由各村民小组推选若干人。村民代表应当占村民代表会议组成人员的五分之四以上，村民代表会议每季度召开一次。

村民小组会议辐射按居住地域划分后村民小组所辖范畴的成员。人民公社解体以后，很多地方的村民小组代行农村集体经济组织，即原生产队的职能。村民小组以村民委员会下设立的小组身份开展活动时，不具法人资格；村民小组代行农村集体经济组织职能活动时，具有法人资格。村民小组多以自然地形设立，村民小组的负责人称为"村民小组组长"，由当地村民兼职，不脱离生产，通过村民小组会议推选产生。属于村民小组的集体所有的土地、企业和其他财产的经营管理以及公益事项的办理，由村民小组会议依照有关法律的规定讨论决定，所做决定及实施情况应当及时向本村民小组的村民公布。"村民小组组长"的角色在于收集并向村委会反映本组村民的意见和建议、向本组村民传达村委会作出的有关决定、协助村委会办理本村的公共事务和公益事业等。

从核心功能来看，村民委员会是在乡域内实施民主选举、民主决策、民主管理与民主监督的关键主体。民主选举是考察村民自治、村庄自主和乡村治理的可视化窗口。由于乡镇对选举结果控制逐渐弱化及村民参与选举积极性的提高，村委会选举的竞争性有所增强，但又因农民流动性的增强，导致了委托投票现象普遍，从而改变了村委会选举的逻辑，使之呈现出一种半竞争性选举的态势。此举虽然有助于促进我国基层的民主化治理，但它在推动选民参与的广泛性、平等性以及保护性等方面仍然比较弱。① 这种"高票当选、低票落选"半竞争性选举的弱民主化治理，也可以被称为"竞而不争"的选举生态，反映了现代性的制度规范与乡土性的生活智慧，即在政治制度、政治文化与政治生活三重维度上营造良性选举秩序。由于村级选举中制度性因素与生活化要素的共同作用，在一些选举场域中造成自治空间的消解、选举程序的虚置与选举运行的非均衡化等实践困境。② 村委会政绩评价与村民投票意愿之间存在显著的正"U"形关系：当政绩评价是正面时，随着政绩评价的提升，村民投票意愿上升，倾向于支持现任干部当选；当政绩评价是负面时，随着政绩评价的下降，村民投票意愿上，倾向于反对现任干部当选。上级加强对村委会的支持与对村委会选举的监督，有效改善村民对村干部的政绩评价，可以提高村民的政治参与水平。③

民主决策是确保乡域各项事业顺利开展的前提。村级民主决策作为实行民主集中制的重要环节，是发展社会主义民主政治的客观要求，是新形势下加强党的执政能力建设和加强政府自身建设的重要任务。村级民主决策以村民参与人数最广、规模最大的村民会议为依托，村民会议是村民自治组织中能够最全面、最直接地代表村民利益和反映村民要求的组织形式。村民会议、村民代表会议和村民小组会议均体现了协商民主的特质。村民的协商机会获得感与协商结果获得感同村委会工作满意度的差异显著相关，村庄层面的经济分层、文化水平、媒介接触和村庄公共事务会议参与显著影响村委会工作满意度，村庄经济分层、村庄文化水平则分别负向

---

① 尹利民，穆冬梅. 委托投票、半竞争性选举与基层弱民主化治理——以 C 县上付村六届（1999—2014 年）村委会选举为例 [J]. 南昌大学学报（人文社会科学版），2015（3）：29-35.

② 王友叶，陈义平，徐理响. 竞而不争：村级选举的政治生态及其困境——基于安徽省村委会换届选举的调查 [J]. 中国农村观察，2021（4）：67-78.

③ 郑广瑄. 政绩评价如何影响村民在村委会选举中的投票意愿——来自辽宁省的经验证据 [J]. 中国农村经济，2017（10）：64-79.

和正向调节村民协商结果获得感对村委会工作满意度的影响。①

完善村级民主管理，保障人民群众享有更多更切实的民主权利，对于推进农村基层民主政治建设，激发和调动广大人民群众投身乡村振兴的积极性和创造性具有十分深远的意义。近年来，除常态化民主管理之外，突发事件之下的乡域应急管理的重要性也愈加凸显。如乌尔里希·贝克所言，"人类社会普遍进入风险状态"，风险社会带来了不确定性的扩大和未来的不可预期。自然灾害、公共卫生危机、群体性事件等的发生，加剧了乡域社会治理的"脆弱性"，拓展了村级组织的"功能性"。如 2020 年 3 月，国务院联防联控机制公布《因新冠肺炎疫情影响造成监护缺失儿童救助保护工作方案》，为村委会设定了针对监护缺失儿童的督促履责、临时照料、协调检测、协助就医就诊义务等，明确了村委会的相关参与职责。②多个地方政府出台规制，要求村委会"严格落实相关防控措施，强化防控网格化管理"等，这也是对村委会在非常态治理情境下功能的延伸。

村级民主监督是村民自治的重要内容，也是村党组织领导的充满活力的村民自治机制的重要保障。当前我国建立健全了村务监督机构，普遍开展村务公开、民主评议、村干部任期和离任经济责任审计等，逐步建立起责权明晰、衔接配套、运转有效的村级民主监督机制。在村务监督委员会方面，成员通常由三至五人组成，其中必须包含具备财会、管理知识的人员，负责村民民主理财，参与制定本村集体财务计划和各项财务管理制度，有权检查、审核财务账目及相关的经济活动事项，有权否决不合理开支等；在村务公开方面，不断丰富村务公开内容，规范村务公开程序，统一村务公开时间；在民主评议方面，村民会议或者村民代表会议重点评议村委会成员的思想政治素质、岗位目标职责和工作业绩、村集体资产管理

---

① 李强彬，李佳桧. 村庄异质性、村民协商获得感与村委会工作满意度——基于 10 个乡镇 1987 个样本的实证分析 [J]. 经济社会体制比较，2018（4）：81-90.

② 史全增. 论村委会在重大公共卫生风险防控中的法治化参与路径 [J]. 行政法学研究. 2021（3）：37-48.

以及政府强农惠农富农项目实施、廉洁履职情况等关系村民切身利益的重点事项；在村委会成员任期和离任经济责任审计方面，不断规范经济责任审计的程序，严肃审计责任追究。

第三节　其他类型村社组织参与乡域治理

在乡域，村社组织是为完成特定的社会目标，履行一定的社会职能，并按照一定形式而建立的参与社会共同活动的群体。在传统的农村社区，村社组织在性质上一般具有较强的宗法性，家族、宗姓势力较强，大都依血缘亲疏分配权力，且在结构上具有单一性，习俗组织较多，法定组织较少；而在发展的农村社区，村社组织在性质上一般具有较强的经济性，利益保障优先，大都依照业缘关系拓展力量，具有组织功能外溢的特征。

宗族作为传统中国农村社区存在的基础性社会结构，在乡域治理中的功能较为突出。《尔雅·释亲》"婚姻"中有父之党为宗族。《中国家族制度史》认为宗族等同于家族，是同一个男性祖先的子孙，若干代聚在一起，按照一定的规范，以血缘关系为纽带结合而成的一种特殊的社会组织形式。[1]《义序的宗族研究》认为，宗族为家族的伸展，同一祖先传衍而来的子孙称为宗族。[2] 也有研究剖析了宗族的特点，认为所谓宗族，是由有男系血缘关系的各个家庭，在宗法观念的规范下组成的社会群体，特征体现在五方面：传世久远、形态多变、成员日众、功能转换、影响深远。[3] 综上所述，宗族组织即指以父系血缘为纽带，世代联结而形成的群体组织，通常内部成员身份关系明确，形成聚居及密切社会互动关系。

按照国内外学界的公认说法，宗族在我国农村的分布体现着不同的区

---

① 徐扬杰. 宋明家族制度史论 [M]. 北京：中华书局，1995：1-16.

② 林耀华. 义序的宗族研究 [M]. 北京：生活·读书·新知三联书店，2000：1-4.

③ 冯尔康，阎爱民. 中国宗族 [M]. 广州：广东人民出版社，1996：1.

域性特征，一般来看南方地区比北方地区更为普遍。宗族组织在乡域社会治理中的价值，类似"硬币的两面"：一方面，宗族组织具有团结和信任机制，能保护村民个体或集体财富免受侵蚀，从而提高血缘团体的生存能力与成功概率，且宗族组织在促进村庄公共品供给方面，也是一种比民主更有效的组织形式；另一方面，宗族组织也可能是一种使公共权力异化的私权，在消解公共权力影响的前提下，进一步削弱基层政府的权威。整体而言，宗族作为乡村非正式组织，会与正式行政权威既有合作又有竞争关系，宗族嵌入基层治理结构需要面对许多错综复杂的治理情境，防止经济、政治、文化因素下宗族力量对村级治理的过度干预是一个现实的问题。

本研究团队 2021 年 1 月至 2022 年 5 月曾对 G 省 B 县的 15 个客家村落进行以深度访谈和参与式观察为主、问卷调查为辅的田野调查。客家宗族历史悠久，明清以来"皇权不下县、县下唯宗族"使其成为地方基层治理的重要力量。但随着经济与社会的发展，客家宗族嵌入基层治理遇到显见的挑战：组织嵌入是指客家宗族通过改良自身内部机制以增强其活动合法性，困境表现为宗族组织内部疏于管理与外部缺乏监督；社会嵌入是指客家宗族通过家国同构精神成为政府与民众的中间者，困境表现为政府向宗族请托减少以及族人对宗族黏性降低；经济嵌入是指客家宗族通过联结乡村精英而获得资金，困境表现为人口外流背景下乡绅投资减少；文化嵌入是指客家宗族通过客家文化符号影响族人社会化，困境表现为宗族信仰淡化与符号内涵消解；行政嵌入是指客家宗族通过人情关系网络而提供公共物品与服务，困境表现为村落的公共精神弱化。究其原因，现代文明冲击了传统客家宗族文化，客家村落逐渐从农村社会结合方式向城市社会结合方式过渡，村落的物质资本、人力资本与社会资本流失，文化环境逐渐被经济理性与个人主义占领，制度环境处于真空状态等因素，均导致宗族组织嵌入社会治理产生困境，亟待从培育与动员新乡贤、形成跨宗族治理共同体、优化乡村资源配置方式、增强村民情感归属等方面寻求解决对策。

在发展型乡域社区中，农民合作社是参与基层社会治理的一支不容忽视的力量。中央一号文件曾强调农民合作社是"创新农村社会管理的有效载体"，在乡村合作治理局面的形成与发展中成为一个"重要依托"：农民合作社在村域中引导社员积极参与村级民主管理、促进村级民主决策和民主监督机制的健全，如保障民主表决的有效性，引领村民对村委选举过程进行监督等；农民合作社有机整合政府资源与村级自治资源，促进有效协同以增加民众受益，比如调和老旧危房拆除冲突、积极申请公益组织项目、支持国家"村村通公路"建设项目等；农民合作社推动村级公共事务有效落实，增加村民幸福感，如助推扶贫脱贫政策实施、承接政府委托的各种关爱活动、积极开展精神文化活动等（图3-1）。

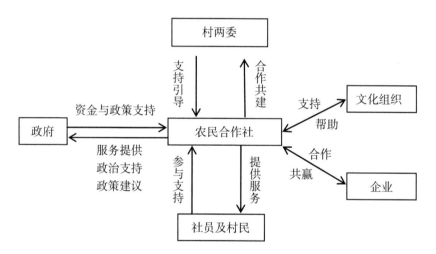

图3-1 农民合作社在乡村社会治理中的角色

当然，作为一种新兴农民经济联合组织，农民合作社只有嵌入乡村的社会、政治、经济等网络之中，方能汲取发展所需资源并发挥其应有功能，推动乡域合作治理局面的持续发展。

从资源依赖的视角来看，组织的生存和发展依赖于外部环境提供的必要资源。政府一方面以立法的形式给予农民合作社合法地位，另一方面又通过政策及规定扶持、引导农民专业合作社的发展。因此，农民合作社只有设法嵌入政府资源网络，才能为合法性资源和资金、政策资源等合作社发展所需的资源争取足额的"引资"。在乡域，村委会作为基层治理秩序的权威主体，是农民合作社嵌入村域网络必须协同好的核心力量。农民合作社需借助村委的政治影响力、行政动员能力和资源配置能力来发展自身及参与乡村治理，而村委会也需借助农民合作社的经济能力和平台以更好地开展各项村务工作。

从调研反馈来看，当前村民的自主意识仍较为薄弱、参与精神不足，以农村合作社为代表的村社组织有助于唤起农民的民主价值观念和行使权力的参与意识。与村两委相较而言，农民合作社更能回应村民对经济利益和公共利益的追求，更易于发挥农民的主体地位。合作社组织嵌入乡村治理，有助于农民摆脱"单打独斗"的局面，改变农民在市场谈判和交易中的弱势地位，也有助于将分散于农民的"个体利益"通过制度化渠道整合成为"团体利益"，推动农民表达利益诉求、维护自身权益及参与政治生活，提升农民在乡村治理结构中的地位和影响力。

第四节　新乡贤参与乡域社会治理的功能

2021 年 2 月，中共中央、国务院发布的《关于加快推进乡村人才振兴的意见》特别强调，乡村振兴，关键在人……坚持农业农村优先发展，坚持把乡村人力资本开发放在首要位置，大力培养本土人才，引导城市人才下乡。

乡贤是乡村人力资本开发的重要组成部分。在任何时期，乡域的良性治理都有赖于在国家权力下沉与乡村社会自主之间寻求一个适当的平衡点。① 回溯乡域社会治理的发展历程可知，乡贤文化是乡村社会中存续时间长、影响力强的一种文化形态，蕴含着见贤思齐和崇德向善的传统美德，凝结着古人治理乡村的智慧与经验，是千百年来促进乡村社会和谐稳定发展的重要基石，也是中华优秀传统文化的重要组成部分，更是推动社会主义核心价值观在乡村社会落地生根和涵育文明乡风的有效手段。② 乡贤与乡绅有所区别，乡绅有"正"与"劣"之分，以懿言嘉垂范乡里的乡绅被称为"正绅"，其基本内涵、主体范围与"乡贤"较为一致，为乡民所共同敬仰和传颂；而武断乡曲、危害乡里的乡绅则被称为"劣绅"。③

在重尊卑、别贵贱、分士庶的封建社会等级结构和权力体系中，传统乡贤作为一个特殊的社会阶层，是政治、经济、文化等一整套社会支撑系统和有限资源分配、利益共生的产物。④ 在乡村振兴阶段，乡贤作为乡域治理中的独特角色，是乡风文明的涵育者、乡村秩序的维护者和乡村振兴的推动者。尤其随着市场经济的发展和城镇化进程的加快，传统乡村秩序的根基不断削弱，文化习俗、伦理道德观念受到冲击，乡村治理效率有待提升，亟须借助乡贤这一优势资源弘扬乡贤文化价值。⑤

从笔者针对 S 省的实证调研来看，新时代我国乡贤主要包含三种类型：

其一，"在场"的村域贤能人士，主要指向在本村域内长期从事生产生活的党员代表、生产队长、宗族长、乡村医生、退伍军人、乡村教师、

---

① 曾庆捷. 乡村中的国家与社会关系：理论范式与实践 [J]. 南开学报（哲学社会科学版），2018（3）：47-56.

② 白现军. 乡村振兴战略下的乡贤文化传承与创新 [J]. 北京社会科学，2021（12）：91-99.

③ 姜方炳. 从革命到改革：政治话语流变中的"乡贤之治"及其行动伦理——基于"有效性-合法性"分析框架的阐释 [J]. 浙江社会科学，2021（6）：88-94.

④ 容中逵，杜薇. 传统乡贤社会教化的文化逻辑及其当代价值 [J]. 湖南师范大学教育科学学报，2021（5）：69-74.

⑤ 张馨文. 为乡村治理现代化注入乡贤文化价值 [J]. 人民论坛，2020（15）：154-155.

种养殖能手、资深长者等。他们熟悉村域的经济、社会、文化等各个方面，和村民之间的社会关系网络较为密切，承担了社会治理"安全阀"的功能，在推进国家治理政策于基层的落实、解决历史遗留纠纷和化解村域矛盾等方面，发挥了"纾困型"作用。

其二，"返场"的外出贤能人士，主要指向祖籍或早期成长地虽为本村域，但长期于异地生活和发展的行政精英、高知人员、企业精英、司法人员、科技力量等。他们虽与村域存在空间地域的间隔，但却保留了较为浓厚的乡土情感，承担了社会治理的"加油站"的功能，在乡土建设中贡献了经济资本、人力资本、智力资本和社会资本，发挥了"增能型"作用。

其三，"登场"的外来贤能人士，主要指向原本与本村域之间关联度低，但基于投资、驻村或人文关怀等缘由，而与乡村治理发生联结的经济精英、文化名人、公益人士或其他社会贤达等。他们对于村域社会发展存在从"他者"身份向"在场"身份的转化，承担了社会治理"催化剂"的功能，协助提升村域公共服务供给的成效，发挥了"互惠型"作用。

国家与社会分析范式认为，在国家基层政权内卷化与村落自生秩序弱化的双重危机背景下，国家如何调整权力运作以实现现代国家与碎片化社会的有效衔接即成为关键命题。"为了完成特殊的任务，一种突破了正规官僚组织限制的组织被建构出来，这一享有特权的组织能够以不同寻常的能力、途径与速度完成复杂任务。"① 新乡贤理事会正是在乡村振兴的背景之下应运而生，并成为在村两委指导之下连接国家和社会的中介组织形态。

新乡贤理事会通常由"在场"的村域贤能人士、"返场"的外出贤能人士和"登场"的外来贤能人士共同构成。新乡贤理事会的作用主要体现

---

① 安东尼·唐斯. 官僚制内幕［M］. 郭小聪，译. 北京：中国人民大学出版社，2006：171-172.

在：针对基层治理事务繁多、任务繁重的压力，新乡贤理事会充分发挥经验、资金、社会关系网络等方面的优势，为公共事务处置之道出谋划策；针对现阶段村域主要矛盾形态发生的变化，新乡贤理事会协助镇域村域开展司法讲堂、普法教育等活动，并参与民事纠纷调解活动；针对美丽乡村建设的专项任务，新乡贤理事会成员在道路修建、沟河环境、违章搭建、乱埋乱葬等治理中率先参与，形成标杆示范效应；针对乡域中因病返贫人员、残疾人员、高龄老人、独居老人等弱势群体的生活生产难题，新乡贤理事会开展扶贫帮困、救济关爱等公益活动；针对村规民约的常态化修订及家风家训等征集的活动，新乡贤理事会助力村域宣传动员，弘扬乡风文明的正向价值。

结论与讨论

20 世纪 80 年代，合作治理理论作为一种解决跨界公共事务的治理范式在西方国家兴起。① 随着政府与市场主体、社会主体之间建立起了广泛的协作关系，越来越多的组织及部门通过合作来实现公共产品与服务的供给，合作治理趋势日益凸显。合作治理理论以多主体合作治理为根本，排除了任何政府中心主义取向，是多种治理主体如政府、企业、社会团体等在平等、主动、自愿的原则下共同参与社会公共事务的治理方式。② 合作治理也是介于政府治理和自治理之间的复合型治理模式，其基本特征是不同治理主体基于同一目标为解决共同事务而对各方治理性资源进行的交换

---

① 胡厚翠，顾丽梅. 合作治理研究的文献解读［J］. 中共福建省委党校学报，2017（2）：67–73.
② 张康之. 论参与治理、社会自治与合作治理［J］. 行政论坛，2008（6）：1–6.

和共享。① 合作治理的基本理念是打破公共权力垄断，实现治理主体多元化、平等化的多中心合作共治。"多主体参与"和"平等协商"是合作治理的两个核心属性，只有多主体广泛参与社会公共事务，且在平等、主动、自愿的原则下表达利益和沟通协商、充分发挥各自职能，使各方利益得以兼顾整合，合作治理才有可能取得成功。

在乡域这个特殊的环境中，完全依靠政府单一的控制命令或完全借助村民自治力量都难以有效达成治理目标。"多元主体共治"的合作治理模式作为一个有效的手段和方式，有助于弥补上述两种方式的不足，成为乡村治理的现实必然。合作治理理念下的乡村多元主体共治意味着：①乡村基层党组织、村民自治组织、乡村各类社会经济组织以及村社成员个体等构成参与治理的"社会权力主体"；②这些主体充分发挥各自作用，依靠彼此间的信任开展平等的沟通协商和良性互动，形成互助互补、合作制约的多元治理结构，② 共同致力于处理乡域公共问题和公共事务，以实现共同发展。

---

① 敬乂嘉. 从购买服务到合作治理——政社合作的形态与发展 [J]. 中国行政管理，2014（7）：54-59.

② 蔡长昆. 合作治理研究述评 [J]. 公共管理与政策评论，2017（1）：85-96.

第四章　乡域社会治理的心理契约

社会是基于人类自身生存和发展的需要而结合成的生活共同体。社会的存续以相应的社会秩序作为依托，维护社会秩序需要调节利益冲突，消除如排斥、歧视、隔离和差别待遇等社会障碍，提供内外部安全的屏障。社会治理即是以维护社会秩序为目的而规范和协调社会组织发展、社会关系、社会问题和社会行为的活动。

第一节　理解社会转型与社会稳定

作为政府四大职能①之一，社会管理的提出及其重要性的确认是以中国社会的全面转型作为宏大背景的。转型可以说是当前中国社会经济和城乡发展的最大阶段性特征的概括。当代中国社会转型发端自改革开放，经历了由自给、半自给的产品经济社会向社会主义市场经济社会转型，由农业社会向工业社会、信息社会转型，由乡村社会向城镇社会转型，从封闭、半封闭社会向开放社会转型，从伦理社会向法理、法治社会转型的历史时期。中国的社会转型围绕"变"这一基本内核，具有鲜明的时代特征。

---

① 十七大报告所指向的政府四大职能包含经济调节、市场监管、社会管理和公共服务。

　　中国的社会转型与其他国家相比，虽然存在着许多共性，但是由于社会主义初级阶段的基本国情，使得社会转型表现出一些独特之处。其中一个显著特点是，随着大量的农民工在城乡之间流动就业，"半耕半工"型经济结构逐步覆盖了中国大部分村庄，广大农村已经从传统的"全耕社会"演进为"半耕社会"，或者说由传统的"农耕社会"演进为"农工社会"，这是现阶段农村经济社会形态和结构发生的总体性变化。① 在 2011 年，我国农民工总量为 2.53 亿人，其中外出农民工 1.59 亿，有 9400 万农民留在家门口谋生，但离开了土地。对于农村来说，城镇化率的提高意味着留在土地上、直接从事农业的人口减少，造成了农村的空巢现象。②

　　随着社会的转型，国家与乡村社会的关系发生了显著的变化，社会控制力逐渐弱化，具体表现为：国家对社会的控制范围在缩小，控制的力度在减弱，控制的方式在变化，控制手段的规范化在不断加强。在转型期的中国，社会已逐步成为一个相对独立的、与国家并行提供机会和各种资源的源头，在此意义上，作为个体的公民对国家的依附程度则明显降低。随着经济体制改革和政治体制改革的不断深入，国家与社会间的结构分化将会更加深化，这种变化将长期存在并对整个社会结构产生深远的影响。值得注意的是，在转型阶段，抛弃计划经济时代所建立的社会控制模式而建立新的社会控制模式之间需要一段磨合和调适过程，在这种新旧社会控制机制交替期间，社会制度、社会关系和社会规范所体现的价值和准则往往容易发生混乱和错位，因此在理论层面和实践层面均应谨慎把握。

　　21 世纪之后，中国的经济社会发展被称为进入了"加速转型期"。③在加速转型的阶段，中国在工业现代化没有全部完成的时候就已开始了向知识现代化迈进的过程，由此经济结构和社会结构的变化将进一步加剧。在跨越发展的时期，在压力和风险之下，如何保持转型期的社会稳定已成

①　刘奇. 转型期农村经济社会形态与结构的变化特征 [J]. 中国发展观察，2007（2）：23.
②　张国. 半数国人进城，农村怎么办 [N]. 中国青年报，2012-03-06（5）。
③　杨宜勇. 中国加速转型期的社会特征及变动取向 [J]. 经济与管理研究，2005（9）：3.

为备受关注的问题。

第二节 乡域社会心理的特征描述

通常认为，当社会急剧转型时，也是社会冲突频繁发生、社会心理危机大量涌现的时期。社会心理是人脑感知内、外环境，形成因果关系、产生情感体验的过程和结果，包括人们对现实世界的情感、习惯、倾向和信念等内容。社会心理是社会舆论的内在根源，是社会行为的根本动力，更是公共管理的重要研究对象。社会心理有两个基本的演变方向：向顺从和有利于社会控制的方向发展，抑或向抵触和不利于社会控制的方向发展。

我国的改革是一场广泛和深刻的社会变革，触动现存的经济关系、政治关系、社会关系和传统观念的各个方面，由此产生了社会心理的巨大变化。社会心理是社会存在的反映，社会历史条件不同、经济政治背景不同，社会心理也各不相同。特别是在当前，经过四十多年改革开放和现代化建设，我国正在实现从计划经济向社会主义市场经济转变、从农业社会向工业社会转变、从总体小康向全面小康转变。社会发生的深刻变化，不可避免地要对社会心理产生深刻的影响。随着改革开放的深入和社会主义市场经济的发展，出现了经济成分多样化、组织形式多样化、就业方式多样化、利益关系多样化、分配方式多样化、生活方式多样化等新情况。不同地区、不同行业、不同单位、不同部门、不同利益群体、不同社会阶层，其观察世界的角度、认识问题的起点、评价是非的标准以及价值观念、利益要求、未来期望都有很多差异。① 这种多元多样多变的经济社会状况，反映到社会意识中来，便形成社会心理的多元化、多样化、复

---

① 黄奕柱. 转型期社会心理失衡及其矫正排解［J］. 厦门理工学院学报，2007（2）：57-
59.

杂化。

转型期我国乡域社会心理主要呈现出以下特征：

第一，乡村社会成员的主体意识增强，表现在以下方面。①人们具有了更多的社会参与意识和社会责任感；民主意识和法制观念得到强化；在日常生活中，要求确立择业、择偶等生活方式、内容的自主权利；更注意个性发挥和价值、潜能的展现。②越来越多的人讲求务实和效率；关心社会信息；要求机会均等的公平竞争；强调计划性；更加尊重知识、人才的地位。③变革和发展成为普遍接受的趋势。人们希望生活环境和体制环境发生变化；希望有更多的社会流动、社会开放；在人的自身发展中，进取精神、风险意识、首创观念日益增强。人们的竞争意识、独立意识、开拓意识等也被不断强化，但同时，集体意识、民族意识、国家观念和公民观念等却在趋向弱化。

第二，乡村社会成员的经济心理更趋活跃。在让一部分地区、一部分人先富起来政策的导引下，重视经济利益、追求富裕生活逐渐成为社会成员的共同心理。以往倡导的不讲名利、不计报酬、以苦为乐、争做贡献的精神逐渐淡化，并逐渐被盼富求富、力图先富大富的思想所取代。求富求利心理呈现了人民群众不断增长的物质需要，体现了人民群众追求美好生活的心声，有利于调动各方面的积极性，推动社会的发展与进步。但同时也出现了一些心理变异和心理失衡现象。

第三，乡村社会成员心理层面的相对剥夺感加剧。相对剥夺感是个体将自己的地位与其他类别地位的人作对比后所产生的一种情绪体验，是一种"现实与期待的负面差距"。当自己与参照群体、现实生活与预期生活相比有差距时，心理会产生一定的落差。在转型期的中国，随着社会分化的加剧、城乡经济和区域经济发展的不平衡、贫富差距的拉大，社会地位发生相对的变动，社会个体或群体将自己的利益得失与他人或群体进行比较时，往往更容易产生相对剥夺感，而这种剥夺感不仅存在于乡村弱势群体之中，在农村一般人群甚至经济收入较高的人群中也不同程度地存在着。

第四，乡村社会成员的消费矛盾心理凸显。消费作为农民的重要经济行为，是衡量农民现代性的重要指标。随着农民收入的增加和与外界接触的频繁，农民消费行为中文明、科学、健康的成分不断增加，突出地表现在许多消费行为不再把消费作为目的，而是把消费作为实现个人发展的手段，如文化消费、娱乐消费、健康和保险等方面的消费。许多农民在购买彩电、手机、计算机等消费品的同时，积极学习科学文化知识，订阅各类报刊，购买科技书籍，注意提高自身的素质，表明科学和理性的消费心理正逐渐形成。但同时也应看到，现代消费行为在不同区域和不同个体之间表现得不平衡。在同一个体身上往往表现出相互矛盾的两种消费行为，一些消极、愚昧的消费观念和行为诸如片面追求物质的享受、求神问卜、修庙造坟以及相互攀比等炫耀性消费行为仍然大量存在。在一些农民个体身上，贫乏的精神生活与富裕的物质生活表现出不相称，反映其消费心理有待成熟。

一名在浙江杭州城郊生活长大的大学生曾给《人民日报》编辑部写信：自家所在的小村，村民们原本以种菜为生，虽谈不上富裕，但小村宁静祥和。前几年，村民们因拆迁补偿而富起来后，村里的祥和被打破了，不少人终日无所事事，有的靠打麻将度日，有的甚至染上了毒瘾，村里的各种矛盾也多了……该大学生表达了困惑："财富，带给我们的究竟是福还是祸？"《人民日报》随后展开了调查，当地拆迁户一夜暴富后又因为赌博、吸毒等原因而返贫者，保守估计有 10%。因拆迁安置款引发的财产纠纷、家庭纠纷也在大幅增长。镇司法所调解的因安置引发的分家析产纠纷就多达 20 来起，占调解总数的两成。① 财富是柄双刃剑——拆迁让农民一夜骤富，无计划的消费也让人一夜返贫。随着城镇化进展，新一批的农转

① 王慧敏，冯益华. 杭州部分农民因拆迁一夜暴富后挥霍返贫 [N]. 人民日报，2012-07-15（8）。

非人口正在各地诞生。如何把拆迁农民的短期富裕变成长期收益、让农民不是"富裕一阵子"而是"幸福一辈子"是摆在地方政府社会治理面前的一个新的课题。

第五，乡村社会成员存在反权威心理。一方面，农村第一步改革满足了农民对经营自主权的渴求，家庭成了农村主要的生产经营单位，农民的社会自由度大大提高。另一方面，集体经济的瓦解、生产大队行政型管理体制的革新使村级组织失去了直接干预生产经营和直接控制分配的权力，农民与村级组织的利益关系发生转变。在这种利益格局中，如果基层政府和村级组织能够顺应形势变化重新配置职能，构建以服务为旨归的行政管理新模式，尚能维持自身的高度权威。然而从目前情况看，基层政府和村级组织的管理模式转变明显滞后，它们的服务意识虽有所增强，但服务领域、服务形式、服务力度离农民的期盼存有一段距离。在此背景下，部分农民逐渐滋生出对公共行政组织的离散倾向，无政府主义思潮在农村有一定的市场。这不仅使政府政策执行受阻，也导致农村干群关系紧张，进而影响农村基层干部队伍的稳定。

第三节　乡域社会心理面临的挑战

随着改革开放和经济体制改革的逐渐深入，我国社会领域发生了深刻变化，产生了诸多社会矛盾和社会问题。在经济转轨和社会转型的关键时期，中央政府适时将社会治理提升至重要战略地位。在我们这样一个有14亿人口、经济社会快速发展的国家，社会治理任务更为艰巨繁重。加强和创新社会治理，根本目的是维护社会秩序、促进社会和谐、保障人民安居乐业，为党和国家事业发展营造良好的社会环境。社会治理的基本任务包括协调社会关系、规范社会行为、解决社会问题、化解社会矛盾、促进社会公正、应对社会风险、保持社会稳定等方面。做好社会治理工作，促进社会和谐，是全面建设小康社会、坚持和发展中国特色社会主义的基本条件。

社会的变迁特别是乡村社会心理特征的变化已经使我国乡域社会控制模式发生了相应转变。随着家庭联产承包责任制和村民自治制度的实施，传统的乡村社会已发生了翻天覆地的变化。原有的村落社会控制模式随着农村社会生活的巨大变迁，其功能已逐渐弱化，传统的乡域社会控制模式正慢慢向符合乡镇实际的新的控制模式转变。①

一是由外在型控制向内在型控制转变。改革开放前的农村，国家与社会高度统一，国家政权控制了农村的人、财、物等一切资源，农村社会呈现出"政社合一"的结构。随着家庭联产承包责任制和村民自治制度的实施，国家主动将延伸到农村基层社会的权力收缩到乡镇，给予农村社会以一定的空间发挥自己的活力与自主性。按照村民自治制度规定，村民实行"民主选举、民主管理、民主决策、民主监督"，以实现"自我管理、自我教育、自我服务"的目标，可见，国家在弱化对农村社会的控制，而强化内源性自我控制，逐步建立一种适合农村社会发展的自主性治理模式。

二是由单一型控制向复合型控制转变。人民公社时期，国家政权是能够对农村实施影响和控制的唯一主体，其控制手段也主要是以单一的行政手段为主。改革开放以来，农村社会的控制主体由单一的国家主体向国家、组织、个人相结合的复合型主体转变。此外，伴随着市场经济的发展，在广大农村诞生了与农民经济活动直接相关的农民协会和中介组织，这些农村民间组织在团结农民、引导农民过程中也发挥着重要的作用。在控制手段方面，已由过去的单一行政手段向行政、法律、道德、风俗、信仰、舆论等复合型控制手段转变。

三是封闭型控制向开放型控制转变。改革开放以来，随着市场经济的

---

① 丁卫华. 村落社会控制模式转型与农村群体性事件治理策略选择 [J]. 求实, 2010 (5)：83-87.

发展，乡村的人员和资源流动逐步加快，伴随着通信、传媒技术的使用，在农村各种最新信息已能迅速传播。乡村社会已变得越来越开放、多元。

四是非制度型控制向制度型控制转变。传统乡村社会的控制模式把人的主观性和能动性的发挥作为控制的根本依据，乡村社会秩序的稳定与否主要是看农村管理者的贤能与否。随着国家法制进程的加快和依法治国方略的有效实施，原有的非制度化控制模式开始逐渐向法治型模式转变。《村民委员会组织法》的实施，表明国家控制村落社会的方式开始向制度化轨道转变。

当然，必须承认，尽管我国乡域社会控制模式在发生着相应的转变，但与社会历史发展的一般时期相比较，社会转型时期的社会治理依然面临着巨大的挑战。

首先，从内部环境来看，乡村社会失范问题凸显。失范，指没有行为规范和标准，或虽有行为规范和标准但不够明确甚或互相矛盾的社会结构或个人品质。① 在转型社会中，乡村社会旧的价值观念和行为模式被普遍否定或遭到严重破坏，新的价值观念和行为模式尚未形成或未被普遍接受，社会价值出现多元化，一般村民更关注个体的发展目标和利益追求，而国家倡导的村民自治等制度安排难以成为普通民众的价值追求，同时民众和农村基层组织也都缺少实现国家倡导的新农村发展目标的制度化手段。从现实情况看，目前农村存在诸多治安问题和社会隐患，主要有：盗窃、抢劫、伤害等违法犯罪行为时有发生并占到农村刑事案件的绝大部分；"黄、赌、毒"现象屡禁不止，并诱发其他违法犯罪行为；一些地方，因宅基地、责任田、水利设施等引发的财产纠纷和其他民间纠纷频繁发生，农民上访和农村群体性事件增多。此外，在部分农村，各种地下宗教、邪教力量和民间迷信活动有所抬头，农村"信仰流失"现象有可能成为产生社会新矛盾的土壤。社会失范破坏社会秩序，影响社会稳定，是导

① 辞海编辑委员会. 辞海（上）［M］. 上海：上海辞书出版社，1989：68.

致社会规范作用丧失、社会发展目标倾斜、社会结构秩序混乱的罪魁祸首。①

其次，从外部环境来看，在传媒力量迅速扩张的时代，社会治理的难度提升。在中国社会发展的历史上，政府组织在整个社会结构中一直掌握着较大的控制权。从现代国家的管理制度来看，乡镇人民政府作为国家权力机关和行政机关的代表，同样肩负着社会治理的重要职责。但不难发现，在新的媒体环境下，过去掌握着八成以上"最有价值信息"的各级政府可以"垄断和封锁那些不利于政治稳定或危及政治统治的信息"，实行封闭性社会控制。② 但如今，社会个体通过简单的新媒体技术手段即可以规避来自政府的约束。随着地方政府社会控制能力的弱化，从前各级地方政府拥有的舆论威权以及实施社会控制的空间也被压缩，政府作为一种社会控制主体开始被质疑，正如埃瑟·戴森指出，新媒体"使传统意义上的政府几乎对它束手无策"③。在地方政府的形象塑造上，媒体表现出强大的作用力。作为对地方政府社会控制的"钳制"，网络社会可以通过负面舆论消解政府权威，甚至剥夺政府社会控制的合法性。

综而述之，社会控制是社会治理的向度之一，但社会治理并不等于社会控制，在实践中，也切忌将社会治理简单地演化为社会控制。从社会治理的本质来说，虽然有需要控制和监管的内容，但终极目标还是为了为社会提供更多的服务。"管理不是目的，服务才是根本。"④ 如何处理好社会控制和社会服务的关系，将直接影响社会治理的成败。

---

① 吴碧英. 试论乡村社会控制体系建设中基层政府的责任 [J]. 宁夏党校学报，2010（3）：35-37.

② 钟玉英，王举兴. 论网络时代的社会控制与政府角色 [J]. 成都理工大学学报（社会科学版），2003（2）：25-28.

③ [美] 埃瑟·戴森. 2.0 版数字化时代的生活设计 [M]. 胡泳，等译. 海口：海南出版社，1998：17.

④ 汪玉凯. 社会管理≠社会控制 [J]. 学习月刊，2011（4）：50.

第四节 乡域心理契约的提升举措

转型期乡域社会治理创新的分析是在这样一个背景下展开的：急剧的社会转型造成各类历史与现实的矛盾和冲突凸显，出现管理主体与利益诉求群体的两极对峙的状况，社会公共领域和第三方参与的协调仲裁机制正在成长，但依然无法应对纷繁复杂的社会问题，与此同时，作为社会治理的重要土壤，民主法制还不健全，体制机制尚不完善。转型期的乡域成为基层社会治理各种矛盾聚集、多发区域，并对乡镇政府社会治理职能的履行提出了挑战。

社会治理创新，是指在现有社会治理条件下，运用现有的资源和经验，依据政治、经济和社会的发展态势，尤其是依据社会自身运行规律乃至社会治理的相关理念和规范，研究并运用新的社会治理理念、知识、技术、方法和机制等，对传统管理模式及相应的管理方式和方法进行改造、改进和改革，建构新的社会治理机制和制度，以实现社会治理新目标的活动或者活动的过程。社会治理创新作为一个复杂的、综合的系统，要确保其始终发挥应有的作用，必须建构相应的机制予以支撑，其重要的基础与前提条件是政府职能的转变。具体而言，乡镇政府在治理变革中探索社会治理职能转变问题，有如下路径可遵循。

第一，观念是行动的先导，理念创新有助于变革陈旧的社会治理观念。社会治理观念转变滞后是当前乡镇政府在行使社会治理职能中存在许多误区的重要根源之一。不管是"经济附属取向""僵化稳定倾向"的社会治理地位，还是"重政府包揽、轻多方参与"的社会治理主体结构，抑或是"重运动式应对、轻规范化建设"的社会治理制度以及"强管控、弱服务"的社会治理方式，甚至是"重招录选拔、轻教育管理"的人事管理方式等误区，主要都是源于"经济决定论""维稳中心论""全能政府观"、人治意识、管理本位和传统人事管理等观念转变滞后的影响。而近年来一些基层政府如珠海、舟山等地社会治理职能创新取得明显成绩，即在于政府明确了社会治理职能转变的思路和方向，突破了传统思想观念的束缚，主动适应市场经济体制和社会阶层结构的变化。

第二，创新社会多元协同治理体制。"党委领导、政府负责、社会协同、公众参与"的社会治理格局的提出，解决了社会治理主体究竟是一元的还是多元的问题，同时也解决了不同社会治理主体的职能划分问题。乡镇政府"上联国家、下接乡村社会"的独特纽带地位决定了它在社会治理中不可替代的作用，其重要职能之一就是为社会组织加强自我约束、自我管理创造条件，营造良好环境，推动社会组织完善内部治理结构，建立行政监管、财务审计和社会监督相互协调的监管体系，加强行业自律和外部监督。乡镇政府应向社会组织开放更多的公共资源和领域，为社会组织的发展壮大和参与社会治理让渡空间，对社会组织承接政府职能做出制度性安排，使社会组织更深入地参与乡镇社会治理和公共服务。

第三，创新乡域公共服务体制，不断满足公众新需求。社会治理内在地包含着服务，服务型政府的宗旨要求政府社会治理职能必须以社会服务为中心，实现社会治理方式的根本转变。强化乡镇政府公共服务职能，包括科技服务职能、信息服务职能、就业和社会保障服务职能、公共文化服务职能、义务教育服务职能、公共医疗卫生服务职能以及法律援助服务职能等内容。乡镇政府对可由原企事业单位提供的公共服务，按照"养事不养人"的原则，探索试行政府出资购买公共服务制度。对本乡镇不能直接提供公共服务的事项，可以通过市场购买部分农民需要的公共服务产品，探索将一部分农村公益性事务逐步推向市场化、社会化。同时，也需畅通公共服务信息的交流与沟通，通过建立公众信息网和信息平台，就一些公共政策问题公开征求意见和建议，及时、准确地了解公众对公共服务的需求。

第四，提升基层政府化解乡域社会矛盾的能力，实现从"防范控制"

向"疏导协调"的转变。党的十八大报告就曾指出，在当前的社会形势下，应加快形成源头治理、动态管理、应急处置相结合的社会治理体系。就乡镇政府而言，源头治理是治本之策，意味着将处置社会矛盾的关口前移，尽可能防止、减少、弱化严重的社会问题和社会冲突。当然现实中，社会治理中的矛盾表现在基层，但问题的源头可能却并不在此，因为执行在基层，决策却在上层；责任在基层，权力却在上层。因此须上下联动，一方面把基层的真实情况及时反映上去，确保政策出台的科学性与合理性，另一方面把上级政府的决策与要求贯彻下来，保证政策执行的准确性与针对性，从源头上控制与减少矛盾的出现、积累与扩大。动态管理是及时化解社会矛盾之策，通过对矛盾的及时跟踪、梳理和化解，做到社会矛盾不积累、不激化、不蔓延、不升级、不恶化，使社会保持在动态平衡的良性状态。

第五，乡域社区依法自治和乡镇政府依法行政是实现农村社会治理的有效保障。乡镇政府应在依法行政、依法办事的前提下，更加关注提供服务和制定规则，进一步规范行政管理行为。在乡域中，应充分推进社区自治进程，对本属于乡镇政府，但社区自治组织做起来更方便、更有效的工作，可以建立委托管理和购买服务制度，并确保社区自治的权限。当然，无论是乡镇行政管理，还是社区自治，都须建立相应的制度以规范其行为，明确哪些属于正常的政府行为，哪些属于不合理的干预。社区自治既要维护村民的合法权益，又要与乡镇行政管理有机衔接起来，形成乡镇政府与乡域社区良性互动的社会治理格局。

结论与讨论

秩序，一般意义上指在自然界与社会进程运转中存在某种程度的一致性、连续性和确定性。秩序是普遍的现象，自然界中有秩序，人类社会也有秩序。由于社会是由人组成的，是由人们的行为推动发展的，因此社会秩序又可以看成是在社会进程运转中人们的行为在某种程度的一致性、连续性和确定性。

社会秩序在人类生活中起着极为重要的作用，是人类社会生存和发展的基本条件。从整体角度来说，"它的意义在于消除混乱、维护安全，从而避免社会失序而崩溃"①。社会秩序的形成实际上是价值认同的结果，这是由社会历史发展和人的实践活动的主体目的性特点所决定的。这不但因为社会秩序是人们价值观念上达成某种共识的结果，更主要的还在于任何社会秩序本身就是由外化的操作规则和内化的价值规则两部分组成的。操作规则是价值规则的对象化，价值规则是操作规则合理性的内在根据，从而为现实制度确立起合法和道义的基础。只有形成社会秩序的主体行为及其相应的制度、机制符合人们的价值取向时，这样的制度才是有意义的，这种制度下的社会秩序才有合法性基础，才可能有长期稳固和持久的发展动力。② 我国社会秩序不仅要有形式的合理性，而且要有价值的合理性，要积极表达人们对社会发展的理性追求和对社会进步的价值评判。

中国乡域社会秩序的构建，主要由两方面的因素决定：一是乡域外国家正式制度的推进，如国家改革目标的设计、国家信仰体系的确定以及国家公共权力组织体系的建立等；另一个是乡村本身的道德伦理、宗教信仰、家族等组织和制度资源的生长。从第一个因素来看，近年来，村民自治制度在农村的全面推行给农村的政治生活带来了重大的转变，它重建了乡村社会的权力结构、组织方式、基层政府和乡村社会的关系，赋予了农民在一定地域范围内自行管理共同事务的权利，为乡村秩序的生成提供了基本的博弈场域和规则，规范了村域范围的集体行为，缓和了乡村社会的矛盾和冲突，并在一定程度上释放了民间的社会情绪，促进了乡村政治的

---

① ［美］博登海默. 法理学——法哲学及其方法 ［M］. 邓正来，姬敬武，译. 北京：华夏出版社，1987：383.

② 姜朝晖. 中国民主发展进程中社会秩序的建构 ［J］. 江海纵横，2008（4）：6.

发展和我国的民主化进程。但与此同时，在制度实施、村民自组织、国家权力的介入方式与程度、村民自治制度与国家的衔接等方面，仍有不尽完善之处。①

从第二个因素来看，改革开放的市场经济大潮冲击了乡村自生性秩序。乡村自身性秩序生成的内在力量有两种：一是乡村内部的文化、习惯法，如乡村的宗族宗法制度和乡村社会成员之间的亲密关系等；二是乡村精英的活动及其权威的影响。② 随着外出务工人员的增多，乡村社会日趋陌生化，人际关系的纽带逐渐松弛，集体感和凝聚力弱化，乡村社会原有的"熟人社会""温情生活"逐步被击破，乡村精英的权威性也锐减。虽然原有的一些习惯法仍然会对乡村成员的行为有着规范作用，但其影响力在逐渐下降。③ 乡村社会的稳定有序、和谐发展关乎国家的政治稳定。如何针对上述两方面存在的问题调整理念和思路，构建稳定理性的乡村社会秩序，是乡域社会治理研究需要长期直面的基本问题。

① 段绪柱. 乡村社会秩序的构建——政权建设与乡村自治的互动与互济 [J]. 黑龙江社会科学, 2009 (1)：66-67.
② 毛彩菊. 感性选择与我国乡村社会秩序的构建 [J]. 理论界, 2011 (7)：187-186.
③ 苏力. 法治及其本土资源 [M]. 北京：中国政法大学出版社, 1996：22.

第五章　乡域社会治理的软法保障

基层治理是国家治理的基石，村域治理的统筹推进已然成为实现国家治理体系和治理能力现代化的基础工程。党的十九大报告确立了实施"乡村振兴战略"，强调健全自治、法治、德治相结合的乡村治理体系。作为稳定基层秩序、重塑文化价值的有效手段，村规民约即在民主协商的框架下，通过形塑"乡风文明"达成"治理有效"的乡村振兴要求。

第一节　软法何为——村规民约的内涵与功能

近年来，习近平总书记多次就发挥村规民约作用，进而教育和引导群众改变陈规陋习、树立文明新风做出重要指示。2018 年 12 月，中央七部委联合出台《关于做好村规民约和居民公约工作的指导意见》，要求"到 2020 年全国所有村、社区普遍制定或修订形成务实管用的村规民约、居民公约"。当村规民约的形式文本在实践中已如期普及后，我们不禁进一步思考："务实管用"的村规民约实施目标是否已经达成，或者基于什么资源或约束性条件方可达成。从既有的文献成果来看，学界关于村规民约的研究主要围绕三条路径展开：

其一，将村规民约作为乡村治理"三治"体系的构成要素。从自治的角度看，村规民约是村民进行自我管理、自我服务、自我教育和自我监督的行为规范①，具有社会自治的合意性②，村规民约评理会等新型村级自治组织③有助于推进基层民主与自治建设；从法治的角度看，村规民约作为具有"准法律"特征④的非正式制度，是国家法和习惯法融合的产物⑤，村规民约的实质内容而非制定程序是当前司法审查的重点⑥；从德治的角度看，村规民约具有以传统家教文化形成家庭美德、以日常生活伦理培育个人品德、以扬善惩恶方式弘扬社会公德的功能⑦，当村规民约的载体主要为道德教化时，其实施呈现"强规范，弱规制"⑧的特点。

其二，将村规民约作为"国家-社会"联结之下的治理工具。村规民约是国家上层意志深入基层与村域道德传统相结合⑨的书面表征，既通过约束性方式将村民整合于集体⑩，也借由弘扬式激励对村民权益做必要保护，构筑乡村治理的上下通路。村规民约的实施在规范日常行为、维护公共秩序、调解群众纠纷、引导民风民俗等方面均发挥了正向价值，多地修订完善《村规民约实施细则》，配套推进《村规民约积分管理制度》等举

---

① 罗惠，战伟龙. 迈向城乡互构的基层治理——基于广州市 1144 个涉农行政村村规民约的调查研究 [J]. 城市观察，2021（6）：149-161.

② 陈永蓉，李江红. 论村规民约中经济处罚约定的规制 [J]. 理论与改革，2015（5）：151-153.

③ 王宏选. 现代村规民约的组织创新与治理重心 [J]. 甘肃社会科学，2016（2）：171-175.

④ 孙杜娟. 脱嵌与重塑：村规民约在乡村基层治理的价值再现——以河北省河间市为例 [J]. 农村经济与科技，2021（21）：227-229.

⑤ 陈寒非. 乡土法杰与村规民约的"生长"[J]. 学术交流，2015（11）：96-102.

⑥ 高艳芳，黄永林. 论村规民约的德治功能及其当代价值——以建立"三治结合"的乡村治理体系为视角 [J]. 社会主义研究，2019（2）：102-109.

⑦ 贺树月，李媛媛. 村规民约何以有效运转？——基于制度要素-载体理论框架的分析 [J]. 领导科学论坛，2021（12）：35-41.

⑧ 崔新群. 从村规民约看我国乡村组织振兴发展路径 [J]. 山东农业大学学报（社会科学版），2021（4）：47-53.

⑨ 周怡. 共同体整合的制度环境：惯习与村规民约——H 村个案研究 [J]. 社会学研究，2005（6）：40-71.

⑩ 赵圣君，邱浩、刘振锋. 积分管理制让村规民约落了地 [N]. 中国社会报，2021-12-13（4）.

措，体现了"指标进村"和"量化治理"的意蕴。实践中需警惕国家意志的过度介入①和外部政策的过多植入②，使基层治理陷入"管理主义"的窠臼，消解村规民约的特域性和传承性，并将村规民约异化为单纯的威权管理工具③。

其三，将村规民约作为"个体-能动"角色之上的参与途径。村民是乡村治理的应然主体，村规民约作为非正式制度，只有嵌入特定的社会网络、激活主体的内生性④方能发挥作用。换而言之，村民政治参与的状况关乎利益诉求的实现程度⑤与基层治理活力。村规民约的制定通常包含征集民意、拟定草案、提请审核、审议表决和备案公布等环节⑥，体现了村民全周期的决定权；村规民约在实施中，仍需村民持续参与和监督⑦，既能强化村民的权利意识、自治意识和法治意识，又能确保"软法"得以"硬化"。村规民约影响并制约村庄个体角色的行为，个体角色行为和非正式制度的整合反之又促进角色互动⑧和制度完善。村民对村规民约的遵从性既来自对内容的认同，也来自行为所做的集体妥协⑨。

综上而言，学界普遍认为近年来村规民约的普及推广，是自上而下的国家意图下沉与自下而上的主体对接形成的治理耦合，并已尝试对村规民

① 孙梦，江保国. 断裂与更替：普及时期村规民约的法治化 [J]. 兰州学刊，2021 (10)：1-19.
② 周铁涛. 村规民约的历史嬗变与现代转型 [J]. 求实，2017 (5)：89-96.
③ 袁方成，刘桓宁. 从规约有效到治理有效——以村规民约中的惩罚性规条为研究对象 [J]. 江苏行政学院学报，2021 (5)：111-118.
④ 陈荣卓，李梦兰，马豪豪. 国家治理视角下的村规民约：现代转型与发展进路——基于"2019 年全国优秀村规民约"的案例分析 [J]. 中国农村观察，2021 (5)：23-36.
⑤ 陈成文. 论村规民约与新时代基层社会治理 [J]. 贵州社会科学，2021 (8)：80-87.
⑥ 刘思思. "三治融合"乡村治理体系中村规民约的价值功能、实践难点及完善路径 [J]. 宏观经济研究，2021 (8)：128-133.
⑦ 李敏. 村规民约在基层情境治理中的法治功能分析 [J]. 广西民族大学学报（哲学社会科学版），2019 (2)：108-114.
⑧ 钱海梅. 村规民约与制度性社会资本——以一个城郊村村级治理的个案研究为例 [J]. 中国农村观察，2009 (2)：69-75.
⑨ 刘津. 从"乡约"到村规民约：比较与反思 [J]. 长白学刊，2022 (1)：76-82.

约进行类型学划分，如按内容形式区分综合规约和单项规约，按价值规范区分引导倡议型规约、奖惩规制型规约和问题导向型规约等。既有研究对于村民在村规民约实践中的主体地位进行了共识性确认，但对于村民参与和其他主体参与之间的张力却形成泾渭分明的观点：有研究认为应限制基层政府、村两委的权限，以确保村民积极参与[①]；有研究则认为村民参与应该具有自我节制[②]。

基于此，本部分将实践中引发的前述思考问题进一步聚焦：要达成顶层设计所要求的村规民约"务实管用"目标，"国家-社会"联结之下的基层村级组织运行和"个体-能动"之上的村民参与二者之间应如何互动？村规民约实施中村民参与的阶段性特征是否折射显性的逻辑嬗变？为回应上述问题，本部分将采用个案研究和深度访谈法，追踪与剖析 A 市 F 村村规民约实践的变迁历程。

第二节　村规民约实施中影响村民参与的要素

村规民约厚植于我国传统乡土文化，源始于特定的社会背景和现实场域，承载着广泛的村民意愿和利益诉求。村规民约具有时间的阶段性和空间的地域性。阶段性体现为村规民约回应不同村域发展时期治理重心的变化；地域性体现为村规民约实践的场景边界，如西北民族地区的村规民约蕴含民族团结[③]要义，黔东南地区的村规民约囊括对繁复旧俗[④]的矫治，

---

① 赖先进. 发挥村规民约在社会治理中的耦合协同效应和作用 [J]. 科学社会主义，2017 (2)：120-124.

② 贺雪峰. 村民参与与社区资源动员能力 [J]. 社会科学，1998 (9)：63-67.

③ 马敬. 村规民约在西北民族地区社会治理中的积极作用 [J]. 学术交流，2017 (5)：126-130.

④ 陈寒非. 风俗与法律：村规民约促进移风易俗的方式与逻辑 [J]. 学术交流，2017 (5)：108-117.

上海市郊区村规民约呈现流动人口与户籍人口倒挂后群租房整治的具体情境等。村规民约同时具有普适性和调适性特征，普适性表现在一经共商共议后订立而成，村规民约对全体村域成员即具有约束效力，调适性表现为村规民约内容随村域生态和环境变化而动态调整。

村民参与是村民基于独立主体身份对村域集体经济、社会治理、公共服务等领域的目标设定、规划计划、资源配置、项目执行、监督评估等发挥智识及行动介入。本部分将村民参与的范畴设定为村规民约的"实施"而非"决策"进程主要在于：其一，数据显示，2016 年我国即有 98% 的村域制定了村规民约或村民自治章程①，因而当前村规民约已进入全面执行阶段；其二，行动学派代表学者查尔斯·琼斯将"实施"列为"落实政策目标"的重要环节，实施过程更有助于理解村规民约的现实成效；其三，村规民约的实施中，亦包含了村民参与的决策权，对村规民约内容的修订即属于执行中的再决策范畴。

（一）组织内嵌：村规民约实施中村民参与的权威要素

在传统中国社会，事实上"存在着两种秩序和力量：一种是'官治'秩序或国家力量；另一种是乡土秩序或民间力量。前者自上组织内嵌和自主动员而下形成等级分明的梯形结构；后者为聚族而居形成'蜂窝状结构'的村落自治共同体"。尽管村规民约是村民在乡村治理土壤中形成共同意志、达成共识的过程，但国家权力却并未"退场"，从 2018 年《关于做好村规民约和居民公约工作的指导意见》到 2019 年《关于做好村规民约和居民公约工作的指导意见》，"组织领导和把关"在不断强化。对比传统村规民约和当代村规民约的实践，无论是制定程序、修订主体，抑或是规约内容、执行行为，村规民约嬗变的过程已然就是国家权力向社会权力

---

① 国务院新闻办公室. 中国人权法治化保障的新进展白皮书［R/OL］. 国务院新闻办公室官网，2017-12-15.

逐步渗透①的过程。

村两委是国家权力向社会权力投射的承接载体。一方面，根据《村民委员会组织法》的规定，村民委员会（以下简称村委会）是村民自我管理、自我教育、自我服务的基层群众性自治组织，村党支部支持和保障村民开展自治活动、直接行使民主权利；另一方面，乡镇人民政府对村委会的工作给予指导、支持和帮助，村委会协助乡镇人民政府开展工作。村规民约的实施过程也是基层政府、村党支部、村委会和村民个体等多元主体互动协同的过程。以 A 市为例，在精细化治理的导向下，A 市村两委成员的工资待遇由地方财政负担，培训、考核和奖惩等人事管理环节也由乡镇人民政府统筹进行，村两委成员中的优秀骨干亦可优先纳入公务员队伍，因此国家意图得以"下沉"至村域组织并被一以贯之落实。

"内嵌"指向一个系统通过某种要素或机制与另一系统发生某种关联，格兰诺维特将嵌入区分为关系性嵌入与结构性嵌入②。在村规民约的实施中，村级组织和村民个体原本属于并行的两大主体，但仅靠村民自发的意愿和行动，村民参与的效果将大打折扣，因而同属村域治理主体的村两委的组织内推力至关重要。村两委的结构性内嵌体现在组织网络嵌于乡域社会文化传统、价值规范等结构中，关系性内嵌体现在组织网络嵌于社会关系网络中，并在互动中被网络中的村域成员所影响。

村规民约实施中村民参与的"组织内嵌"包含"权威"和"资源"两重要素。"权威"意味着从政治意涵上看，村两委组织在村规民约实施中是否具备稳定可靠的政治影响力、权力的合法化及自愿服从的协调关系。笔者前期所做的关于 A 市村规民约实施情况调查结果显示，52.5%的

---

① 骆东平，汪燕. 从村规民约的嬗变看乡村社会治理的困境及路径选择——基于鄂西地区三个村庄的实证调研 [J]. 湖北民族学院学报（哲学社会科学版），2016（2）：57-62.

② GRANOVETTER M. Economic action and social structure：a theory of embeddedness. American Journal of Sociology, 1985（3）：481-510.

村民认为自我遵守村规民约主要源于村两委的组织权威①。"资源"是社会系统的结构化特性，"以互动过程中具有认知能力的行动者作为基础，并由这些行动者不断地再生产出来。……资源是权力得以实施的媒介，是社会再生产通过具体行为得以实现的常规要素"②，村两委依托制度资源、组织资源、财政资源和人力资源等为村规民约实施中的村民参与增添动能。

（二）自主动员：村规民约实施中村民参与的动力要素

如果说组织内嵌或多或少带有实然层面自上而下的科层制色彩，那么在拥有一定"治权"的行政村场域，村民参与的自主动员则体现出自下而上的内生活力：一方面，随着经济社会发展，村民利益诉求日趋多元化，仅依靠村级组织功能履行无法协调新矛盾与新冲突；另一方面，村民参与政治生活和社会生活的意识不断提升，传统村民自我行动、关系行动和集体行动的逻辑链被重新建构，新技术和新媒介的发展进一步拓宽了村民参与渠道和途径。

自主动员是主体采用说理、劝服、指导、交换等方式，通过强化、转换或消解目标群体的态度和行为，引导本系统内部成员共同参与社会实践的过程，"意味着人们在态度、价值观和期望等方面与传统社会的人们分道扬镳，并向现代社会的人们看齐"③。自主动员区别于社会动员，表现在：其一，动员主体差异，社会动员的主体包含政党、行政组织、社会组织和公众个体等，"中国共产党是通过经年累月、贯穿始终地对广大农民

---

① 谢炜，郝宇青. 乡村振兴视域下"三治融合"实施成效研究——基于上海的实证调查 [J]. 学习与探索，2021（2）：55-61.

② ［英］安东尼·吉登斯. 社会的构成：结构化理论大纲 [M]. 李康，李猛，译. 北京：生活·读书·新知三联书店，1998：77-78.

③ ［美］塞缪尔·亨廷顿. 变革社会中的政治秩序 [M]. 王冠华，等译. 上海：上海人民出版社，2008：123.

进行动员而取得革命成功"①，自主动员发生于地理区位、阶级阶层、社会关系等方面具有同质性的群体内部；其二，动员内容差异，社会动员辐射常态化社会治理和应急性危机处置，更偏重于在公共议程和社会舆论中形成影响力的主题，自主动员的内容则往往与群体内部直接利益相关，主题更加具象和微观；其三，动员方式差异，社会动员通常采用多维组合举措，如强制、激励、宣传、约束、协调等，关注社会契约关系，自主动员则更倾向于情感治理和柔性约束，关注心理契约关系。

村规民约实施中村民参与的自主动员程度是衡量农村政治发展的重要标尺②，通过自主动员确保村域成员在价值取向和理念意识上认可村规民约内容，并将共识认知转化为社会行动，最终基于村民有序参与实现村规民约的整体效能。当然从现实情况来看，村民参与的认知与村规民约的要求并不总能保持契合：当动员内容紧密联结村民个体利益，如集体经济的分配性规范等，村民往往具有较强的参与动力，主动配合村规民约的实施；当动员内容符合村域公共利益，但与个体利益不直接关联甚至需支付部分成本，如公共礼堂空间维护和乡村美丽庭院建设等，村民参与的动力会有所下降；当动员内容涉及对部分个体利益进行禁止、取消或限制，如拆除村内违章搭建、惩戒违反移风易俗等，村民参与的阻力会有所上升。

整体来看，上述第一种类型属于村民内生动力强的自觉参与，并不需要过多外力助推，而在后两种情形下，仅依靠村民自主动员无法保证村民的有效参与，村规民约实施的效果也易被稀释。在此背景下，"组织内嵌"的权威要素与"自主动员"的动力要素在村规民约实施过程中共同发挥作用就显得尤为重要。基于此，本部分构建了"组织内嵌-自主动员"整合分析框架（图5-1）：①在此分析框架中，组织和个体的"在场"是村规

---

① 裴宜理. 增长的痛楚：崛起的中国面临之挑战 [J]. 国外理论动态，2014（12）：71.
② 沈费伟，刘祖云. 乡村复兴视阈下村民参与型土地利用规划模式研究——以浙北 D 村为例 [J]. 江西财经大学学报，2016（6）：82-92.

民约实施中村民参与的前置条件；②立足组织内嵌和自主动员程度的强弱，可区分不同的组合状态，并借以识别村民参与的差异性现实表征；③村民参与是动态、非线性的发展过程，可在非参与、象征性参与和实质性参与中转换或反复，组织与个体的合作是激发社会活力的理性状态。

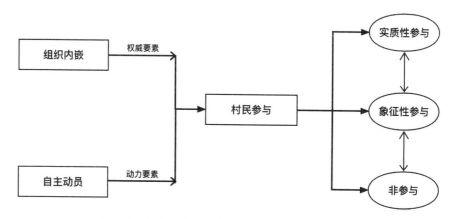

图 5-1　村规民约实施中村民参与的基础分析框架

第三节　村规民约实施中村民参与的案例分析

A 市是省级行政区、直辖市，作为国务院批复确定的国际经济、金融、贸易、航运、科技创新中心，A 市共有 1500 余个自然村。坐落于 A 市 D 镇的 F 村 2004 年 4 月由三个行政村——F 村、H 村、K 村合并而成，区域面积 4.48 平方公里，耕地面积 2652 亩，常住人口 3310 人，户数 1634 户。F 村下设 39 个村民小组，村党支部共有成员 165 名，其中 60 岁以上党员占 84.72%。全村 50% 以上土地为生态林，其余土地主要种植水稻、果树、苗木等经济作物。

2004 年新的行政村合并完成后，将原 F 村在 20 世纪 90 年代订立的村规民约照搬延用，诸如"村民应学法、知法、守法，自觉维护法律尊严""村民应自觉严格遵守社会主义精神文明建设要求"等内容因操作性和针对性不强，且和村民日常社会生活有距离，故而形式大于效用。与此同时，因三村合并过程中，引发了村与村之间的利益冲突、村两委成员调整的矛盾、邻里搬迁纠纷和资源整合乱象等，新的村两委班子常常疲于"灭火"，注意力分配有限，因而村规民约作为"软法"缺乏约束效力。

合村之后不久，D 镇开发镇区商业街，将 F 村的部分主路纳入商业街范围，至此 F 村的经济开始繁盛起来。最顶峰时 F 村有中小企业 28 家，村级每年可获得额外可支配的招商引资返还费用 200 余万元。经济的发展并未让村级治理步入规范，每年百万资金的分配反而让村两委成员焦头烂额，村民的不满通过当面对质、告状、信访等多种渠道表达。尔后 F 村索性采用申请制方式，只要提交书面申请材料，就能获得一次 100~300 元不等的补贴。后因申请单实在太多，申请事由无法逐一核实，F 村按先到先得的办法，将经费直接分完。

2012 年村委会换届，Z 当选村主任。早在 1991 年，Z 即在 D 镇 Y 村做村主任，后出任书记，再在其他两个村工作多年后，回到 F 村。新的村两委班子在排摸村内情况时发现异常复杂，特别是违章建筑过多，仅国庆七天就发现新增违建五起。2012 年底 D 镇百分制考核启动，F 村在全镇 13 个村中排名倒数第一。与此同时，一位村民给区人大常委会主任写信反映本村乱埋乱葬现象严重，随后区政府、民政局和文明办联合发文开展全区范围内集中整治专项工作。F 村作为焦点事件的核心对象，工作推进受到来自区级、镇级政府层面的高度关注。在历经重重困难完成 86 个乱埋乱葬点的整治后，村里有党员提出"如果有反弹怎么办，如果有新的乱埋乱葬现象怎么办"之问，由此村两委下定决心将工作重心回归村域社会治理，发挥村规民约的常态化价值导向功能。

2013 年 F 村着手对村规民约进行修订。针对原村规民约主要由村两委制定，不符合农村发展的新情况，且三村合并后大部分村民并不知晓村规民约内容的现状，村两委认为通过村民参与的方式可以加强村规民约的民意基础。F村召开了三次党员大会，对村规民约的框架进行了初步确立，再经过村民代表会议，听取和讨论代表的意见建议。之后，将修改后的村规民约发至每个农户，由村民提出修改意见；待汇总修改后，再次下发至农户，要求户代表签字确认，经三分之二以上户代表签字同意后定稿；村规民约调整版确定后，正式下发至各农户开始实施，同时报镇党委备案。

2014年3月，历经村两委班子会议、党员大会、村民代表会议和征集村民意见四轮讨论，最终经86%户代表签字同意后，F村的村规民约新版本正式确定。为使村规民约在村民参与方面易记、易懂、易行，F村将原本16条900多字的村规民约归纳为只有130字的"十要十不要"。"建房要拉章申请，不要违章搭建；垃圾要分类投放，不要乱扔乱放；秸秆要科学还田，不要焚烧污染；畜禽要自觉防疫，不要随意放养；办酒席要主动上报，不要忘记安全；邻里要团结友爱，不要打骂伤人；安全要自觉防范，不要随意租房；治安要全面参与，不要扰乱秩序；生育要计划科学，不要违法生育；丧事要文明从简，不要立碑建屋"被印在小卡片上发放至每家每户，卡片背后同时印上了村两委成员的电话号码，使卡片既成为村民日常行为规范的"指南针"，也成为联系村组织的"指引线"。

F村根据村民需求，将村规民约编成地方山歌，同步通过广播、村务公开栏、专题辅导、文艺节目等进行广泛宣传，确保村规民约有效实施。在前期宣传动员基础上，F村通过自愿报名、村两委初选、村民代表大会表决等程序，选聘了村规民约监督志愿者。报名的18位村民现场回应村民代表的提问，之后现场公布投票情况。5位入选的村民组成村规民约巡查小队，每天做好巡查记录，每月对巡查情况进行总结。若发现村民违反村规民约，及时劝阻；若劝阻无效，向村两委班子报告；经教育依然无效则书面记录，并对照村规民约条目处理。

2015年D镇行政村百分制考核中，F村跃居全镇13个村的第一位。事实上，D镇村级考核共有300多条细则，以农户参与禽畜防疫为例，F

村多年来禽畜防疫比例远落后于其他村，但村规民约明确"畜禽要自觉防疫，不要随意放养"的准则后，在村民的自觉参与和自我监督下，禽畜防疫比例大幅提升。2018 年 F 村在考核的百分制中，仅被扣除 0.2 分，说明基层治理生态有了长足进步和持续优化。

F 村的村规民约始终处于动态运行之中。近年来依据外部环境变化和内部村民诉求，F 村村规民约经过了三次修改，分别新增了垃圾分类、移风易俗、医疗补助等方面的内容。在 2020 年的修订中，F 村将迎花博会环境整治的内容以更大篇幅写入了村规民约，同时依据村民意见反馈增加了年终慰问等福利待遇。F 村村民在村规民约的实施进程中，有效提升了参与能力，村域治理成效日趋显现。

第四节　村规民约实施中村民参与的逻辑嬗变

村民参与是村域公共生活的重要组成部分，村民参与不仅在形式上和实质上赋予村民自我表达的机会，确保成员获得影响其自身生产生活质量的权利，更维系了村民与正式组织之间持续沟通和信任的关系，保持了国家治理植入基层的合法性基础。正如帕特南所言，加强参与"可以培育公共精神，增进公众的利益集结和表达，改善地方治理，进而增强公众对政府的信任感"[①]。

依据参与过程中的权力分配和运用，阿恩斯坦创设了公民参与阶梯理论，将公民参与分为三个维度：政府绝对主导地位，公民处于无参与状态；公民具有部分参与机会，但自主性程度不高；公民参与享有合法的实

---

① ［美］罗伯特·帕特南. 使民主运转起来——现代意大利的公民传统［M］. 王列，赖海榕，译. 南昌：江西人民出版社，2001：69.

体性权力与程序权力状态①。公民参与的三个维度依次对应了训导、操纵、纳谏、咨询、知情、合作伙伴关系、代理权、公民控制等八个阶梯。公民参与阶梯理论对于理解公民权利和政府决策中权力分配的关系具有技术和方法上的启示意义，但基于西方情境的理论析出和对于参与权利、权力关系"非此即彼"的二元划分，我们无法简单套用西方学术语来说明中国村域治理中村民参与的样态。本书将采用"组织内嵌-自主动员"的分析框架，针对 A 市 F 村村规民约实施中村民参与历程的个案进行阐释，如图5-2 所示。

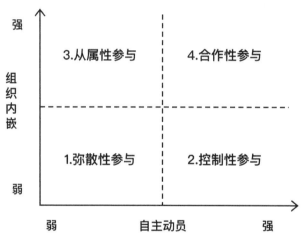

图 5-2　"组织内嵌-自主动员"框架下村民参与的类型

（一）组织内嵌弱-自主动员弱：弥散性参与

乡村治理行动的有效性取决于村民参与，而村民参与的有效性则由参与框架决定②。村委会和村级党组织基于保障村民自治、发展农村基层民主、维护村民合理权益而设置，是确保村规民约制定和实施的基层权威组

①　ARNSTEIN S. A Ladder of Citizen Participation ［J］. Journal of the American Institute of Planners，1969（4）：216-224.

②　邓大才. 乡村建设行动中的农民参与：从阶梯到框架 ［J］. 探索，2021（4）：26-37.

织，也是推动和协调村民有序参与政治生活的正式力量。在村民参与过程中，村两委的角色并非"旁观者"，而需通过甄别村民真实诉求、关注弱势群体利益、落实基层治理重点任务等激发村民参与的意愿。当村两委的组织内嵌力弱且村民自主动员能力不足时，公共参与的途径往往趋于狭窄或分散。

2004 年 A 市 F 村三村合并初期，村两委成员重新组合。因行政村撤并引发多重冲突，且村民对于非本村两委委员不信任，村级组织权威式微。在组织变迁的背景下，村两委的工作重心俨然在于维持自我正常运作。在这一阶段，村户家庭内部可支配经济收入不足，村民无暇顾及公共事务和村域治理。在组织权威缺位和村民动力缺失的双重影响下，F 村村规民约实施中的村民参与归于"弥散性参与"。弥散性参与指村民经由非正式渠道呈现的碎片化行为，行动准入门槛低①，参与范围不聚焦，且参与程序具有随意性，参与过程大多不涉及正式权利的行使和运用。

案例中 F 村村民弥散性参与的具体表征为：①新的行政村成立后，未能对村民进行意见征集和反馈，村两委成员之外的村民大多不知晓村规民约的具体内容；②村庄撤并后延用其中一个自然村的文本，既未体现村规民约的"特域"属性，也未回应空间变迁引发的新问题新矛盾；③沿用的村规民约订立于 20 世纪 90 年代，且和 D 镇其他村域的文本表述大幅度重合，弘扬式口号比重大，操作性不强；④在议论、选举、接触、投诉、抗议等村民公共参与的主要形式中，F 村对于村规民约的落实主要集中于议论等非正式环节，村民代表大会等常因代表人数不达三分之二而无法召开。

（二）组织内嵌弱—自主动员强：控制性参与

现代村规民约的效力发挥建立在利益关联的村集体经济和民主有为的

---

① 龚文娟. 环境风险沟通中的公众参与和系统信任 [J]. 社会学研究，2016（3）：47–74.

村庄政治等基础之上①，当村集体经济赋予村规民约一定的分配性资源时，村民参与村规民约实施的主体意识会不断加强，"在影响自己的政治生活中得不到参与的满足感，对社会将具有潜在的爆炸性"②。村民会自觉或基于环境的裹挟认识到自我从事生产劳动、参与社会生活、分享集体利益的权利，而当这种自下而上蔓延而来的自主动员能力和现实中村两委的组织权威涣散形成鲜明对比时，村民参与的行动很可能走向单向攫取式控制。

A 市 F 村三村合并之初，村民的注意力囿于经济压力所限，未投射于公共事务领域。之后借由 D 镇开发商业街的东风，F 村部分村民进行了动拆迁并获得利益补偿，其他村民也因商业发展而解决了就业等问题，同时村级组织每年获得了 200 余万元的额外可支配经费。村委会试图依托村规民约的修订确立村级经费的分配方案，但因原初三个村的村民对利益分配原则各执己见，数次村民代表大会和村民会议虽可保证出席人数，但却无法获得方案修订通过的最低票数，因而村规民约只能继续使用旧版本。在村规民约实践过程中，因组织内嵌和自主动员之间产生了强弱位差，部分村民开始联合其他农户优先分享资源，形成"控制性参与"形态。

控制性参与是村域社会对组织权威的反向吸纳，正如亨廷顿所言，"没有组织的参与将堕落为群众运动"③。在控制性参与中，就村民内部群体而言，并非全体村民及时、全面分享了治理信息，部分村域"精英"在信息不对称中获取了优势地位。就个体和组织关系而言，部分村民代表参与了和村级组织的谈判，并按自我主张渗透和修改了村域治理规则。控制性参与虽然显现出村民公共参与的活力，但却消解了组织信任和个体信

① 苏运勋. 村规民约的社会基础及其运作机理——以鲁中 D 村为例［J］. 兰州学刊，2021（3）：147-157.
② ［美］李普塞特. 政治人：政治的社会基础［M］. 张绍宗，译. 上海：上海人民出版社，1997：55.
③ ［美］塞缪尔·亨廷顿. 变革社会中的政治秩序［M］. 王冠华，等译. 上海：上海人民出版社，2008：371.

任，稀释了"对一个人或一个系统之可依赖性所持有的信心，或者对抽象原则之正确性的信念"①。案例中，F村村委会采用申请制的方式，仅提交书面申请材料，并在不对申请事由进行核实的情况下，村民就能获得一次性补贴，导致"受益富者，忽视穷者"的消极后果。

> "我们招商引资的时候，每年钱不少，但是管理存在问题。后来就发现有一户人家，三口人写了三个申请补助，结果都给了他们。但是有一些很困难的老百姓不写申请就没有补助。"（F-L20211010）

> "当年F村14个生产大队中，有5个采取了'抓阄'或'拍卖'的形式招聘林业养护工，'拍卖'价格从5000元至3万元不等。原本是解决低保户就业问题的林业养护工岗位，竟然要花钱才能上岗。这种怪事就是一些村民去让村委会这么干，拍卖的钱大家一起分。"（L-C20211009）

（三）组织内嵌强—自主动员弱：从属性参与

村规民约的实施是基层党组织、村委会和村民个体等多元主体有机耦合的具体情境。依据《村民委员会组织法》的规定，村委会作为自治组织，应宣传宪法、法律、法规和国家政策，教育和推动村民履行法律规定的义务、爱护公共财产，维护村民的合法权益，并在乡村振兴的自治、法治和德治中发挥示范价值。

当村级组织权威性被削弱而内嵌能力不足时，组织重构成为新权威崛起的制度空间。2012年F村启动村委会换届，具有在多个行政村20多年履职村委会主任、村支书经历的Z在选举中胜出，实现村支书和村主任"一肩挑"。当选者既是组织考虑的意向性人选，具有"章程所规定的制度和指令权力的合法性"，也获得村民高票拥护，兼具魅力型权威特征。然

---

① ［英］安东尼·吉登斯. 现代性的后果［M］. 田禾，译. 南京：译林出版社，2000：30.

而，利益联合始终是村民参与村规民约实践的核心信号。伴随着 A 市将招商引资功能上移和集中，将社会治理重心下沉至街道和村域，F 村原有的多家企业因环境问题、用地问题、规划问题等逐次"离场"，F 村的村级经费随即大幅度减少，每年仅有财政转移资金 100 万元，其中还包含了村两委成员、生产队长等的工资报酬等。在经济分配功能减退的情况下，村民参与村级事务的意愿明显降低。

即使该阶段村民的自主动员持续弱化，F 村村两委依然着力加强村规民约实施，其中政府行为是自治组织运作的有力助推。2014 年 A 市出台《关于进一步创新社会治理加强基层建设的意见》，明确提出通过完善村规民约等形式夯实农村社区基础。F 村村两委以"乱埋乱葬点"的整治事件为契机，不断探寻和村民交往互动的边界。这一阶段村民参与的类型归于"从属性参与"，基本表征为：①组织权威处于支配性地位，村规民约的修订、补充、完善和执行由村两委主导；②村域成员中，党员、村民代表和村民骨干被指定带头完成村级治理专项任务，如移风易俗、违章拆建等；③组织权威采用强制、告示、现场会议、示范、入户说服等方式，寻求村民对于公共事务治理的配合；④实施过程中，村规民约的惩戒性意义强于教化性意义。如 F 村一村户焚烧秸秆，按照村规民约不能享受年度 200 元养老金和 100 元合作医疗补助，村民在村委办公室抗议三天后至区信访办投诉，后起诉至法院。F 村委会提交村规民约文本和详细材料后，审判机关裁定村民败诉。村委会也借由典型事件的效应进一步强化村规民约实施中的约束力。

（四）组织内嵌强—自主动员强：合作性参与

公民参与阶梯理论将政府实现自我意图的"操纵"和公众深度介入决策的"控制"分别列为公民参与阶梯的最低和最高层次，隐含正式组织权力和公众参与权利二元分立的预设。然而，为了理解错综复杂的现实问题，"仅仅关注人们说了什么，仅仅关注所发生的事情远远不够，而是要对互动、事件和事件发生的场域进行详细考察"①。在布迪厄看来，场域由社会成员按照特定的逻辑要求共同建设，是社会个体参与社会活动的主要场所。村规民约实施的中国乡土场域中，虽然充满不同主体关系的角力，但更是多重力量交织、合作，释放生机和潜力的空间。

2014 年 F 村的村规民约新版本确立后，大部分村民秉持观望态度。村委会成员至每家每户进行文本签字和确认，目的在于既让全体村民知晓村规民约的具体内容，也让村民了解违反村规民约不能享受民生待遇补贴，更告知该村成员对村规民约修订和实施所拥有的参与权利。有村民提出村规民约里"村主干道两侧不允许种植高庄稼，禁止玉米高粱等品种"不合理，违背了"自己的庄稼地自己种"的原则，村规民约修订时采纳了此项提议；有村民提出废除"马路上不允许晒种子"，村民代表大会认为马路晾晒种子与交通法相悖，未予以调整。F 村村规民约的实施由村民自行组成巡查小队进行监督，巡查小队每天形成日志并记录巡查的地点、内容和发现的问题。如果有违规行为发生，则以教育劝导为主；如果屡次违规不止，则上报村级组织跟进。

"人们的生活需通过与他人交互而实现，这种交互通常是在组织框架内进行"②，F 村村级组织致力于培养村民参与的"惯习"。惯习是"意识在专门地、长时间地、系统性地灌输教导下"③，达到一种关于自我的深刻而影响深远的变化。在惯习驱动之下，F 村村民的自主动员和村级组织内嵌之间形成"双强效应"，村民参与呈现"合作性参与"形态，基本特征为：①突破了中心—边缘结构的基层治理体系，关注村民在村规民约修订、激励、惩戒、评价中的自主性；②协商作为合作性参与的关键手段，

---

① ［英］迈克尔·格伦菲尔. 布迪厄：关键概念［M］. 林云柯，译. 重庆：重庆大学出版社，2018：13.

② 周雪光. 组织社会学十讲［M］. 北京：社会科学文献出版社，2003：6.

③ ［法］皮埃尔·布迪厄. 实践与反思：反思社会学导引［M］. 李猛，李康，译. 北京：中央编译出版社，1998：117.

村民建议得以进入村级议事规程，并基于集体决策形成结论；③共识为村规民约实施的导向，虽然形成共识需要时间成本，但共识方案在实施中可以低执行成本推进，如F村村委会曾用两个月时间完成村规民约单项修订，村民在信息对称下，迅速落实村域环境治理任务；④在组织和个体的持续合作中，村民形成公共参与的"惯习"，并助力村域社会资本的累积。

"之前太忙了，全是调解工作，我们管自己叫消防救火队员。现在有了问题先对照村规民约看，能不能做，做了以后会是什么后果。如果搞不清楚，就打村规民约卡片后的电话。"（Z-L20210901）

"上个月镇里支部书记培训到F村参观，碰到老百姓来来往往，都和Z书记打招呼。当时另一个书记就说，这说明和村民关系好，见面会问好，有些村干群关系紧张，老百姓见面睬也不睬村干部。"（N-Z20211011）

结论与讨论

乡村是具有自然、社会、经济特征的地域综合体，实施乡村振兴战略是健全现代社会治理格局的固本之策，乡村振兴的出路在于乡村主体的内因驱动，村规民约作为村域道德与规范的结合体，其生成和实施过程中的村民参与直接影响村民自治的成效和乡域社会的秩序。本部分基于A市F村的代表性个案，描绘了行政村整合、转型历程中村民参与村规民约实施的类型变化图景，从经验事实的角度出发，确认了顶层设计要求的村规民约实施目标在研究个案村域已然达成，并从学理层面探讨了达成目标所依托的核心要素。

其一，本部分将"组织内嵌"和"自主动员"作为影响村规民约实施中村民参与成效的核心变量纳入分析框架，突破了既有研究或仅就村民角色谈"村民参与"的拘泥，或将村民个体与国家治理之间的张力放大，或就基层秩序与国家秩序"互不干扰"进行建言的局限。研究认为在村规民约的实施中，"组织内嵌"发挥了权威要素功能，"自主动员"发挥了动力要素功能。仅靠村民自发的意愿和行动，村民参与的效果将停留于浅层次。村级正式组织内嵌的助推力之于村民参与甚为关键。其中，结构性内嵌体现在组织网络嵌于乡域社会文化传统、价值规范等结构中，关系性内嵌体现在组织网络嵌于社会关系网络，并在互动时受网络中的村域成员所影响。

其二，依据村规民约实施过程中核心要素强弱程度的不同组合，笔者析出了"组织内嵌弱-自主动员弱""组织内嵌弱-自主动员强""组织内嵌强-自主动员弱""组织内嵌强-自主动员强"的村民参与形态，并分别对应了弥散性参与、控制性参与、从属性参与和合作性参与等四种差异类型。其中，弥散性参与是村民经由非正式渠道呈现的碎片化行为，参与过程大多不涉及正式权利的行使和运用；控制性参与是村域社会对组织权威的反向吸纳，部分村民代表参与和村级组织的谈判，并按自我主张渗透和修改村域治理规则；从属性参与中组织权威处于支配性地位，村规民约实施的惩戒性意义强于教化性意义；合作性参与突破了中心-边缘结构的基层治理体系，协商性共识为村规民约实施的基本导向。

其三，村规民约实施过程中村民参与的四种类型并非一成不变，可以随着核心要素程度的强弱进行梯度转化。阿恩斯坦创设的公民参与阶梯理论对本部分颇具启示意义，"空洞的仪式性参与活动与拥有能影响过程结果的实质权力有着本质的差别"[①]。在研究个案中，A 市 F 村从历时发展的

---

① ARNSTEIN S. A Ladder of Citizen Participation [J]. Journal of the American Institute of Planners, 1969 (4): 216-224.

纵向维度，经历了从弥散性参与、控制性参与、从属性参与到合作性参与的演化，其中弥散性参与可对应公民阶梯理论中的"非参与"，控制性参与和从属性参与符合"象征性参与"特征，合作性参与则指向"实质性参与"。需要说明的是，虽然参与的阶梯层次可大体对应，但具体到村规民约的实践场景，源始于西方城市规划领域的公民参与阶梯理论的解释力仍显不足，二者在参与主体、参与内容、参与方式和参与要素等方面均存在差别。随着"组织内嵌"和"自主动员"程度的变化，村规民约实施过程中村民参与的形态既可进阶上升，也可逐级下降，甚至可能发生跃迁。

其四，本部分中，研究个案 A 市 F 村村民从弥散性参与走向合作性参与的历程，体现了村规民约实施中村民参与方式、参与要旨、参与成效、参与动力的逻辑嬗变。从参与方式来看，无论是组织权威式微的控制性参与，还是组织权威处于支配地位的从属性参与，均表明单一主体获得压倒性优势地位，从而造成治理失序，而合作性参与则体现了从单向"在场"到主体"互动"的方式转变。从参与要旨来看，如果说控制性参与体现了 F 村村民对村级经济利益分配的资源竞争意图，那么在招商引资功能上移、额外分配经费剥离后，村民对村规民约实施的介入则呈现权利意识的觉醒和复位。

从参与成效来看，弥散性参与并未实现村民参与的功能性价值，控制性参与和从属性参与的形式意义大于本体意义，合作性参与则在"组织内嵌"和"自主动员"强化中将实质性参与真正变现。从参与动力来看，"在一个继承了大量社会资本的共同体内，自愿的合作更容易出现，这些社会资本包括互惠的规范和公民参与的网络"①，依托村民完全自发动员而形成规范的参与网络是理想化的认知。在社会资本有限的情况下，通过村民参与习惯的培养，可形成持久的禀性系统。受村规民约实施场域的驱

---

① ［美］罗伯特·帕特南. 使民主运转起来——现代意大利的公民传统［M］. 王列，赖海榕，译. 南昌：江西人民出版社，2001：69.

动，F 村村民以合作性参与方式进行感知、行动和思考，而村民参与的惯习又将村规民约实施场域构建成一个更具意义的环境。当然，必须坦陈的是，本部分囿于篇幅所限，仅讨论主体要素对村民参与形态的影响，实际上正如研究个案所展示，村级集体经济水平和村域社会资本水平等因素也会影响村民参与成效，更为系统性的内容有待进一步的学理探讨。

第六章　乡域社会治理的空间重构

　　"村改居"是我国城镇化进程中的一项系统工程，具体是指在撤销原有的行政村体制下，设计一套包含"土地权益、债权债务、基层组织建设与管理，以及基层居民社保等关系"的体系。"村改居"以农民变居民、农村转社区、集体土地转为国有土地、集体经济转为股份经济这四个转变为显著特征，"村改居"社区的建设制度与体制，以及公共服务的提供主体、提供方式等也随之发生变革。

　　2013 年，中共十八届三中全会和中央城镇化工作会议提出了"以人为本，四化同步，优化布局，生态文明，文化传承"的中国特色新型城镇化道路的总体思想。党的十八大后，党中央就深入推进新型城镇化建设作出了一系列重大决策部署。2014 年，国务院印发了《国家新型城镇化规划（2014—2020 年）》，规划要求有序推进符合条件农业转移人口落户城镇、推进农业转移人口享有城镇基本公共服务、建立健全农业转移人口市民化推进机制。2016 年，李克强总理作出批示，城镇化是现代化的必由之路，是我国最大的内需潜力和发展动能所在，须紧紧抓住人的城镇化这个核心，全面推进新型城镇化建设。2017 年，党的十九大报告指出，我国城镇化率年均提高 1.2 个百分点，8000 多万农业转移人口成为城镇居民。随着内外部环境和条件的深刻变化，城镇化不仅带来"农转非"居民身份属性上的变化以及空间聚集的变迁，更对转型社会的建设与治理水平提出新的要求，进入了以质量提升为主的发展新阶段。

与城镇化进程加快相伴生的突出现象是大量"村改居"的出现，即越来越多的传统村落与村民进入城镇化进程之中，整体性地由村民变为市民，由传统农村社区治理转为现代化城市社区治理。"村改居"一方面承载着农村社区接受城市辐射的桥梁功能，另一方面发挥着促进居民身份与生活方式转变、社区治理模式转变的载体作用，其不仅能提供大量城市用地、城市劳动力等各类资源，还能有效地消减城乡差距，提升城镇公共服务水平。国家统计局公布的数据显示，2017年底，我国城镇常住人口81347万人，比上年末增加2049万人，城镇化率达58.52%，城区面积年度增长约3.33%。同时，城乡居民收入差距持续缩小，农村居民人均可支配收入实际增速高于城镇居民0.8个百分点。有研究者推算，我国到2030年，中国城镇化水平饱和值为84%，有望达到高级阶段[①]。这一系列数据的背后，均得益于我国"村改居"建设的新型城镇化发展路径。

第一节　"村改居"的政策变迁与实践历程

民政部对于"村改居"有过比较完整的概括，它是"一项涉及基层组织建设、集体土地处置、集体资产处理、集体房产和村民住宅处理、村民农转非、市政设施建设和管理、社保及群团关系理顺等问题的系统工程"。依据此框架可以对"村改居"的变化状况进行整体性归纳：①在基层组织建设上，撤销行政村建制，建立社区居民委员会；②农村原有的集体土地依法征用，转化为国有；③村集体资产仍属原村集体经济组织所有，清产核资后明确界定村集体资产享受对象，进行股份制改革；④原属村集体或者农民经批准建造的集体用房或私房，在集体土地征为国有土地后，准予

---

① 刘凤，孙涛. 现代城市基层治理中的逆行政化问题研究 [J]. 天津社会科学，2017（1）：75-80.

房屋所有权登记，按规定发放房屋所有权证；⑤农民农转非后，享有与市区居民同等待遇，并履行应尽义务①。除以上变化以外，"村改居"还涉及社区居民就业，以及相应的基层妇女、共青团、工会组织建设，居委会的职数设置、工资福利、办公经费等问题。总体来说，"村改居"涵盖了治理主体城市化、土地国有化、资产股份制、人口城镇化等多方面的变迁与转型。

与全国各地的主要城市相比，特大城市 S 市的城镇化速度一直位于全国前列。20 世纪 90 年代，在全国"村改居"的探索时期，S 市就提出了"人口向城镇集中、产业向园区集中、土地向规模经营集中"的城市化发展构想，随后市政府出台了《S 市撤制村、队集体资产处置暂行办法》，明确规定生产队和村建制撤销必须满足一定的条件。自 2001 年起，S 市正式启动郊区重点城镇建设项目，实施重点突破、有序推进的城镇发展方针。从自发到有组织，从局部试点到全面推广，S 市不断探索实践"村改居"各项有助于城镇发展的路径。2004 年，市政府又颁布了《关于切实推进"三个集中"加快 S 市郊区发展的规划纲要》，进一步强调郊区是 S 市未来城市发展的重点，明确郊区要实现"城乡一体化、农村城市化、农民市民化"的总目标。根据第二次全国土地调查，S 市郊区和乡村面积占到 S 市陆域总面积的 85%左右，不仅地域规模大，更重要的是它所承载的功能不可或缺。因此，截至 2014 年，S 市已将全市基础设施的重心转向郊区，政府对中心城区和郊区的基础设施投入比重已由 7∶3 变成 3∶7，基本形成了有利于郊区"村改居"发展的重大基础设施体系。2017 年召开的 S 市实施乡村振兴战略工作会议明确提出，不断"强化规划引领、彰显品牌特色、优化人居环境、突出富民为本，用改革的办法推动乡村振兴战略落地落实"。S 市乡村振兴这一战略部署既明确了郊区与乡村发展的重

---

① 李菁怡. 论"村改居"中的社区自治与居民参与［J］. 中共南京市委党校学报，2011
（4）：90-93.

要价值，也对"村改居"等农村改革工作提出了更高的要求——全面完成村级集体产权制度改革，合理有效推进"村改居"，加快编制新市镇规划。

"村改居"是一项多重而复杂的建设任务，S市"村改居"处于大城市强有力的城镇化推动之下，很多郊区的"村改居"工程虽迅速完成了从农村到城市的蜕变，但因其政治、经济、社会等诸多要素具备典型的二元结构特点，非农非城、亦乡亦城，"村改居"社区的治理问题比城市社区治理与传统农村社区治理更为复杂与困难。作为一项探索性、实践性的改革工作，S市郊区"村改居"已推行二十余年，一方面积累了一定的治理经验，体现了阶段性发展特征，同时，"村改居"社区作为经济、社会、环境问题最为集中的地域实体，承载着新型城镇化带来的转型压力与新挑战，随着经济社会环境的深刻变化，一些新情况、新问题也不断凸显出来。

本研究采用以结构式问卷调查为主的量性研究和以深度访谈为基础的质性研究相结合的研究方法，在S市嘉定区、浦东新区、崇明区等地展开调研，共发放问卷550份，回收有效问卷511份，有效率为92.9%，问卷构成如下：首先展开对"村改居"居民的问卷调查，在S市嘉定区、浦东新区等地的"村改居"社区发放问卷400份，回收有效问卷384份，有效率为96%，充分掌握"村改居"居民的基本信息、经济活动、社会生活、社会参与及心理调适等情况。在此类问卷调查对象中，男女比例相差不大，女性比男性略多；年龄集中在31~60岁，年龄均值为49，以中老年为主；问卷对象受教育程度分布相对均匀，高中或中专及以上学历者约占55%，初中及以下学历者约占45%。在本社区居住达5年及以上者与5年以下者各占一半；问卷对象中绝大多数（89.84%）为非农户口。"村改居"居民调查样本的基本情况如表6-1所示。

表 6-1　"村改居"居民调查样本的基本情况

变量	指标	有效频率	有效百分比	均值
性别	男	174	45.31%	
	女	210	54.69%	
年龄	30 岁及以下	27	7.03%	49
	31~45 岁	141	36.72%	
	46~60 岁	134	34.90%	
	61 岁及以上	82	21.35%	
受教育程度	大专及以上	123	32.03%	
	高中或中专	87	22.66%	
	初中	139	36.20%	
	小学及以下	35	9.11%	
在本社区时长	1 年以下	25	6.51%	
	1~5 年	165	42.97%	
	5~10 年	96	25.00%	
	10 年以上	97	25.26%	
户籍类型	农村户口	39	10.16%	
	非农村户口	345	89.84%	

为广视角、多维度揭示 S 市新型城镇化发展情况，研究同时对尚未"村改居"的传统农村社区居民进行问卷调查，共发放问卷 150 份，回收有效问卷 127 份，有效率为 84.7%，充分了解农村社区的公共服务与基层治理水平、"村改居"条件及农民对"村改居"的认知与意愿。此类问卷对象中，女性较男性多；年龄集中在 31~60 岁，年龄均值为 45。问卷对象中农村户口和非农户口几乎各占一半。另外，研究重点选取了 6 位居委会工作人员、6 位村委会干部、1 位物业公司工作人员共计 13 位访谈对象进行半结构式深度访谈。

"村改居"具有时间上的阶段性和空间上的地域性，"村改居"政策的制定与推行对地区的城市建设规划、经济社会发展带来一定影响。中央机构作为"村改居"的决策层，制定并推行"村改居"相关宏观政策；地方政府是地方政策的制定者，依据中央机构的政策文件框架，制定适合本地区的政策内容。课题是对 S 市郊区"村改居"新情况、新问题的研究，因此，有必要梳理 S 市郊区"村改居"的政策依据，并循着政策变迁的脉络，分析 S 市郊区"村改居"的实践历程。

（一）"村改居"的政策变迁

1. 国家层面"村改居"有关政策

"村改居"是国家重点民生项目，是我国城市规划与治理的重要内容。"村改居"主要的法律依据是《村委会组织法》和《中华人民共和国居民委员会组织法》（以下简称《居民委员会组织法》），它们虽然没有作出明确规定，但分别对设立、撤销村委会或居委会提出了明确要求。《村民委员会组织法》第八条第二款规定："村民委员会的设立、撤销、范围调整，由乡、民族乡、镇的人民政府提出，经村民会议讨论同意后，报县级人民政府批准。"《居民委员会组织法》第六条规定："居民委员会的设立、撤销、范围调整，由不设区的市、市辖区的人民政府决定。""村改居"过程中，村委会改为居委会，实际上涉及村委会的撤销或建制调整，涉及居委会的设立，因而理应遵循《村民委员会组织法》和《居民委员会组织法》的规定；"村改居"后，社区适用的法律由《村民委员会组织法》变更为适用《居民委员会组织法》。

改革开放以来，我国城镇化建设取得了显著的进步，城镇基础设施和公共服务设施的建设力度不断加大，整体功能逐步提升，人居环境明显改善。但对比中心城区的发展速度，城镇发展呈现不平衡态势，出现了繁华的"城市社区"和落后的"郊区农村社区"并存的现象，包括街道办事处、居民委员会在内的城市基层社会结构面临改革和调整的任务，社区的地位和作用显得十分重要，社区服务的要求非常迫切。基于此背景，我国中央层面的决策愈发注重农村的发展及"村改居"建设推进，这在近年来的一系列政策内容和施政理念之中愈发凸显。2000 年 11 月，中共中央办公厅和国务院办公厅转发了《民政部关于在全国推进城市社区建设的意见》，指出从我国基本国情出发，改革城市管理体制，强化社区功能。2004 年党的十六届四中全会提出"构建社会主义和谐社会"，其中就包含缩小城乡差距、提高人民生活水平的内涵；党的十六届五中全会又进一步提出了建设"生产发展、生活宽裕、乡风文明、村容整洁、管理民主"的社会主义新农村的总体要求。在此要求下，除推出各项具体政策以提高农业生产水平、发展农村经济、改善农民生活水平之外，还通过激励农民转为居民或开展农村地区社区化改造等措施推动城镇化建设。2014 年 3 月，中共中央、国务院印发了《国家新型城镇化规划（2014—2020 年）》，作为今后一个时期指导全国城镇化健康发展的宏观性、战略性、基础性规划，该规划强调以促进人的城镇化为核心、提高质量为导向的新型城镇化战略。2016 年 2 月 2 日，《关于深入推进新型城镇化建设的若干意见》指出，在"村改居"进程中，要加快提高户籍人口城镇化率，配套人口市民化激励机制。

在社区治理方面，2017 年 6 月，《中共中央国务院关于加强和完善城乡社区治理的意见》发布，提出实现城乡社区治理现代化的总体目标要分两步走：第一步是到 2020 年，基本形成基层党组织领导、基层政府主导的多方参与、共同治理的城乡社区治理体系，城乡社区治理体制更加完善，城乡社区治理能力显著提升，城乡社区公共服务、公共管理、公共安全得到有效保障；第二步是再过 5 到 10 年，城乡社区治理体制更加成熟定型，城乡社区治理能力更为精准全面，为夯实党的执政根基、巩固基层政权提供有力支撑，为推进国家治理体系和治理能力现代化奠定坚实基础。2018 年 5 月，中共中央政治局审议了《乡村振兴战略规划（2018—2022 年）》，形成了今后 5 年落实中央一号文件的政策框架：要坚持农业农村优先发展，按照产业兴旺、生态宜居、乡风文明、治理有效、生活富裕的总要求，建立健全城乡融合发展体制机制和政策体系，统筹推进农村经济建设、政治建设、文化建设、社会建设、生态文明建设和党的建设，加快推进乡村治理体系和治理能力现代化，加快推进农业农村现代化，走中国特色社会主义乡村振兴道路。上述政策规划均表明了"村改居"方向，为"村改居"的推进提供了良好的政策环境。

与此同时，在"村改居"涉及的土地流转、集体经济转制及户籍转换等各方面，中央机构分别制定了专项的政策依据。土地流转方面，"村改居"后村委会管理范围内的剩余集体土地，按《中华人民共和国土地管理法》有关规定一次性转为国有土地，其合法土地使用权人和用地功能性质不变。因城市建设需要收回转制土地的使用权，须按照有关规定给予合理补偿。原集体土地上的房屋，按规定的条件和程序，确认土地使用权和房屋所有权，核发国有房地产权证，并暂缓缴纳国有土地使用权出让金，若该房地产进入市场则须补缴。村委会撤销后不再配给自留用地和住宅留用地，合法的宅基地及建筑按有关规定换发"房地产证"。2015 年，《关于加快转变农业发展方式的意见》出台，明确指出在部分农村改革试验区稳妥开展农村承包地有偿退出试点，鼓励有稳定非农就业收入、长期在城镇居住生活的农民按照自愿的原则退出承包的土地，并获得相应的补偿，即有偿退出农村土地。在集体经济转制方面，中共中央、国务院《关于加快发展现代农业进一步增强农村发展活力的若干意见》严格规范城乡建设用地"增减挂钩"试点和集体经营性建设用地流转。在社会保障方面，《国务院关于建立统一的城乡居民基本养老保险制度的意见》规定了"村改居"城乡居民身份转换下养老保险的转移接续与制度衔接，若放弃土地经营权，可享受城市社保，建立城乡统一的公共服务体系。

2. S 市层面"村改居"有关政策

20 世纪 90 年代，S 市就提出了"三个集中"的城市化发展构想，也制定了撤村部分单项文件，但由于当时 S 市发展的重点为开发浦东和中心城区，郊区"村改居"并没有被实质性地纳入重要的政策议程。直到 2000

年，《S市城市总体规划方案》受国务院批准，S市展开对郊区城镇的适当调整，力求形成中心城、近郊工业小城镇和卫星城、郊县小城镇、农村小集镇四个层级的城镇体系，郊区"村改居"进入城市总体规划。到了2004年，市政府正式出台了《关于切实推进"三个集中"加快S市郊区发展的规划纲要》，要求按照人口集中、产业聚集和土地集约的要求，提高人口、产业、资源、环境和基础设施各类要素的聚集度，逐步实现农村人口向城镇人口的转变，郊区传统农村村落向现代化城市社区的变迁。

2010年，《S市城乡规划条例》出台，指出要重点发展新城和新市镇，加强本市城乡统筹规划和协调布局，提高城乡规划的科学性和严肃性。2014年，市委一号调研课题就创新社会治理加强基层建设，形成了"1+6"文件："1"是《中共S市委S市政府关于进一步创新社会治理加强基层建设的意见》；"6"是涉及街道体制改革、居民区治理体系完善、村级治理体系完善、网格化管理、社会力量参与、社区工作者的6个配套文件。2016年，市政府发布的《关于促进本市农民向城镇集中居住的若干意见》指出，通过推进农民向城镇集中居住，整体改善农民居住条件和农村环境，从源头上加强农村环境整治和人口管理，实现土地资源的集约节约利用。2018年，《S市城市总体规划（2017—2035）》指出要完善嘉定、松江、青浦、奉贤、南汇等5个新城综合性节点城市服务功能，培育功能集聚的重点新市镇，构建公共服务设施共享的城镇圈，实施乡村振兴战略，实现区域协同、城乡统筹和空间优化。

具体而言，在土地征收补偿方面，《S市实施〈中华人民共和国土地管理法〉办法》《S市征地土地补偿费标准（2017）》《S市征地财物补偿标准（2017）》等对土地征收程序与标准等作出明确规定。2011年11月4日，S市人民政府印发《S市征收集体土地房屋补偿暂行规定》，指出房屋征收的补偿原则、程序、计户面积确定标准，明确居住房屋、已批未建、可建未建、超标准建房、非居住房屋等各类补偿。同时，S市规划和国土资源管理局严格按照《S市征收集体土地房屋补偿暂行规定》，印发了一系列具体实施规定或意见：《S市征地房屋补偿争议协调和处理试行办法》《关于委托实施征地房屋补偿的若干意见》和《关于进一步规范征收集体土地房屋补偿工作的若干意见》。在组织建设方面，2017年3月和4月，S市第十四届人民代表大会常务委员会第三十五次会议和第三十七次会议分别通过了《S市实施〈中华人民共和国村民委员会组织法〉办法》和《S市居民委员会工作条例》，它们规定了村委会的撤销与居委会的建立规范，理顺了居民委员会与业主委员会、物业服务企业等社区主体之间的关系，为社区居民委员会的职能发挥、功能实现提供了政策支撑。社会保障方面，《S市被征收农民集体所有土地农业人员就业和社会保障办法》于2017年4月开始执行，将被征收土地的农民的社会保障纳入职工基本养老保险、职工基本医疗保险，同时为就业阶段、养老阶段的被征地居民提供社会保障费用。

在区级层面，S市嘉定、崇明、闵行等各区围绕市级指导性政策、文件，制定了以区为单位、结合实际情况的规划方案，坚持"一区一策"，做细"村改居"建设。《S市嘉定区总体规划暨土地利用总体规划（2017-2035年）（草案）》规定了嘉定区的城镇化要从传统的增量扩张转向以存量优化为主导，严格控制生产用地、保障生活用地、增加生态用地。可见，在嘉定"村改居"建设工作中，嘉定正改变以往大拆大建的发展模式，通过研究村庄发展趋势，明确村庄撤并、保留的分类原则，提出村庄的分类布局方案。2017年2月，崇明区政府出台《关于促进本区农民向城镇集中居住的指导意见》，明确提出要充分尊重农民意愿，不断提高城镇基础设施和公共服务水平，促进土地集约节约利用，实现以人为核心的新型城镇化。2017年，闵行区政府制定了《闵行区关于推进撤村工作三年（2018—2020年）行动计划》，进一步明确了镇转街道、村转制居的工作要求。

总体而言，上述政策文件为"村改居"中征收集体土地提供了强有力的政策支撑。通过高强度自上而下的政策导向和制度安排，S市积极探索，其"村改居"建设一直走在全国前列。

第二节 "村改居"进程的现状与成效描述

长期以来，S 市以工业文明和现代文明的象征形象出现，但实际上，S 市还有广袤的农村。这也意味着，在"都市 S 市"的背后，还有一个"农村 S 市"①。改革开放 40 多年来，S 市"村改居"的建设伴随着城镇化的进程而不断发展。总体来看，S 市"村改居"的实践历程可分为三个阶段。

第一，推进"城乡一体化"下的"村改居"实践阶段。20 世纪 80 年代，S 市综合考虑了城市改造建设及郊县发展需要，提出了"城乡通开、全市一体"的建设方针。一方面，S 市要成为全国最大的经济中心，要改造传统工业，提高新兴工业比重，加快基础设施建设，进一步发挥 S 市城市的多功能作用；另一方面，农村产业结构的调整、贸工农方针的实施，以及农业本身逐步走向现代化的要求，使得郊县也迫切需要城乡协调发展。到 80 年代中后期，S 市区与郊县产业相互渗透、城乡依存关系强化，以制造业为中心的郊区工业布局初步形成。到 90 年代初，郊县 GDP 超过了全市的三分之一，S 市在全国率先提出了"城乡一体化"战略方针，郊区乡镇企业的不断崛起促进农民转移，农民"离土不离乡，农忙又返乡"。在这一阶段，S 市的城镇化率从 1978 年的 58.7% 提升到 1992 年的 67.9%。

第二，"三个集中"背景下的"村改居"实践阶段。1993 至 2005 年，浦东开发开放大力推动了乡村变为城市的步伐，农民从"离土不离乡，农忙又返乡"转变为"离土又离乡，务工进工厂"，其生产生活方式已经逐

---

① 许复新，方修仁. 国际大都市的社会主义新农村建设——上海农村发展若干模式案例研究 [J]. 中国发展，2011 (5)：62.

步城镇化。1995 年，S 市提出了"农业向规模经营集中，工业向园区集中，农民居住向城镇集中"的城市发展目标，再加上浦东开发开放的深入推进，S 市通过大规模吸收国内外资金及体制创新，城市功能基本实现了从"生产型"向"服务型"的转变，近郊区的人口导入与承接功能逐步显现出来，远郊区的生产制造中心及生态保护功能也逐步形成，加速了松江九亭、南汇周浦、嘉定江桥等一批小城镇的扩展。这一阶段，S 市的城镇化率从 1993 年的 69% 提升到 2005 年的 84.5%，农业户籍人口减少了206.5 万人。

第三，新一轮城镇化下的"村改居"实践阶段。2006 年以来，S 市开始了以新城建设为重点的新一轮城镇化建设。伴随着 S 市新一轮城镇化的进程，"村改居"农民"离土离乡加保障，进城落户身份变"。目前，松江、嘉定、南桥、青浦、金山、城桥等 6 个新城完成规划编制，依托郊区临近中心城的乡镇规划的 23 个大型保障型居住社区也全面启动，几乎覆盖市郊各个区。

按照"S 市 2035"规划，乡村地区是未来 S 市大都市空间和国际化大都市功能体系的重要组成部分。在"村改居"工作的新阶段，S 市正有序地迁并环境差、规模小、分布散的村庄，不断加强乡村地区的建设管理，加强城镇和乡村地区的建设用地配置，完善公共服务和基础设施，强化产业发展和就业岗位拓展，以节约集约用地为导向，引导农民到城镇生活居住。总体而言，S 市"村改居"主要采用两种模式。一是土地流转型。此类"村改居"社区是指将宅基地平整复垦以获取建设用地指标，农民进入新社区集中居住，土地集中流转给大型企业进行现代农业生产的社区。此种"村改居"社区拥有"经营村庄"的动力，S 市涉农区域较广泛的区往往采取此种模式。"十三五"期间，崇明区深化农村综合改革，推进土地承包经营权规范有序流转。到 2020 年，全面建成农村土地流转公开交易市场，土地规范流转率达到 85%，土地流转全部进入公开交易市场。二是城市扩张型。受 S 市中心城镇的带动发展，一些郊区的经济社会水平已接近城市化，村民的生产方式也以非农方式为主，现有城市空间不断向外扩张，原来的农村地区逐渐被纳入城市范围。如浦东新区张江镇的环东中心村，该村作为新郊区综合示范点，现代化设施建设已经初见成效，全村3.9平方公里划分为工业小区、居住小区、农业小区，这为浦东新区张江镇"村改居"提供了一个良好的模式。

此外，伴随着"镇转街道"的建设，"村改居"也不断加速。2015年7月，闵行、奉贤、闸北、宝山、嘉定、崇明等6个区完成所有街镇平台的建设，闵行、奉贤、崇明等3个区基本建成村居工作站。2015年全市新析出万里、浦锦、九里亭、广富林和西渡5个街道，真如镇转为街道，加快完善区域公共服务资源配置，提升公共服务水平。S市在郊区城市化区域集中连片、边界范围相对清晰、人口达到一定规模、管理服务相对自成系统的城市人口聚集区，试点设置首批67个承载和配置城市基本公共服务、基层社会管理的非行政层级基本单元，加大社区服务资源就近配置的力度，进一步提升郊区改制地区的管理服务水平。目前，待"村改居"的地块主要集中在外环周边新城开发区。实现乡村振兴，高质量地推动"村改居"，对于S市来说同样重要和迫切。通过土地制度改革、社会保障制度改革和户籍制度改革等制度性改革，S市正积极引导推动农村社区向城市社区转变，不断提升郊区城镇化、人口市民化的水平，提供城乡一体化的社会保障和公共服务。

因此，本部分以S市郊区"村改居"的实践历程为背景，展开对"村改居"社区居民的经济生活、社会参与情况，及"村改居"社区公共服务供给情况的实证研究，从中发掘并提炼S市郊区"村改居"面临的新情况与新问题，并对"村改居"的未来发展路径进行探讨。

（一）"村改居"居民经济生活的新情况

1."村改居"后居民家庭收入有所增加，多以个体经营为业

"村改居"后，居民对土地的依附程度逐渐降低，农业生产也不再是

农民谋生的唯一方式，从事非农业、服务业经营等逐渐成为"村改居"居民的生存选择。

实证调查得出，"村改居"前，家庭月收入在3000~6000元的人数占比最大（36.2%），其次是3000元以下的人数（25.25%）；"村改居"后，家庭月收入在3000元以下较低收入的人数占比明显减少（12.24%），其他各收入阶段的人数明显增加，一定程度上表明"村改居"后居民总体收入水平提高。从收入类型来看，"村改居"前后，居民家庭收入均以工资、年薪收入为主要来源，占比最大。"村改居"后，以种植、养殖、劳务为主要收入来源的居民比例下降显著，下降了20%，以工资、年薪等为收入的居民占比持续上升，增长了13%。此外，被分到多套房的本地居民，多数会出租房屋，因此房屋出租收入增长幅度较大（8%）。

> "'村改居'后，有工作能力与就业意向的居民会被安排至小区物业公司、环卫公司等岗位就业。"（HL-WY）
>
> "都是工厂里的工人，或者说是做一些小买卖的。"（HLXB-JW）
>
> "老人就是靠退休金，60岁以上的老人我们这边有351个，农保退休金一千多元，镇保有两千元左右。拿退休金的年龄，女的50岁以上，男的60岁以上。中年、青年人就是按照就业渠道去找工作。"（HS-JW）

本研究认为，"村改居"后，随着农民身份、空间聚集方式及生活方式的转变，其工作与生产方式相应发生了改变，农民对种植、养殖等传统生产方式的依赖降低，大多居民通过个体经营、务工，习得了城市的现代生活方式。笔者调查得出，"村改居"后，以务农为业的居民比例大幅减少（12%），个体经营、本地打工是居民主要的职业选择，退休也成为较多居民的当前状态。

在"村改居"居民职业培训方面，政府、社区及工作单位都承担了提供就业指导培训的责任。其中参加过由工作单位提供职业培训的人最多，占 48.7%，参加过由社区提供的职业培训的占 23.18%。同时，仍有 18.23% 的人表示没有参加过任何职业培训。

2. "村改居"后居民消费能力提升，家庭支出主要用于吃穿行

在由传统农村向现代化社区转型过程中，居民的消费水平与消费结构同样发生了转变。

调查数据显示，"村改居"前，居民家庭月支出在 2000~5000 元的人数最多（47.66%）。"村改居"后，居民家庭月支出在 5001~10000 元的人数增幅最大，增加了 17.19%；相反，家庭月支出在 2000 元以下的人数减少了 14.58%。可见，"村改居"后居民家庭支出大幅增长。从居民家庭支出内容来看，"村改居"前后均以吃穿行、孩子上学等为主要支出。同时，"村改居"后居民文化娱乐开支增加了 7% 左右，吃穿行支出相应有所减少。由恩格尔系数可知，居民用于食品的支出减少、文化娱乐的支出增多，表示居民生活水平提高了。

3. "村改居"后居民空闲时间主要以看电视等室内活动为主

笔者调查得出，"村改居"后，71% 的居民在空闲时间的活动是看电视，其次有 39% 的人空余时间用手机上网，看电视为居民较为热衷的活动。而由居民自发组织的活动参与度较低，仅有 21% 的人选择到广场、公园等公共场所与他人聊天，17% 的人选择跳广场舞等集体活动。

"目前社区常住多为老年人，但老年人出门活动的人数却相对较少。"（HLYH-JW）

4. "村改居"后居民生活与心理状况总体适应较好

调查显示，86.46% 的居民表示适应"村改居"后的生活，仅有 1.56% 的居民表示不太适应和不适应。总体来看，居民对于"村改居"后生活的适应性较好。在少数不适应的居民中，认为不适应的原因有以下几

个：城市社区生活节奏快了，生活压力大（17.19%）；与亲戚朋友的联系减少了（7.81%）；家庭收入减少了，生活质量下降了（6.51%）。"村改居"社区中大部分是中老年群体，其中一部分老年人长期生活在农村，生活方式突然发生转变，使其感到不适，心里总觉得还是农民好（5.73%）。在调研中了解到，在"村改居"社区中，仍存在居民在绿化地种菜、垃圾不集中处理等现象，农民传统的生活习惯改变困难。

数据显示，46.88%的居民认为"村改居"后的生活更开心；有41.41%的居民认为"村改居"后对未来的生活充满了希望；仅有3.39%的居民认为生活很焦虑。从"村改居"社区居民的心理状态来看，居民评价"村改居后，我的生活变了很多"等说法与实际的符合程度高。调查显示，居民对"既然在城市，就要适应城市生活""村改居后，我的生活变了很多""我现在已经适应城市生活了"说法的认同较高。对"从生活方式看，我还是典型的农村人"持有认同的人较少。少部分长期生活在农村的老年人，不适应目前的生活方式，还是认为农村的生活好，对自己当前的身份认同不是很高。

5. 尚未"村改居"地区村民表现出一定的"村改居"意愿

笔者对尚未进行"村改居"的传统社区进行了调研，以崇明为代表的村民表现出了一定的村改意愿，56.45%的村民表示愿意所在村进行"村改居"。同时，有45.96%的村民认为其所在村目前适合进行"村改居"，29.04%的村民认为目前尚不适合"村改居"。

此外，若要进行"村改居"，不少村民较为关心"宅基地、集体建设用地流转"（58.87%）、"征地补偿收入"（57.26%）、"集体经济收益分配"（44.35%）等现实问题。总体而言，因城市社区在公用设施、文化和卫生服务等方面优于乡村社区，以及经济激励较强，S市郊区村民普遍具有一定的"村改居"意愿。

（二）S 市郊区"村改居"居民社会参与的新情况

1. "村改居"后部分居民与邻里、朋友往来减少

"村改居"后，村民变成居民，以往的农业生产活动逐渐消失了，共同活动减少了。笔者调查得出，"村改居"后，居民和朋友、邻里之间往来的频率增多的分别占 35.68% 和 34.64%，和同事、亲戚之间往来频率增多的居民只分别占 24.48% 和 19.27%。年纪稍轻的人到市区谋求发展，年纪稍大的人大多到了退休年龄，他们较少外出，居住在小区里的居民之间接触的机会减少了。

"现在封闭的环境，邻居间互相也不熟悉，门一关，各干各的事，来往活动很少，原先的风俗也流传不下去了。"（HL-WY）

"（海伦小区内）一半以上是老人，年轻人都在市区，小孩子上学啊、工作啊什么的，都走了。"（HL-WY）

"村改居"后，居民的空间居住环境发生了较大变化，其对社区居民交往也产生了一定的影响。因此，笔者调查了居民与邻居之间串门的频率。调查数据显示，"村改居"后，居民与邻里之间的来往频率较低，一周串门一次及以下的居民达到了 83.33%，其中与邻居从无往来的居民占到了 13.02%。

"原先居民的联系更紧密，家里有什么婚葬事情家家户户都是出人去帮忙的。现在就是住得分散了……大家工作都忙，都不太来往了。有些年轻一辈走在路上都不认识了"。（HL-WY）

虽然居民之间往来频率减少了，但居民之间互帮互助的意愿依然较高，传统乡土纽带仍延续地发挥作用。"村改居"过程中，大多数村落整

村（队）拆迁安置到一至两个新社区，居民在其中具备一定的自由选择权，原有的熟人群体一般会就近居住在新社区。笔者也通过调查得出，当居民遇到困难和麻烦的时候，有67.45%的人表示会向邻居请求帮助，且能够得到邻居的帮助，而不愿请求帮助或者没有得到过帮助的居民所占比例较小。

2. "村改居"后社区活动较为丰富，居民根据活动内容有选择地参与

调查显示，"村改居"社区内居住的老年人比例较高，社区活动成为这些居民重要的活动方式。社区活动丰富多样，不仅有特定的节日庆祝活动，为老年人举办的各种常规活动也较为普遍，包括电影放映、读书读报、讲座、养生知识宣传等，社区居民也逐渐表现出较为积极的参与态势。

"我们每个月15号、30号有一个百姓课堂。就请我们退休的几位老师给居民讲课。我们讲的内容呢，比较多。一些养生的，时事政治的，老师擅长什么就讲什么。听课的老百姓基本上能有七八十人。大家还是很乐于参与这些活动的，每个月15号、30号参与的人一直很多的。都是一些常规的活动，给他们放电影，放放戏曲类的影视。结合节假日什么的搞一搞活动。"（HLXB-JW）

从参与频率来看，居民参与社区活动一周一次的最多，占26.56%，三周一次及以上的人数占到了50%左右，而从不参加社区活动的居民占14%左右，社区活动在居民生活中扮演着比较重要的角色。在参与社区活动的内容方面，居民参与最多的是便民服务相关的活动，有46%的居民参与过此类活动。其次是环境整治相关活动，37%的居民参与过，家庭健康类活动占36%的居民参与过，其他如安全宣传、体育活动、亲子教育、节日活动等的居民参与度也比较高。与以往居在农村的状况相比，居民可参与的社会活动增加了，所接受居委会的服务内容和质量也有所提高。

3."村改居"后居民对社区文化建设的满意程度较高

"村改居"后，居民住进新社区，新社区的社会生活环境与以往的农村社会环境有很大不同。新建设的社区各项基本服务设施在不断完善，社区注重文化方面的建设。笔者通过访谈了解到，社区居委会建设了相应的图书室、观影室等场所，开展养生课堂、戏曲表演等特色活动，常规性地举办敬老爱幼等志愿服务活动，积极促进社区邻里和谐关系，调解社区居民矛盾。

"居委会有活动室，老百姓过来下棋，看书，每个礼拜四有唱沪剧的。每个礼拜二会放电影，多数为老人家来这边活动。"（HS-JW）

在问卷调查中，笔者进行了社区文化建设的居民满意度调查。调查数据显示，居民对社区文化建设各方面的满意度较高，满意及以上程度的居民比例都在70%左右。"村改居"后，居民的生活环境得到了切实的改善，由政府、社区等主体共同建设的社区文化也逐渐走近居民。

"好的地方么，首先就是农村的一些陋习改变了，知道要注意环境卫生，注意环保了。还有就是知道养生、锻炼了，更注重自己的身体健康。"（HL-WY）

4."村改居"后居民对村委会和居委会的认知存在较大差异

搬到"村改居"社区之后，居民对村委会和居委会的差异也有一定的认识，45.31%的居民认为相比村委会来说，居委会的管理范围更大，38.54%的居民认为居委会对社区问题的解决比村委会更高效，35.16%的居民认为居委会管理的内容比村委会更公开，32.55%的居民认为作为居委会居民比村委会下的村民更自主等。从调查数据来看，"村改居"社区居民对于居委会的认同度不是很高，普遍低于50%的比例表明，大部分人认同村委会比居委会管理范围更宽、解决问题更高效、信息更公开、村民更自主等，居委会建设及公众满意度还有待提高。

笔者同时对社区居委会在困难救助、就业帮扶、老年服务等方面进行了居民态度的调查。调查数据显示，与村委会相比，有52.55%的居民认为，居委会在困难救助、就业帮扶、老年服务等各方面工作上都做得很好，能够解决实际困难。有39.80%的居民认为居委会在这些方面做得效果一般，在一定程度上解决了困难。认为效果不好、无法解决实际困难的居民只占1.53%。居委会在困难救助、就业帮扶、老年服务等公共服务方面的工作得到了居民较高的认同，这与居委会的服务职能相吻合。

"居委会离他们（居民）更近。现在村委会已经没有什么事务了，我们居委会现在就是提供服务，包括一些民政工作，这些事务按照居住地划分。党员的管理也是按照居住地划分。"（HS-JW）

5. "村改居"后居民对社区民主自治的满意度较高，而居民自治活动实际参与率较低

对于"村改居"社区民主自治生活的建设情况，笔者主要从居委会工作公开透明度、居民选举和投票权力、居民集体讨论决定社区事务情况、社区主动征询居民意见建议情况、居民参与社区事务监督等几个方面进行考察。整体来看，居民对社区民主自治的满意度较高，"满意"及以上程度的居民比例普遍在70%到80%之间。

与社区民主自治高满意度形成反差的是居民自治活动的低参与率。笔者通过调研发现，43.23%的居民曾参与过社区居委会选举活动，且居委会选举多以家庭为单位参与投票，一家中多人委托一人进行投票，这也使得实际参加选举的人员比例不是很高。在公共事务参与方面，居民的参与程度也较低，仅有29.95%的居民参与过听证会、市民论坛或社区居民大会等，25%的居民参与过社会组织（志愿者组织）相关的工作，18.23%的

居民参与过业主委员会选举活动，各项公共活动均未参与过的居民占 19.53%。

社区民主自治高满意度与居民自治活动低参与率现象一定程度上反映出了"村改居"居民对社区公共事务的兴趣不足，居民主人翁意识较为淡薄。总体来看，"村改居"后，居民在短时间内搬到了城市社区中居住，生活环境和物质条件迅速发生了变化，居民的生活习惯及意识在"村改居"过程中逐步转变。

（三）S 市郊区"村改居"公共服务供给的新情况

公共服务是满足公民生活、生存与发展的某种直接需求，能使公民受益或享受，包括公共设施建设，发展教育、科技、文化、卫生、体育等公共事业，为社会公众参与社会经济、政治、文化活动等提供保障。传统村落中，村民在公共产品建设，如修路、建学校、环境改造、公共治安维护等方面，都基于长期互动所形成的互惠关系网络。随着"村改居"的推进，农村居民的思想由封闭走向开放，传统的地域观念被打破，权利意识、公共意识得到增强。

1. "村改居"后居民对社区绿化环境的整体满意度有所提升

实地调研中发现，"村改居"社区公共服务主要由居委会提供，部分"村改居"社区居委会设有家门口服务站，配有图书室、活动室等公共文化活动场所，也会定期举办讲座、运动会等活动。调查数据显示，"村改居"后，村民对社区绿化情况的满意度最高，为 63.54%；其次是对社区健身器材和娱乐设备等设施维护的满意度，为 63.02%。同时，笔者通过实地调研发现，"村改居"小区的绿化建设及小区内基础设施建设较好，数量和质量均向城市社区看齐。70% 的居民认为，"村改居"后带来了环境卫生的改善，54% 的居民认为交通便利了，48% 的居民认为就医方便。

然而，相关负责人表示在环境卫生方面还在继续完善，由于村民习惯于传统农村生活，在小区中仍存在不定点倒垃圾、污水等破坏公共环境的现象。在房屋质量保障方面有 6.25% 的居民表示不满意。笔者在对居民的访谈中了解到：

"小区居民的房屋经常出现漏水等问题，每次向物业反映虽然会得到及时修理，但并不能从根本上解决房屋质量问题。物业经理表示每年会有 150 万元左右的维修基金用于小区房屋及公共设施的维修，但也无济于事。"（HL-WY）

在学校和医院等配套方面，小区居民的满意度也不是很高。目前"村改居"社区并没有配套的社区医院与学校，小区居民子女大部分在镇以及市区上学，看病也需要去镇或社区。

2. "村改居"后居民享有社会保障的水平有所提升

"村改居"居民的社会保障是"村改居"进程中的一项重要工作，S市居民通过"村改居"，一般可置换得到 15 年的小城镇保险，"镇保"的基本保险部分目前包括了养老、医疗、失业、生育和工伤保险。随着"村改居"各项补偿安置工作的推进，居民享有的社会保障水平也得到一定的提升。从"村改居"前后居民的保险或救助状况对比看来，"村改居"后村民享有的保险种类和数量均有小幅度的提升，居民普遍享有医疗保险（92%）、养老保险（81%）及失业保险（52%）。

在居民对社会保障的满意度测评中，超过一半（60.94%）的居民对目前享有的社会保障表示满意，仅有 3.38% 的居民表示不满意目前所享有的社会保障和福利待遇。可见，"村改居"社会保障的整体水平得到提升。

3. "村改居"后居民对医疗卫生服务的需求较为凸显

随着时代的跃进，我国社会主要矛盾发生了变化，"人民日益增长的美好生活需要"也在"村改居"社区公共服务需求与供给中得到体现。"村改居"社区公共服务概括起来包括三个基本点：一是满足居民基本生存需要的就业、养老、生活与安全保障服务，二是满足居民基本尊严和能力需要的教育、文化服务，三是满足居民基本的医疗卫生保障服务。笔者通过调查发现，"村改居"后，大多数（65%）居民更希望得到有关医疗卫生方面的基本公共服务，对医疗卫生服务表现出较大的需求；45%的居民希望得到社会保险方面的基本公共服务；39%的居民希望得到社会服务方面的基本公共服务。

第三节　"村改居"进程面临的新问题分析

"村改居"后，回迁安置社区虽处于城市的新社会空间之下，但其政治、经济、社会发展等诸多要素兼具了城乡两方面的特征，非农非城、亦乡亦城，又是经济、资源、环境问题最集中且矛盾最突出的地域实体。调研发现，"村改居"社区治理存在着不少值得关注的现实问题。

（一）早期安置房屋无产权证明的衍生问题正在显现

在"村改居"的过程中，传统乡村被大量拆除，新型的"村改居"社区就地或就近兴建，住房样式和社区布局发生巨大改变，而社区居民的房屋确认问题成为改制工作较为复杂的关键一环，涉及居民切身利益。笔者调研发现，"村改居"时，不少居民（44.53%）分到三套及以上的房子，但整体来看，41.41%的居民房屋没有房产证，10.42%的居民房屋一部分有、一部分没有房产证，较多的分房数量与房屋产权缺乏认可形成对照，房屋产权认可问题成为居民关注的重点。

由于20世纪90年代的"村改居"历史遗留问题，S市部分"村改居"回迁社区的房子一直没有房产证和土地证，问题一直遗留至今也得不到解决。笔者调查显示，房屋拥有产权证明的居民，其对房屋质量的满意程度（3.59）显著高于没有房产证的居民对房屋质量的满意程度（2.87）；其对社区服务的满意程度（3.98）也高于没有房产证居民对社区服务的满意程度（3.55）。与此同时，由房屋产权证明引起的一系列问题包括代际传承、房屋交易、户籍迁移的问题，也一直困扰着"村改居"居民。

> "还是觉得自己是农民，为什么呢？现在就是户口本上写的是非农，但是没有房产证，房子性质也不对。现在就觉得这不是自己的，没有自己的归属感。"（HL-WY）

调查得出，虽然 S 市已从"村改居"居民采取上访等多种方式诉求产权证明的矛盾期、敏感期平稳过渡，但"村改居"二代居民财产认定难等遗留问题逐步凸显出来，并不断衍生至居民生活的方方面面，居委会工作开展也受到影响。

> "没有房产证，这是一个最大的问题，昨天我还碰到了，就是有一个居民，他的爸爸去世了，房子要借给亲戚。我们是以什么为凭证来证明这套房子是你的，当初是有动迁协议的，当初是有一张单子的，像发票一样的。但是这个协议上面没有任何标记，证明哪一套房子是你的，只有你的名字，却没有写明哪套房子。昨天呢，他要把这个房子借出去，人家让他证明这个房子是他的，他要让我们开这个产权证明，但我们产权证明是不能开的。第一个我不知道你们家里有几个小孩，这个涉及纠纷的。第二个呢，我又不是房产公司，也不是房产所，居委会不能开这个证明。但是他说：'我爸爸去世了，我这个房子总归是要借掉的。'他也没地方去，只能找我们居委会。我们有一套规定的，所以我们只能给他开一张情况说明，只能说你是这套房子的居民。"（HLXB-JW）

（二）住房质量深刻影响了后续财政投入和物业管理问题

新型城镇化建设要求坚持以人为本，注重提高城镇化质量。"村改居"

建设的初衷之一是改善农村居民生活条件与环境，然而，在 S 市"村改居"工作推动中，仍存在回迁安置房屋质量较差的问题，居民的新居生活受到严重影响。

> "刚开始（搬进新社区），有一次下暴雨，几百户人家家里漏雨，一大早在（物业）门口等着。这不是几个人，是几百个人的事。我就跟他们解释，我们不是开发商，也负责不了。"（HL-WY）

S 市不少"村改居"社区回迁了十余年，住房质量老旧程度加重，加上房屋质量本身存在问题，居民住房问题愈发凸显。一方面，住房质量显著影响了"村改居"居民对社区服务、社区安全及社区文化等方面的整体满意度。问卷调查显示，居民对住房质量的满意度越低，其对社区的整体满意度越低，居民住房质量满意度对居民社区整体满意度有显著正向影响（回归系数 0.395，sig<0.05，系数检验显著）。另一方面，"村改居"社区更多的是政府拨款建设，较差的住房质量对政策财政投入提出了更高的要求。而笔者通过调研得出的现实情况是，政府很难拨付充足的资金进行全方位的社区建设，且政府拨款资金没有持续性，在后期的社区维护、新项目建设方面很难有资金来供其运行。物业经理表示每年会有 150 万元左右的维修基金用于小区房屋及公共设施的维修，但基本无济于事。

对于物业管理而言，由于"村改居"社区市政建设没有同步跟进，基础设施建设主要由社区自行承担。质量差、老旧的住房，简陋与落后的配套设施，投入少且稳定性不足的财政投入，这些都成为影响"村改居"物业管理工作的难题和提高物业服务质量的瓶颈。笔者在对"村改居"居民的访谈中了解到，小区的房屋经常出现漏水等问题，每次向物业反映虽然会得到及时修理，但并不能从根源上解决房屋质量问题。

（三）医疗卫生等基本公共服务质量仍低于城市平均水平

S 市大多数"村改居"社区虽然按照城市社区的标准配建了阅读室、

健身场所等新型公共设施，居民也加入了当地养老、医疗及社保计划，但因"村改居"社区以老年人、外来人员为主，居民构成较特殊，随着居民需求日益多样化，公共服务与管理被赋予了更高的期待。S市外来常住人口972.69万，其中有700万人口分布在郊区，占全市比例近80%。再加上残障人士、"老漂"族，社区居民的服务需求层次也越来越多，数量越来越大，居民需求异质性对精准化公共服务提出了更高的要求。

笔者调研得出，目前S市"村改居"社区未能提供完善的公共教育与医疗卫生服务。社区并没有配套的学校或幼儿园，居民大多选择将子女送至临近镇甚至市区学习。同时，社区不一定能保证有医院或卫生所为居民提供基础性医疗保障，社区居民大多为中老年，有很大的就医需求；居委会虽然设置了图书室，但社区书屋少有人来，布满灰尘，有的书籍甚至未拆封。在社区公共服务设施建设等方面，"村改居"公共服务的设施还比较欠缺，与附近商品房小区相比，仍有15.89%的居民认为"村改居"小区比附近的商品房差多了。

"村改居"后，居民对现在生活最不满意的地方主要在于物价上涨过快（65%）、房价过高（54%）、看病难看病贵等问题（41%）。与"村改居"较匮乏的公共服务资源形成对照的是日益增长的物价消费、房价与医疗费用。与城市社区相比，"村改居"社区各类保障的水平依然较低，且缺乏可持续性。

医疗卫生服务一直是居民重点关注的切身问题，"村改居"后，大多数的居民希望社区能够提供更多医疗卫生方面的基本公共服务。

"社区一公里范围内新建了社区卫生服务中心，小区内也有2个卫生服务站，尽管设施设备更新，也设置了广受老百姓欢迎的诸如推拿针灸等中医类科室，但一般只能满足感冒咳嗽这类疾病的诊疗，或者是老年人购买常用药的需求，最近的三等乙级医院也距离社区超过6公里，且没有直达车，无自驾车的且医疗需求大的老年人群看病非

常不方便。"（HL-WY）

目前，S市部分"村改居"社区仿效城市社区，设置了社区工作站，招聘专职人员承接政府延伸到社区的公共服务。然而不同区的经济发展程度不同，"村改居"社区经费及管理能力差距大，导致居委会在提供公共服务中出现不平衡的现象，距离城市社区水平仍有一定差距。

（四）居委会、村委会及物业公司等主体的角色定位有待厘清

"村改居"后，新社区面临着房屋共同部分的维护与管理、公共设施的运行与维护、环境卫生和绿化服务、公共秩序维护等新的公共事务。在典型的城市商品房小区中，这套公共事务是通过居委会、业委会、物业管理公司这"三驾马车"的分工与合作来完成的。基于住房产权、业主身份与居民意识问题，目前绝大多数"村改居"社区尚未成立业委会，"村改居"治理主体主要由居委会、物业公司及仍保留的村委会来扮演。笔者调研发现，"村改居"社区治理的体制转换存在权责不清、职能交叉等问题。

一是村委会惯性地发挥作用。S市在"村改居"工作推进中，一部分社会经济发展水平稍落后的"村改居"社区仍保持着原有建制，村委会、村党委等组织仍惯性地发挥着治理主体作用，村委会甚至与新型集体经济组织账目混同，治理结构和权责划分更为复杂，对居民也仍有利益上的刺激。

"村子撤掉了，村民都不在，村委还在。居民现在是双重身份，村委选举会回去参加一下。"（HL-WY）

"我们在衔接过程中也存在一些小问题，就是没有成文的规定说，搬迁的村民归居委管，没有搬迁的村民归村委来管，但是现在一些已经搬迁的村民也想来村委，因为村委这边还是有很多利益的方面。这其中的衔接工作还有些误差。"（TZ-CW）

二是社区居委会的自治地位虚化。搬入新社区之后，居民对村委会和居委会的差异形成一定的认识。其中，45.31%的居民认为相比村委会来说，居委会的管理范围更大，38.54%的居民认为居委会对社区问题的解决比村委会更高效，35.16%的居民认为居委会管理的内容比村委会更公开。

可见，社区居委会的治理主体地位一定程度上得到认可。但这一现象也从侧面反映出，在居民心中，居委会仍是一个传统的全能型管理主体，而未实现居委会"应然"的自治地位。"村改居"后，居委会管理经济的职能虽被剥离，但其传统的行政权力和上级政令的管理方式在"村改居"之后的社区管理方面仍然存在，"大包大揽"的情况没有实质性的改变，基层工作人员的负荷也在不断加重。另外，目前大多"村改居"社区成立了社区工作站，由社区居委人员兼任，这极大地增加了基层社区工作量，使其无暇顾及社区自治。

> "我们主要是协调各个职能部门之间的关系。一个人兼了很多条线，举个例子，光一个计划生育上面的科室呢，就好多好多，有十几个，它越做越细，那到我们下面的只有一个人，他做细对我们来说就是增加负担。我们一直来说都要减负，但是这么多年居委会从来没有减过负。包括台账，台账一般都是拿出来一摞一摞的。最多的一年，我大概做过一百多本台账。像以前文明小区，区级文明小区创建，包括市级文明小区的创建，拿出的材料都是一桌子的，减负从来没有减过，包括这几年社会治理。社会治理的考核，领导也是非常地重视。"（HLXB-JW）

三是物业公司管理空心化。物业管理是"村改居"社区中新出现的一个基层治理重要维度。在公共设施建设方面，几乎所有"村改居"社区都引入了物业管理来进行公共设施维护、环境卫生和绿化服务，虽然物业费标准显著低于当地普通商品房小区，但实践中付费管理的使用方式难以得到居民的认可和接受，普遍存在缴费难、管理难的问题。而大部分"村改居"社区考虑到居民适应与过渡的问题，由村集体经济的补贴和地方政府的支持来承担物业费用。一方面，沉重的财政负担使得物业工作难以持续。另一方面，地方政府和社区基层自治组织都过深卷入了物业管理的具体事务，在一定程度上阻碍了"村改居"社区物业管理的专门化发展以及居民参与社区公共事务意识的培养。

（五）居民社会生活方式转换存在困难，市民化程度有待提升

以政府为主导的"村改居"进程中，大量农业用地被迅速征用，转而成为服务于经济和规范增长的工业、商业及服务业用地。资源的设计和使用倾向于满足城市土地储备的需要，而未能充分考虑"村改居"居民对城镇化的感知和适应。居民虽在外在身份上实现了"农转非"，但传统农村的行为方式、生活习性及参与意识得以延续，自我认同的转换和社区价值共同体的重构明显滞后于空间的变迁，居民短时间内难以内生出对城市社区的认同感、亲切性与公共事务参与感。可以说，S市"土地城镇化"速度快于"人口城镇化"速度。

"村改居"政策实施后，村民在短时间内搬到了城市社区中居住，生活环境和物质条件迅速发生了变化，但村民的生活习惯及意识并不能在突然之间发生改变。仍有部分居民，特别是之前长时期生活在农村的老年人，不适应目前的生活方式，还是认为农村的生活好，对自己当前的身份认同不是很高。在少数不适应的居民中，认为不适应的原因有以下几个：城市社区生活节奏快了且生活压力大（17.19%），与亲戚朋友的联系减少了（7.81%），家庭收入减少了、生活质量下降了（6.51%）。"村改居"社区中大部分是中老年群体，其中一部分老年人长期生活在农村，生活方式突然发生转变，使其感到不适，心里总觉得还是农村好（5.73%）。

传统的农村社区生产生活方式的确与城市社区有很大的不同，不论是在物理空间上还是在生活方式上。"村改居"社区居民以往在农村的生活

方式与习惯早已内化成为其基本生活自觉，很难在短时间内完全适应城市社区的生活方式。另外，加上上述所说的老年人口比例较高的问题，老年人更难改变自己的生活方式和习惯意识，许多人住进"村改居"社区，但生活还是以往在农村社区的方式，由此产生了小区内私自种植养殖、不定点倒垃圾、随意堆放杂物等问题。笔者在对嘉定区 HL 小区的调研中了解到，尽管相关职能部门、社区居委会及物业公司花费大量精力在"六乱"整治中，但整治成效仍旧甚微。如嘉定工业区在一年内发放整改通知书302 份，其中增建房屋共 171 户、"六乱"行为 130 起（毁绿铺场地 61 起，搭建雨棚 24 起，封进户门 15 起，其他违规行为 30 起）。

> "老年人比较节约一点，使得小区里煤炭炉子比较多，现在都通天然气了，但是他们还是在用这些（煤炭炉子）。为了节省煤气，烧这个炉子呢就需要柴火，然后他们房子四周堆的都是这种东西。"（HLXB-JW）

> "无论是入住新小区还是其他，一些年纪大的村民，无论是从思想观念上还是意识方面，还是跟不上社会的发展，意识上还是不适应，在小区里种菜什么的。"（TZ-CW）

> "那么我们这一片动迁小区呢，可能都是老头老太，可能意识不是很强，可能需要我们多加引导一些。这边这片动迁小区里的 550户，我上次去看他们那边的西围墙关于垃圾的问题。我痛到简直要晕倒，他们有垃圾桶都是不用的，全部扔在墙角。"（HLXB-JW）

在"村改居"社区，小区配套的绿地和花园设施常因无人打理而成为回迁居民眼中"荒废的土地"，被用于种菜或堆放杂物。在乡土中国的土地本位理念中，土地是生存来源，居民认为在房前屋后的空地上种点东西能最大限度地发挥土地本身的价值，而非对公共空间的破坏与侵占。另外，农村长久流传下来的一些传统风俗习惯，也随着农民的"上楼"而被带进新型社区，这些都为社区的治理带来新的任务。

> "我们这边的居民要祭扫一下，在家烧一点锡箔，然后可能楼道里也有。那么外来的小白领就不太能理解。这些还好，可以跟他们解释，这些是我们的一些风俗习惯。但他们还是认为会有安全隐患。"（DT-JW）

> "我们现在的工作就是新小区要做规矩。我们这个已经做了十几年了，但是现在做已经晚了。现在居民已经形成了一个常态化的习惯。有一些原则性的东西，他们还不是很懂，所以我们要加大宣传力度。人意识上的这些东西真的是很难改变。"（HLXB-JW）

（六）居民社会参与仍有限，自治意识与社区认同有待加强

"村改居"社区是由农村社区转变而来的，还带有浓厚的"乡土气息"，居民的身份、生活方式虽发生转变，但仍有部分心理状态、社会参与停留在农民阶段，对目前新型社区的认同度不高。由于农村居民文化程度、生活阅历的限制，他们对城市文化的接受也是非常有限的。对于现代文明的科学、理性，农村居民也只是处于一知半解的状态。访谈中我们发现，建立好了合格的居委会队伍之后，引导教育居民进行民主自治也很难，有发展时间较长的"村改居"社区大约已经改了十几年了，但是居民的生活方式与自治意识的培养依然不理想。

S市城镇化进程是一个较为强制性的制度变迁过程。虽然在较短时间内，村民委员会的牌子被换成居民委员会，村民身份被改为市民，但这并不意味着社区民主自治机制也自然而然地完成由村民自治向居民自治的转变。笔者调查得出，目前，"村改居"社区普遍存在社区民主自治高满意度与居民自治活动低参与率的反差现象，一定程度上而言，转换身份后的"村改居"居民还没有形成作为城市居民参与公共生活、公共事务治理的

意识,对与自身没有直接的经济利益关系、关联度不高的公共事务漠不关心,难以从内心认同某些公共责任义务。居民多从个人私利出发,导致"村改居"社区在公共事务建设等方面难以提升。

在对"当前社区自治工作中存在的最突出问题"的调查中,56.77%的居民认为是"少数居民大局意识不强"。"村改居"后,在居民意识里,社区公共事务管理与公共服务供给均由政府与社区承担。因而一旦投入水平稍有弱化,社区公共产品出现短缺,居民就会产生不满情绪,对政府的认同感也会地下降,从而削弱对社区的归属感。因此,居民意识的发展是当前社区自治工作的难点,这种意识不仅表现在表层的村民向居民身份的转变,还表现在生产生活方式、环境卫生习惯、公共生活参与和公共服务等各方面意识的转变。居委会工作人员表示,当前治理好社区环境卫生、治安问题、公共活动参与问题最关键的就是强化居民的自治意识,通过宣传教育培养居民的社区认同感。

> "我们每次开居民会,我就会一直跟他们讲,我们居委会物业也好,其实只是一个管理者。我们八小时下班以后,回家了,你们才是这个社区的主人。你们要出来一起跟我们干好这些活。"(HLXB-JW)

(七)转型后原有的社会资本消解,新的社区共同体尚未建立

随着农民原有的生产与生活方式的转变,乡村共同体的文化基础逐渐离散化。"村改居"后,居民住进了小区,原来的邻里居住格局被打破,且不再务农之后,相互之间在生活、生产和交往中的互助合作也不再需要,居民相互之间的社会关系依赖程度降低,原有的熟人关系逐渐淡化。调查得出,在"村改居"社区中,与邻居从无往来的居民占13.02%左右。

> "原先居民的联系更紧密,家里有什么婚葬事情家家户户都是出

人去帮忙的。现在就是住得分散了，三个村的居民都有，平时来往少了，有什么事情都是电话联系，人们之间的感情比以前淡薄了，以前说有什么事情都会来帮忙的，现在大家工作都忙，都不太来往了。封闭的环境，邻居间互相也不熟悉，门一关，各干各的事，来往活动很少，原先的风俗也流传不下去了。"（HL-WY）

实证调查显示，"村改居"社区居民一般以看电视等室内活动为主，对新鲜事物接受得较慢。同时，受高密度居住方式的影响，居民的社会交往方式变得单一，社会生活圈子比较小，私人空间的闭合性、公共空间的陌生感和不健全等因素降低了居民的交往意愿。一方面是来自同村或邻村的居民，另一方面是大规模的外来人员，"村改居"社区大多数居民的社会交往处于"半熟人社会"关系中。

"周围邻居年纪轻的参加的很少。平时工作忙，都没有时间参加，就社区里退休的，没什么事的人来参加。"（TZ-CW）

因此，对于新建的"村改居"社区，要完成"半熟人社会"的居住聚合向互动共同体转变，就需要营造新的公共空间、新的传统，创造新的集体记忆，达成新的社区秩序。

第四节　"村改居"进程中治理优化的对策

（一）关注村民的"村改居"意愿及利益诉求

"村改居"建设一定要在尊重村民意愿，了解村民利益诉求前提下进行。在对未进行"村改居"的崇明区调研中发现，村落的"村改居"适合程度与村民的意愿呈正相关关系。在 S 市郊区，目前还存在已征地但未进行"村改居"的村落，村民居住环境较差，但不能私自建房改善，"村改居"工程迟迟不动工，导致村民目前居住环境恶劣，其"村改居"愿望较强，想通过"村改居"改善居住环境与生活质量。但也有年长者习惯农村生活，不愿意离开长期生活的环境，出现了在征迁过程中不满意征迁条件、在"村改居"社区生活中不适应新环境等问题。目前，S 市郊区"村改居"社区居民非常关注房产证代际交接及房屋质量问题。由于部分动迁房小区房屋无房产证，居民下一代难以财产认定等问题逐渐凸显，这也是居民目前迫切希望能被解决的问题。同时，"村改居"社区房屋质量较差，居民反映经常出现漏雨等情况，物业及专业维修团队也无法一次性彻底修缮，不仅需要花费高额的维修费用，而且使居民生活陷入了苦恼。"村改居"社区居民若存在排斥心理，不仅会影响村民自身适应，而且会阻碍社区建设与治理。因此，在"村改居"前，要充分调研和了解村民想法，在不损害村民利益的前提下，充分尊重及满足村民的利益诉求。

（二）由浅层的"村—居"形态变化向深层的宜居环境与美好生活构筑转变

目前，"村改居"重点在于社区环境与制度建设，关注居民生活状况与基层治理能力。然而通过调研与分析结果发现，在城市转型背景下，S 市郊区"村改居"出现了新问题与新情况，基层治理应由从浅层的"村改居"形态变化转向深层宜居环境与美好生活构筑，将基层治理重点放在提升居民幸福感、建设"乐智城市"上。在居民生活方面，创建学习的城市，以社区为单位，提供文化与学习供给；在生态方面，创建永续的城市，建设环境友好型、资源节约型社会；在生产方面，创建创新型城市；在居民生命方面，创建健康的城市。"村改居"居民生活环境逐渐变好，生活水平提高，居民也会更多关注自身健康与发展，参与养生与健身活动。因此，在"村改居"社区治理与建设方面，应以建设宜居环境为目标，完善小区环境，提供更为人性化、现代化的社区服务，在精神层面真正融入社区治理，增强居民对社区治理的归属感，探索"离地农民"的心理调节机制。例如，社区可在不影响社区整体规划的前提下，尝试把观赏性农作物或药用食用性花卉作为小区绿化的组成部分，对动迁居民尤其是中老年居民根深蒂固的恋土情结予以疏导。此外，社区工作应关注居民心理调适与健康可持续发展，为居民提供心理咨询等服务，帮助居民更好地适应新生活、新环境。

（三）完善"村改居"社区基本公共服务，提高居民生活质量

以乡村振兴为背景，解决 S 市郊区"村改居"新问题，关键在于完善"村改居"社区基本公共服务，改变"村改居"社区"非城非乡、亦城亦乡"的局面，提高居民生活质量。根据调研结果发现，居民认为目前社区基本公共服务比"村改居"前要好，但也因为附近缺乏医院等便民配套设施，出现看病困难等问题；同时，社区中年轻人都愿意将子女送至镇或市区学习。因此，"村改居"居民表示希望得到更多医疗卫生等方面的公共服务。"村改居"社区居委虽然会举办一系列的社区活动，但从居民参与度来看，还缺乏吸引力。因此，政府应建立对社区基础设施建设的多元投入机制，加大资金投入，通过政府购买及合作等方式，发挥企业及社会组织对"村改居"社区提供基本公共服务的作用，提高公共服务的针对性和有效性。借鉴城市社区公共服务供给经验，健全和完善社区医院、学校及便利店等配套便民服务，实现小病在社区医院就医、子女在临近学校上学。提升"村改居"小区服务质量，使居民生活更加便利。在完善基础设施建设的同时，更要加大对社区精神文化方面的服务投入，通过组织和举办养生讲座、观影等有意义的文化活动，丰富和满足居民的精神文化需求。

（四）厘清"村改居"社区村委会与居委会的关系，构建基层治理体系

在"村改居"进程中，"村改居"社区逐渐形成了三种情况下的治理

结构：第一种情况是土地已被征收，但居民仍居留在原住址，由村委会管理村民事务，村民仍是农村户籍；第二种情况是一部分村民已经搬进"村改居"社区，另一部分村民依然居住在原住址，居委会和村委会并存，村民一部分是农村户籍性质，一部分是非农户籍性质；第三种是村民全部搬进"村改居"社区，居委会管理社区事务，居民全部是非农户口，这种情况下部分社区的村委会依然存在。笔者调研发现，现阶段 S 市郊区大部分"村改居"社区居委会与村委会并存，居住在社区内的居民不仅要参加居委会的选举，还要参与村委会的选举，居民的户籍地址依然保留在原居住村落的地址，居民的户籍大部分是非农户口，而依然居住在村子里还未搬迁的村民则归原村委会管理。

"村改居"的阶段性与复杂性使得"村改居"社区治理中经常出现主体间权责混淆的情况，因此有必要尽快厘清"村改居"社区居委会与村委会的关系，构建一套完备的基层治理体系。对于村委会已无实质职能或原村住址已无人居住的，应该尽快完成撤村撤队工作，处理剩余的集体土地及财产，在项目规划及征地的过程中应该尽量以整村为单位，尽量避免只征一分部土地，同时解除新社区内居民的"双重身份"，将居民的户籍由所在地迁到居住地。对于上述的第二种情况，应该积极引导村民尽快完成搬迁工作，保证新社区的房屋质量、居住环境，让居民能够真切地享受到新社区的美好生活。同时，做好过渡阶段的临时执行方案，明确村委会与居委会的权责范围，按照居住地、户口所在地等条件，合理划归居民所属的管辖单位，尽量不再走向完成了搬迁却依然村委、居委并行的境地。对于第一种情况，必须吸取已开始进行搬迁的"村改居"社区的经验，提前做好整套搬迁方案。

"村改居"社区最终是要建成和城市社区相同的现代化服务型、自治型社区。现实中的过渡阶段尽管存在各种问题，但最终的发展方向是明确的，即强化"村改居"社区居委会的作用，使原来村委会的职能尽快让渡出来，提升居民的社区认同感，将居民从身到心的各方面都带入社区中来，共同完成现代化社区的建设和治理。

（五）以协同治理为导向，发挥民主选举、民主管理及民主监督的作用

"村改居"社区居民的公共参与度不高等问题的背后有历史性的原因：一方面，"村改居"社区居民长期从事农业生产活动，生活习惯与城市居民有很大的不同，对社区民主自治了解不足；另一方面，大部分"村改居"居民接受文化教育的水平尚不高，对于社区民主自治的接受与认可程度不一，短时间内很难发挥社区治理主体作用。这些都使得"村改居"社区的治理变得更加复杂且困难。

现代社区治理最重要的方面就是公众参与，基层治理组织要充分发挥协同治理的作用。对于"村改居"社区居委会而言，应积极调动居民、物业管理委员会及社会组织等各方面，同时，协同基层政府，使社区治理资源得到合理配置与有效使用。居民自治工作并非一蹴而就，居民搬入新社区后，需要经历从意识培养到行动嵌入的民主自治过程。首先，培养"村改居"居民的自治意识，加强宣传教育。这项工作现在"村改居"社区居委会也在努力地推进，但不仅要做语言上的宣传教育，更重要的是要通过实践活动让居民参与其中，以培养他们自治意识，例如部分"村改居"社区开展社区环境建设活动，调动居民参与小区长椅刷油漆等环保活动，使居民在参与活动的身体力行中，感受到参与社区建设的重要性。其次，完善社区民主自治的常态化渠道建设，最大限度地发挥居民代表、居民大会、群众座谈的作用，在各项与居民相关的建设工作开展前，广泛征求居民意见，使居民逐渐向社区建设主人翁角色切换。再次，从自治内容来看，现阶段"村改居"社区居委会的治理范围还不够广泛，仍停留在一些环境卫生及社区活动开展上，居民仅仅参与到一些社区"生活琐事"，这也是公众参与不足的一个重要原因。想要以协同治理为导向，发挥民主选举、民主管理、民主监督等作用，最深刻的内容就是社区自治组织和居民能够共同掌握居民生命、生活相关的各项事务的权力和义务，这样才能达

到最终现代化的社区目标。这是一个长期的过程，需要居民自治意识的内化生成及自治组织的建立完善，通过建立业委会等组织激发居民实质参与到社区选举、社区监督等工作中。

（六）减少传统社会资本流失，重筑"村改居"社区社会共同体

现代化建设的步伐不可阻挡，城镇化的发展让人们享受到越来越舒适的生活。人民生活的美好是发展的目标，也是城镇化建设最终的结果。但道路总是曲折的，在"村改居"进程中，不少居民觉得从农村进入城市社区，村民邻里之间的关系在变淡，以往家里有些婚丧嫁娶的事，家家户户都会出人来帮忙，现在往来少了，以前的风俗甚至都流传不下来了。

"村改居"工作过程中传统社会资本的流失需得到足够的重视。从"村改居"工作的开始阶段来说，村民在搬迁的时候，尽量为村民提供一个熟悉的环境，一方面新社区不会离原来居住的地方太远，另一方面原先相熟悉的村民能够有机会选到就近的地方居住，在充分尊重村民自主选择权利的情况下，维护原先农村社区的社会资本。在社区建设及自治的过程中，发挥原来村子里有威望、有影响者的作用，请他们调解矛盾、引导自治。传统社会资本是维持人们和谐生活的重要的黏合剂，重视传统资本的作用，能够为"村改居"社区建设提供巨大的动力。

发展生存的规律也表明，保持好的方面是进步的前提，而寻求新的方式是发展的动力源泉。"村改居"社区的社会资本建设也是如此。传统的农村社会资本在"村改居"过程中必然会被打乱，居民的生活状态必然发生巨大的变化，不仅体现在居住的位置、距离发生变化，而且体现在原先村民共同的农业生产活动消失，居民没有一定的共同生活活动，这在很大程度上造成了原先的传统农村社会资本很难再维持下去，因此需要建立新的"村改居"社区社会共同体。这种共同体更多的是强调建立在人际关系网络以及社区自治组织网络下的包含制度、生活、精神等多方面的共同体。

现阶段的"村改居"社区社会共同体建设，就是要找回丢失的传统社会资本，同时为"新居民"创造更多的共同活动，不仅包括开展更有质量的文化娱乐活动，还包括共同参与社区共同的自治活动、美好家园建设活动，让居民不再感叹以往的生活风俗、邻里关系消失了，而是在享受社区生活的舒适、方便、和谐。另外，还要给有才能有意愿的人更多的展示空间，树立新的"有威望的人群"，这种"威望"可以表现在才艺、才华、能力、品德等多种方面，以形成新的社区凝聚力，建设全方位的社会共同体。

结论与讨论

城镇化的进程并不是同步完成的，一个城市内部的发展也总是不均衡的，这是事物发展的规律，"村改居"进程的推进是为了实现城市全方位的建设，最终建成现代化基层自治社区，为城市居民提供完善的公共服务。

从问卷调查及深入访谈的情况来看，S 市郊区"村改居"社区的建设成效较高，搬迁后的居民基本解决了住房、工作、生活交往、社会保障等相关的问题，但同时也出现了一些新问题，包括村委会与居委会职权混淆，房屋质量不过关、无产权认可，居民思想观念、生活方式难以转变，居民公共参与社区自治不足，原有社会资本流失等不同方面的问题。这些问题有的是在"村改居"进程中随之产生的，有的是伴随着居民以往的生产生活方式及观念而来的，还有的是现代化社区建设过程中普遍存在的问题。

对于这些问题，本部分针对"村改居"社区的特殊性，提出了一些对策。现阶段 S 市郊区"村改居"进程不尽相同，针对不同阶段"村改居"状况要积极采取不同的应对措施，对已经出现的问题加以解决，还未彻底进行"村改居"的地方要吸取经验、完善"村改居"方案。总体上，要关注村民的"村改居"意愿及利益诉求，深入建设社区宜居环境，完善"村改居"社区基本公共服务；必须厘清"村改居"社区居委会、村委会及物业公司的关系，构建现代化的基层治理体系，发挥民主选举、民主管理及民主监督的作用，重筑"村改居"社区社会共同体。把握好这些方面，不断完善"村改居"社区建设，最终建成城市全方位的公共服务及基层治理体系，深入推动我国新型城镇化的建设。

第七章 乡域社会治理的资源吸纳

党的十九大报告强调，农业农村农民问题是关系国计民生的根本性问题，必须始终把解决好"三农"问题作为全党工作的重中之重，实施乡村振兴战略。农民合作社是在农村家庭联产承包经营基础上，农产品的生产经营者或者农业生产经营服务的提供者、利用者，自愿联合、民主管理的互助性经济组织。乡村振兴战略中，产业兴旺是重点，治理有效是基础。农民合作社正是发展农业适度规模经营、推动农民脱贫、实现乡村"善治"的有效载体。农业农村部的数据显示，截至2021年，全国农民合作社达224.1万家，农民合作社成员6682.8万名。近年来，在政策的引导与鼓励下，农民合作社数量稳定增长，合作的领域、层次和结构更加多元化，国家、省、市、县四级联创示范社达15.7万家。

实践中，农民合作社作为新型农业经营主体，不仅履行了对村域禀赋要素和经济资源的有效配置与统筹，更成为村治模式的改良因子，助推乡村振兴战略的实现。习近平总书记曾指出，"农业合作社的道路怎么走，我们一直在探索。在奔向农业现代化的过程中，合作社是市场条件下农民自愿的组织形式，也是高效率、高效益的组织形式"。

第一节 作为村治模式改良新型因子的农民合作社

将农民组织起来是落实乡村振兴战略的基本前提。当下的村域社会，农民的价值观念、交往方式、行为逻辑等已发生变化，村庄社会结构和人际联结模式亦出现分化。农民合作社作为专业性的组织载体，以农民为主体，以服务社员为宗旨，通过将农民的个体力量集聚，谋求全体成员的共同利益，并成为新时代基层治理生态中不可或缺的角色。

农民合作社组织的发展一方面加速了乡村社会利益结构与利益关系的分化与重组，另一方面意味着村庄利益主体的多元化和参与村庄治理的主体日益丰富。完善乡村治理体系正是"国家治理体系和治理能力现代化"这个全面深化改革目标落到基层的应有题中之义。学界既有的研究成果重点围绕农民合作社参与治理的状况展开，并从三个视角切入：

其一，关于农民合作社参与治理的"功能论"。改革开放以来，针对我国农民合作社发展的保障性政策日臻完善。2006 年《中华人民共和国农民专业合作社法》出台并于 2017 年进行修订，实现了由市场流通中介组织到现代农业经营组织的功能定位变迁。基于乡域系统内部"半工半耕"的代际分工与小农经济模式并存的局面，[①] 农民合作社的组织化特征增加了农民群体共同抵御自然风险和社会风险的能力，提高了面对市场不确定性和不稳定性的抗逆力，[②] 成为阻隔个体脆弱性的关键载体。"精准扶贫精准脱贫百村调查"的研究数据显示，加入合作社可显著提高贫困户的生活

① 马晶晶，胡江峰. 合作社参与乡村系统内部治理的优越性及模式选择 [J]. 系统科学学报，2021（1）：117-122.
② 刘风. 农民合作社的反脆弱性及其贫困治理能力 [J]. 中国农业大学学报（社会科学版），2018（5）：90-98.

满意度，① 采用强制性措施和选择性激励可打破集体行动的困境，② 实现增量益贫。如果说农民合作社在组织带动小农户、激活乡村特色资源、引领乡村产业发展等方面发挥的作用属于组织"本源功能"的话，③ 那么增加社员的民主意识、促进社员的参与能力等非经济性功能的呈现则可被视作组织运行的"意外性"功能。④ 现实中需警惕农民合作社功能的异化，如"空壳社"的高占比、"精英俘获"的侵蚀性及"弱者联合"的易脆性等倾向。

其二，关于农民合作社参与治理的"结构论"。农民合作社的治理结构与治理机制是影响其组织绩效的关键因素，其中治理结构包含内外两个维度。⑤ 从外部来看，农民合作社、农户和外部市场之间建构出了以经济关系与社会关系为纽带、经济网络与社会网络相互作用的"双网络"治理结构；⑥ 就内部而言，理事会、产权结构、退出权、投票权等要素与合作社发展成效紧密关联，合作社章程、规章制度以及村规民约等软性约束，⑦ 有助于提升合作社规范化水平。农民合作社的治理结构实现了以血缘和姻亲为纽带的传统社会关系向以利益和契约为特征的现代社会关系的演进。⑧ 不过基于多样化、混合型的农业现代化发展模式和经营形态在我国农村长

---

① 刘同山，苑鹏. 农民合作社是有效的益贫组织吗？［J］. 中国农村经济，2020（5）：39-54.

② 任笔墨，任晓冬，熊康宁. 集体行动理论视角下农民合作社益贫机理与益贫效果提升路径［J］. 农村经济，2020（5）：42-49.

③ 董进才，范佳瑜. 嵌入农民合作社的新型农村社区治理［J］. 农村经济，2021（2）：115-124.

④ 赵昶，董翀. 民主增进与社会信任提升：对农民合作社"意外性"作用的实证分析［J］. 中国农村观察，2019（6）：45-58.

⑤ 于海琳. 基于双重治理结构的农业合作社发展研究［J］. 理论探讨，2015（4）：79-82.

⑥ 苏昕，周升师，张辉. 农民专业合作社"双网络"治理研究——基于案例的比较分析［J］. 农业经济问题，2018（3）：67-77.

⑦ 杨皖宁. 农民专业合作社信用合作业务风险的软法治理［J］. 甘肃社会科学，2020（3）：170-176.

⑧ 韩国明，田智文. 乡镇集市农民合作社内部治理结构的演化分析［J］. 软科学，2012（6）：43-47.

期存在，农民合作社也将持续呈现丰富性和多样性的特点：依据不同的创办主体，可分为大户领办型、龙头企业领办型、村干部领办型、散户集合型等；① 依据成长时序，可分为原生型、公司从属型和公司主导型等；② 依据所有权、决策权与剩余利润索取权框架，可分为产权集中型、产权民主型、决策权集中型、大户奉献型等；③ 依据社员与组织关系的黏着度，可分为松散型、半松散型、紧密型等。④ 农民合作社深附于制度结构、资源结构、市场结构和文化结构等土壤之中，其发展具有长期性与挑战性。

其三，关于农民合作社参与治理的"影响论"。农民合作社的发展耦合了经济资源与权威性基础，在多元主体治理的政治社会博弈中渐进式地改变着基层社会生态系统。以经济属性联合起来的农民在成为合作社的社员后，并未更改村民的身份，⑤ 这就出现了"家户人"与"组织人"的角色重合，合作社的经济职能与村庄治理的公共职能之间也有了联结的纽带。既有研究成果更关注乡村治理要素对农民合作社发展的影响机理，认为合作社生长于特定场域，受双元的农村劳动力市场结构、分化的农村社会阶层结构、分立的宗族派系势力结构以及人格化运作的行政力量等驱动，⑥ 政府通过法律政策等规制途径，不断强化合作社益贫性和民主性的

---

① 蒋辉. 农民专业合作社内部治理机制与运营风险防范 [J]. 江西社会科学，2016 (6)：227-231.

② 万俊毅，曾丽军. 合作社类型、治理机制与经营绩效 [J]. 中国农村经济，2020 (2)：30-45.

③ 陆倩，向云，孙剑. 类型划分与路径优化：一个新的合作社产权治理分析框架 [J]. 农村经济，2018 (8)：121-128.

④ 刘后平，张荣莉，王丽英. 新中国农民合作社 70 年：政策、功能及演进 [J]. 农村经济，2020 (4)：1-9.

⑤ 贾大猛，张正河. 农民合作社对村庄治理的影响——基于对吉林梨树县百信农民合作社的实证调查 [J]. 学海，2006 (5)：28-33.

⑥ 赵晓峰，孔荣. 中国农民专业合作社的嵌入式发展及其超越 [J]. 南京农业大学学报（社会科学版），2014 (5)：42-52.

价值导向，政府支持对于合作社的规范化发展呈正向影响。① 村两委作为权力辐射型参与者，对于农民合作社的发展往往采取选择性干预策略，一方面通过精英共营机制主导合作社的组织管理，② 另一方面依托村庄公共规则激活集体意识，③ 为合作社蓄存资源。实践中，已有部分农民合作社借由利益机制实现了功能外溢，合作社作为权利拓展型参与者获得了和村两委联合的"话语权"，④ 进而更改了传统村治模式的形态。

整体而言，关于农民合作社研究的"功能论""结构论"和"影响论"三重视角为理解组织的核心属性、内部治理机制、多元主体互动等奠定了学理基础，启发本书将研究延展于乡村振兴的时代背景与乡域治理的特定情境。不过，虽然既有研究试图突破农民合作社的单一经济功能，探讨其与乡域治理要素的关系，但却更偏重于剖析村社组织、基层力量对农民合作社的单向影响。虽然有研究开始关注合作社社员对民主选举的反推力、合作社与村委会协同机制的构筑等主题，但却依然隐含农民合作社在乡村治理中的"被动参与者"设定，忽略了实然运行中农民合作社嵌入基层治理的自主动能。基于此，本书试图探讨以下问题：农民合作社自主嵌入乡域治理蕴含了什么路径？哪些要素助推农民合作社形塑嵌入乡域治理的自主动因？本书将采用个案研究的方法，实证材料来自2020年7月—11月、2021年6月—10月所进行的参与式观察和深度访谈的成果。

---

① 林星，吴春梅. 政府支持对农民合作社规范化的影响 [J]. 学习与实践，2018（11）：114-121.

② 郑永君，王美娜，李卓. 复合经纪机制：乡村振兴中基层治理结构的形塑——基于湖北省B镇土地股份合作社的运作实践 [J]. 农业经济问题，2021（5）：33-44.

③ 沈迁. 村社统筹合作社的嵌入过程、社区基础与治理机制 [J]. 北京社会科学，2021（9）：111-120.

④ 赵泉民，井世洁. 合作经济组织嵌入与村庄治理结构重构——村社共治中合作社"有限主导型"治理模式剖析 [J]. 贵州社会科学，2016（7）：137-144.

第二节　农民合作社嵌入乡域社会治理的三重路径

改革开放以来，我国乡村治理取得了很大成效，农民政治参与积极性提高，以村民自治为基础的各种经济、社会、服务组织大量涌现，乡村治理呈现多元主体新格局。乡村治理是政府、自治组织、经济组织、中介组织及其他权威机构等多主体共同参与的系统工程。农民合作社作为农村新型经济社会服务组织的一个重要主体，凭借其经济影响力，在乡村治理中发挥着桥梁纽带作用，在推动乡村社会经济制度变迁的同时，也改变着乡村政治资源分配格局和政治生活运行方式。

我国农民合作社的发展，既为乡村社会带来了新型复杂的经济结构及其所包含的纷繁利益关系，一定程度上瓦解了村庄治理的原貌基础，也为基层治理提供了新的博弈力量，使治理生态系统的重构与新主体的深度嵌入成为可能。嵌入虽蕴含了参与的元素，但二者仍可进行内涵性区分。参与是个体或组织通过制度化的渠道，以获取信息、展示立场、表达诉求、反馈意见、提出建议等方式对相关决策、治理行为及公共生活等施以影响。参与的基本特征为：强调参与者相对独立的地位，注重信息的双向交互，以期实现公共事务的民主治理。嵌入则更侧重于主体间的不可分割性，强调关系与制度的缠结，呈现结构与功能的动态调适。

学者波兰尼首次提出"嵌入"概念并将其导入理论分析，认为经济活动是一个制度化的社会过程，批判了经济学家对自律市场的无限制扩张，主张经济依附于社会，市场臣属于社会建制。奥布莱恩和塞奇将研究对象拓展至非经济组织，认为"组织行动者积极适应制度环境，并从中获取资源的策略"可被称为"嵌入"。格兰诺维特进一步对嵌入的形态进行了划分，在考察经济行动与社会结构之关系的研究中重塑了"嵌入"的理论意涵。他指出，一方面，经济行为并非独立于社会，而是嵌入在特定的社会结构中，作为嵌入在具体的、不断变动的社会关系中的行动者，个体将无可避免地受到关系网络、社会结构的影响；另一方面，行动者也不完全依附于社会关系网络，行动者作为理性的个体，会采取各种手段和方法以达成目标，并由此区别了结构嵌入和关系嵌入的特点。祖金等将嵌入的内涵延伸至"依存于认知、文化、社会结构和政治制度的状态"，认为认知嵌入、文化嵌入、结构嵌入和制度嵌入是影响行动的核心要素，侧重剖析心智过程的思维方式及共享过程的集体理解等条件的价值。

作为经济行为和集体行为的组织载体，农民合作社只有嵌入乡域的社会、政治、经济等网络之中，方能汲取发展所需的资源并发挥其应然功能，推动乡村振兴背景下新型合作治理模式的形成。农民合作社自主嵌入乡域治理的动能体现在三个方面。其一，从资源依赖的角度看，组织的生存和发展依托于外部环境提供的必要资源。公共部门一方面以立法的形式给予农民合作社合法地位，另一方面通过经济政策、科技政策和保障政策等引导合作社发展。农民合作社只有被纳入权威性网络，才能为组织的合法性和资源的持久性蓄力。其二，从关键行动者的角度看，村两委作为维持乡域治理秩序的正式主体，是农民合作社在村治体系中首要协同的对象。村两委的政治影响力、行政动员力与资源配置力对农民合作社厚植社员基础、实现土地流转、加强信息对称等至关重要。其三，从参与环境的角度看，乡域社会中的"生产"和"生活"无法截然分开。纯粹的生产型合作社通常因脱离治理环境，或陷于规模小的窠臼，局限于散户组合，或由少数群体把持，村民无法分享收益。如山西蒲韩合作社失败七次后，将公共生活介入与农业生产经营相结合，方得以成功。

农民合作社在嵌入基层治理的过程中，助推村民摆脱"单打独斗"的局面，改变个体在市场谈判和交易中的弱势地位，同时也使分散的"个体利益"通过制度化渠道整合成为"团体利益"，推动村民进一步表达利益诉求、参与政治生活、提供合理建言、维护自身权益。具体来看，农民合作社嵌入乡域治理包含了关系嵌入、功能嵌入和结构嵌入三重路径，如图

7-1 所示。

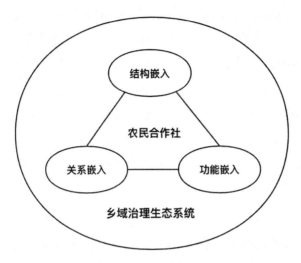

图 7-1 农民合作社嵌入基层治理的路径

关系嵌入发生于社会网络这个"由某些个体间的社会关系构成的相对稳定的系统"。在基层社会治理的网络中，农民合作社作为开放的组织，通过交换资源与沟通信息等活动，不断与周围的乡域社会环境产生错综复杂的关联：信任为关系嵌入的首要前提，维系着社会共享价值和稳定，是合作社与村两委、村社其他组织、村民之间对于话语、承诺和约定的整体期望；协作是关系嵌入的过程表征，决定着村级公共事务的绩效产出，通常体现在具体的项目领域，如民主选举、村务公开、服务供给、集体行动等；竞争为关系嵌入的辅助信号，表现出多元主体间逾越关系边界后所产生的张力，如对传统权威的稀释或对新生力量的控制。关系嵌入着重关注组织行动的关系要素和互动形式，通过社会联结的密度、强度、对称性、规模等来说明行动者之间的社会性黏着关系。

功能嵌入以组织的价值属性能够满足治理需求为基础，农民合作社的功能嵌入可区分"本源功能嵌入"与"溢出功能嵌入"。"本源功能嵌入"基于农民合作社的经济组织特性，通过提供农业生产资料、农产品、休闲农业、生产经营技术信息等服务实现经济收益，并按照社员与合作社的交易情况进行盈余返还。"溢出功能嵌入"则指治理需求超出了农民合作社天然定位的性质，须通过多方治理主体的自主调适达成契合需求的状态。长久以来因传统要素所限，村民参与公共治理的自主意识较为薄弱，参与能力亦有所欠缺，以农民合作社为代表的村域组织通过表决权、选举权和被选举权等的行使，致力于培养村民参与的"惯习"，唤起村庄成员的民主价值观念和权利意识。村两委组织也借力合作社的经济资源弥补村级经济的不足，借力合作社的社员资源实现有效的社会动员，借力合作社的信息资源提升公共服务的专业程度。

结构嵌入具有高阶属性，侧重强调主体在社会网络中所处的位置，探讨两个以上行动者之间关系所折射的社会结构及其形成和演进的方式。从这个意义上来看，农民合作社在基层治理体系中的结构嵌入与关系嵌入、功能嵌入并不处于同一平面，更加关注行动者接近"中心性"的可能。弗里曼曾将程度、接近和中介界定为"中心性"的三种形式，认为"中心性"高的行动者因拥有与其他成员的交换关系而更具影响力，也易于获得更多高质量的信息，中心性被看作信息和资源的优势区位。农民合作社实现结构嵌入需基于联结强度、中心位置和网络密度等函数，其中联结强度体现合作社与其他主体交互活动、情感粘连、互惠对等的程度，中心位置蕴含合作社影响力辐射的范围和周期，网络密度指向组织成员间互动的频率与效率。当农民合作社处于中心位置时，可获得触发命令机制的权威，并约束社会网络中行动者的过度竞争或偏差行为。

第三节　农民合作社嵌入乡域治理的案例图景描绘

D 合作社位于皖西北平原 S 镇 H 村，该村辖 23 个村民小组，共计 742 户、3294 人。全村土地总面积 4858 亩，其中耕地面积 4325 亩。D 合作社成立迄今已有 15 年的历程，该合作社的萌芽、发展、转型和壮大等阶段，既可被看作组织的经济内生动力不断加码的过程，也可被视为村治改良新型因子嵌入中国传统村庄治理的缩影。

20 世纪 90 年代，我国农村改革处于艰难发展时期。H 村的村民因不堪部分村委会成员的贪腐行为，自发成立农民协会，制定了"权益维护、文化启蒙、科学致富"的核心章程。在农民协会的努力下，H 村贪污挪用集体资产的人员被移送司法机关，村级组织截留的农业补贴发还至农民手中，"三提五统"的具体名目也被公开张贴，村民得以"明明白白缴费"。农村税费"三取消、两调整、一改革"后，H 村农民协会的原初功能逐渐淡化，转而孵化出老年协会和乡村文艺队，关注农村重点人群的精神需求。H 村老年协会与文艺队合作开展了"十佳儿媳"的评选比赛，倡导尊老爱幼、孝敬父母的良好风尚。这些举措在 S 镇农村引起了很大反响，得到老人的交口称赞。

然而，协会组织的文艺活动虽然轰轰烈烈起步，但时间一长，"整天唱歌跳舞，没有经济效益"，村民参与的热情很快退却。2004 年 H 村青壮劳动力几乎全部外出务工，村庄在经历一番短暂的"热闹"后又陷入沉寂。农民协会意识到自身不能仅仅定位于"弱者的联合"，因为脱离经济支撑的农民组织恰似"失去支点的旋转陀螺"，不光百姓穿衣吃饭、奔好日子需要钱，就连村里维护老年协会、文艺队的运转也需要相应的费用，带领乡亲赚钱致富方为当务之急。唯有厚植经济基础，方能拯救日渐空心凋敝的 H 村，才能重塑村民对协会的信任。基于农民协会在 H 村的号召力和影响力，2005 年 D 合作社的经济框架初步搭建：村民自愿认股加入，每户至少参与 1 股，每股股金 100 元。随后一年之内，D 合作社发展社员300 余户，股金累计 600 余股。合作社积极采购销售农业生产资料，降低农资价格，节省生产成本，由此提升了农作物利润。

2006 年 10 月《中华人民共和国农民专业合作社法》颁布，赋予了农民合作社明确的法人地位。D 合作社按要求召开了由全体发起人参加的设立大会，讨论决定合作社的组织架构。合作社以职权分配和业务划分为依据，由社员代表大会、理事会、监事会及八个业务小组构成。理事会主要负责合作社的日常管理与重大决策，监事会则监督合作社财务及各项决议的执行。设立大会同时选举产生了理事长、理事和监事。2007 年 7 月，D 合作社正式注册成立，业务经营范围包括农资采购、信息咨询服务和农业技术培训等。在内部治理架构方面，合作社在社员代表大会、理事会与监事会下设有八个业务小组，依次为经营组、资金互助组、循环农业组、基建农业开发组、土地合作社、文艺队、爱心互助组和财务室。

D 合作社随即向科研院所和高校寻求协作，请专业人士协助开发具有 H 村特色的农产品。经过多位专家实地察看和把脉，D 合作社决定发展有机农业，并与农业科研团队共同发起了"有机种植"项目。在项目的推动下，合作社的销售收入直线上升，社民们开始获得分红。2013 年，D 合作社形成了一套"精准定位，产业有链"方案：摆脱农村仅做种植事业的固有思维，拓展 H 村具有传统优势的酿酒与养猪产业。一方面，合作社创办了股份制酒厂，精制酿造纯粮食酒，依托产品的优质与合作社承接各种活动的资源，粮食酒取得了较好的营销业绩。另一方面，合作社请来其他省份农业养殖公司的负责人，对 H 村环境进行考察，选定了养殖的猪品种，并迅速搭建了养猪场地。合作社社员通过入股资金互助、酿酒、养殖等不同业务，获得了可观的经济回报。H 村在外务工的部分妇女开始返乡学养殖、做手工，且更多的年轻人加入合作社的管理队伍。

然而就在 D 合作社社员获得感提升的同时，H 村的一些村民却产生了质疑与不满。由于建设时间仓促，合作社的养猪场比较简陋，饮水设施和投喂设施均未建设完备。养猪场毗邻 H 村的主河，河边水草茂密，有时候合作社的猪会被直接赶到河边喝水，使得下游的人无法安心取水，甚至河岸多处可见猪粪。压力之下，合作社召开社员大会，既通过社员自发认筹资金的方式改善养猪场的环境，又派多名社员至 Y 省农业养殖公司学习最新的养殖技术。扩大生产后，合作社搭建了一个生态养猪点，依托技术手段与环保理念，推进发酵床养殖。通过发酵床保温保湿，形成了一个利于猪生长的适宜环境，同时配套了完整的垃圾处理设施，以减少污染。

2016 年 D 合作社将发展战略从"精准定位，产业有链"调整为"产业有链，文化有根"。以合作社社址为地理依托，开辟了村民文化活动的公共空间。活动场所包括：展示中心，供参观考察、举办夏令营、体验农家生活的游客之用；艺术家部落，邀请自由音乐创作者、泥塑艺术家、彩绘艺术家等前来分享交流；教育中心，开展 H 村儿童的学前互动教育，以户外实践教学为特色，获得村民的赞誉与支持。在 H 村新一轮的村委会换届选举中，D 合作社的成员兼任村委会 7 个岗位中的 2 个，占比 28.57%。村委会换届后，H 村形成了"村委会+合作社+农户"的新型农村嵌入合作模式：一方面村委会成员依托岗位优势，联络乡亲、集聚人脉，使得合作社声誉提升，换届数月内合作社的新增社员达 80 多户；另一方面，合作社的快速发展增加了农户收入，进而提升了村委会与合作社组织在村民中的权威性。

第四节　农民合作社嵌入乡域社会治理的双重要素

农民合作社嵌入乡域治理的程度受组织规模、经济能力、政策环境、文化惯习等的影响。在多重要素中，依据笔者前期对晋、皖、沪、川等 47 家农民合作社运作情况所进行的实证调研，"资本"是助推农民合作社嵌入乡域治理的最显性变量。"资本"作为人类创造物质和精神财富的各种社会经济资源的总称，可分为经济资本和社会资本。

社会经济发展到一定阶段后，劳动者主动入股、自愿联合、民主管理，同时获得服务与利益的经济形式，属于合作经济模式，农民合作社即是合作经济模式的典型组织载体。当农民合作社以"互助型经济组织"为属性运转时，经济资本首当其冲成为绩效衡量的关键标准。整合农民经济利益、规避市场风险是农民合作社嵌入乡村治理结构的最直接表征。农民合作社将原本分散的农民"组织起来"，将农民个体利益通过制度化的渠道加以整合、演化，成为组织的团体利益，并能在合作的过程中获取更多外部信息和支持，谋求更多来自社会、企业、政府等各方面的人力、资金、技术、政策支持。这摆脱了农民个体"单打独斗"的局面，提升了农民自身在乡村治理结构中的地位和影响力，从而实现组织及农民个体利益的最大化。

在市场经济背景下，农业生产各个环节都面临着一定的风险，农民个体力量单薄、资源有限、信息闭塞，在生产经营各个环节中，几乎都处于不利地位，而合作社的建立整合了村民的力量，提高了村民的市场地位，在一定程度上规避了市场风险。合作带来的好处使得合作社嵌入乡村治理动机更强烈，统一性、集体性的合作组织成为激发市场竞争的有效载体，种子、农药、化肥的统一购置等集体性行为为农业安全提供了保障。农民合作社对农村市场、农村社会场域的建构能力不断提升，这不仅是人们通过理性行为去改变自身环境能力的一种体现，也是市场经济时代下村民对现代化进程的自主回应。

从经济资本的汲取渠道看，农民合作社成员既可用货币出资，也可用实物、知识产权、土地经营权、林权等经过估价并依法转让的非货币财产作价出资。从经济资本的运作渠道看，合作社的经济资本投入以农村家庭联产承包经营和种植业、饲养业、养殖业等第一产业为基础，提供农业生产资料购买、农产品销售、加工、运输、贮藏以及与农业生产经营有关的技术、信息等服务。从经济资本的分配渠道看，合作社的可分配盈余主要按照成员与合作社的交易量（额）比例返还，返还总额不低于可分配盈余的百分之六十。从经济资本的支持渠道看，国家保障农民合作社享有与其他市场主体平等的法律地位。经济资本之于农民合作社的价值在于，既能考察农民合作社的盈利能力，累积嵌入乡域治理的经济基础；又可审慎组织面临的风险代价，规避违背组织"本源功能"的可能。

社会资本存在于社会结构中，呈现出个体与个体、个体与组织、组织与组织之间紧密联系的状态或特征。区别于经济资本的有形属性，社会资本是"在目的性行动中被获取的资源"，其影响主要源于"投资的社会关系可以强化身份或认同感、被代理人作为个人社会信用的证明、促进信息的流动以及对代理人施加影响以抑制机会主义行为"等。① 农民合作社的社会资本蕴含合作社社员个体之间、合作社与社员之间、合作社与其他村社组织之间、合作社与非社员村民之间的社会信任、关系网络和价值认同，通过在工具性和表达性行动中作用的发挥，使嵌入于乡域社会网络中的组织资源增强行动效果。

农民合作社的社会资本可划分为原生型和外展型，其中原生型社会资本指向合作社内部社员依血缘、亲缘、地缘和业缘等构筑的社会网络，体现农村社会生活秩序的天然性和朴素性；外展型社会资本指向合作社由内至外与其他利益相关者之间建立的社会网络，其他利益相关者包括村两委、宗族力量、驻村企业、基层政府部门和社会组织等。就社会资本与经济资本的关系而言，社会资本具备转化为经济资本的可行性。既有研究表明，社会资本在促进信息交流、减少交易成本方面具有显著作用，农民合作社的社会资本水平、声誉及其横向网络关系对合作社辐射带动能力的提高起正向促进作用，社会责任行为不仅不会造成合作社效率损失，反而能间接促进合作社绩效的提升。② 这主要基于乡域环境中，村民通常拥有趋同性的文化和价值理念，合作与沟通的成本较小，社会信任关系的加强一方面使农民合作社的社员基础扩大，经济资本的汲取能力提升；另一方面通过外部资源的拓展与整合，经济资本的运行能力得以增强。

在经济资本和社会资本的双重作用下，农民合作社在我国乡域治理中

---

① 林南. 社会资本——关于社会结构与行动的理论［M］. 张磊，译. 上海：上海人民出版社，2004：5.

② 张颖，赵翠萍，王礼力. 社会责任、社会资本与农民合作社绩效［J］. 经济经纬，2021（4）：33-42.

呈现出不同的嵌入形态。按照经济资本和社会资本的强弱程度及其差异组合，可以将农民合作社的嵌入表征区分为组织脱嵌、关系嵌入、功能嵌入和结构嵌入四种类型，如图 7-2 所示。下面将结合 D 合作社嵌入乡域治理的路径进行具体阐述。

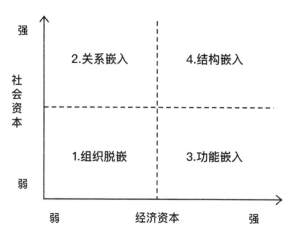

图 7-2 双重资本要素对农民合作社嵌入基层治理的影响

（一）组织脱嵌：经济资本弱，社会资本弱

吉登斯把脱嵌界定为"社会关系从某种既有关联中的脱离"，这种关联既是地域性的，又是时间性的，即一个系统未能根据具体情况进行调适并与另一个系统相适应、相整合，因此从传统路径所依赖的地域、人情联系中割裂出来的游离状态。组织脱嵌是组织嵌入的反向运动，农民合作社的"脱嵌"意味着合作社组织与乡域治理系统产生了非兼容性，进而与系统框架保持了空间隔阂。

H 村长期处于"空心化"的境地，在生产水平低下、资源要素活力欠缺、农村基础设施薄弱等因素之下，村里大量青壮年劳动力流出，导致该村人口在年龄结构上呈现不合理的分布态势。在劳动力外流的情况下，H 村不可避免地出现了经济发展乏力、治理问题频发等状况。访谈中，有村民坦陈，"在没有合作社之前，村里基本就没有留下来多少年轻人。情况好一点的家里，只有丈夫出去打工，留下妇女和小孩，彼此之间还有照应，互相还有个支撑。要是家里只剩老人的，老人那就只是在熬日子了，过一天算一天。要是生病了，可能得几天才能被村民发现。"即使村中留守弱势成员的身体健康和精神关怀等成为显性问题后，解决的手段依然贫乏。D 合作社社员骨干提及"之前村里对于文艺活动以及困难人群的需求方面真的关注少，说实在话，也是没精力管。一个是没有什么好的想法把大家组织起来，更主要的是，村子里忙活种地、忙活收成，忙养活家人都忙活不过来，根本没有力气和闲心去搞活动，关心其他人的精神健康。"

在此背景下，经济资本与社会资本的弱化成为农民合作社组织脱嵌的成因。D 合作社缘起于权益维护的"农民协会"，该协会作为应对村域危机而设的任务型组织，虽具备灵活性和回应性，但成员关系较为松散，与经济发展的关联性不足。一方面，组织与村民个体之间无法建立契约性经济联系，因 H 村村民中的贫困人口比例高，缺乏货币、实物、知识产权、土地经营权、林权等出资基础；另一方面，组织初期在外部情境中也难以获得归属，解决村委会部分人员持续的贪腐行为是组织成员的核心诉求，这使得自发性组织与权威性组织之间形成抗衡式的张力，村庄社会关系网络产生撕裂。在信任关系逐渐消解的背景下，冲突和矛盾逐次上移至乡镇政府、区级政府和市级政府，贪腐问题虽然得到有效化解，但也付出了较大的代价——就经济资本而言，长时间的集体行动使村民本就捉襟见肘的经济状况雪上加霜；就社会资本而言，长时间的对立行动使村庄治权乏力，村域社会秩序处于紊乱的境地。

（二）关系嵌入：经济资本弱，社会资本强

关系嵌入指向治理网络中不同主体之间相互沟通、所拥有的独特信息传递以及共享渠道的完善程度。农民合作社的关系嵌入有助于基层治理系统创设更加开放、包容的合作生态，也使组织供给的新知识、新信息和新经验等重要资源能够在乡域环境中有效流动和传播，进而助推经济组织和自治组织之间的行动共识。

D合作社肇始于"农民协会"，早期农民协会为减轻村民过重的农业税负而合法合理发声并寻求外部支持，在央地政府的高度重视及权威媒体的介入之下，群体诉求得到有效回应。农业税负问题得到根本性解决后，D合作社带领村民先后成立了老年协会、乡村文艺队等。数个群众团体的日益壮大，拓宽了村民的公共文化服务参与途径，丰富了村民相对保守的常态化生活，激发了村民的自主性意愿，进而提升了乡村精神文化建设水平。访谈中，有村民直言"那几年村里越来越像样了"，H村乡村文艺队的骨干"一多半是妇女，每次活动参与人都很多，大家都想加入进来，农村能有的消遣活动太少了。有时家里有个矛盾、邻里有个口角，一参加文艺队演出，怨气也消了，心情也畅快了"。

经济资本的相对薄弱与社会资本的明显增强形塑了农民合作社关系嵌入的格局。在我国农村社会，农民在宗族或情感关系基础上，基于长期的生产生活互助和社会交往，形成了蕴藏着丰富社会资本的人际关系网络。长久以来H村的宗族力量并不突显，但因相对封闭的地理区位，村民之间联系紧密。"这样一个以'关系'形态为主的日常生活构成了中国社会基本的民情和行为方式，成为国家和正式制度的社会基础"。① 无论是税费改革之前贫困农户之间的经济互助，抑或农民协会、老年协会和乡村文艺队等的集体活动，H村村民自主参与比例都至少达三分之一。

基于社会资本的强属性，经济法人性质并非D合作社组织成立的初衷，注册"民办非企业单位"才为集体意愿的首选。但大量村民外出务工造成的"空心化"问题，使组织逐渐领悟发展经济方能厚植基础，故而最终发生了组织属性的"变异"。如费孝通先生所言，我国农村社会是一个

---

① 周飞舟. 行动伦理与"关系社会"——社会学中国化的路径［J］. 社会学研究，2018（1）：41-62.

最基本的熟人社会单元，"来来往往，维持着人和人之间的互助合作"。①
D 合作社成立初期由村民自愿认股加入，在理事会对合作社发展尚未形成
清晰方案的背景下，一年之内仍能发展社员 300 余户，其中大部分是受农
民协会、老年协会和乡村文艺队骨干动员而来，体现了以信任为特征的社
会资本，其影响优于以利益为特征的经济资本。

（三）功能嵌入：经济资本强，社会资本弱

当经济资本和社会资本的弱强属性发生位移时，农民合作社的关系嵌
入转向功能嵌入。功能嵌入回归组织的核心定位，农民合作社以服务成员
为宗旨，谋求全体成员的共同利益，遵循较为明显的市场逻辑——合作社
社员可以利用本社提供的服务和生产经营设施，有权按照章程规定或成员
大会决议分享盈余。农民合作社把原子化的农户组织起来，按照生产规范
和要求，促成社员在种植、养护、议价等方面的集体行动。

"有效率的经济组织是经济增长的关键。"② 案例中，D 合作社明确了
农资采购、信息咨询服务和农业技术培训等业务经营范围，设立了经营
组、资金互助组、循环农业组、基建农业开发组、土地合作社等八个业务
小组。合作社通过对内强化科学的治理结构，对外与科研院所和高校协同
合作，不断开拓经济项目，开展了农资购销、有机农业经营和资金互助活
动等。从"美好姜来"到"酿造大曲"的探索，从种植到养殖的跨步，D
合作社不仅发展了本地传统优势农业项目，也结合新兴产业方向，开发了
经营性项目。在村民获得感提升的同时，合作社的规模不断扩大。合作社
通过经济功能嵌入，高效整合了全村的生产资源，并实现了降本增效，H
村经济发展形成了规模效应和产业化的初步统一，全村整体经济水平呈现
稳步提升、持续向好的态势。访谈中，有村民提及小黄姜项目为村民带来

---

① 费孝通. 乡土中国 [M]. 北京：北京大学出版社，2012：120.
② 道格拉斯·诺斯，罗伯斯·托马斯. 西方世界的兴起 [M]. 厉以平，蔡磊，译. 北京：
　华夏出版社，2017.

了"不少好处"，因为"丰收后销量都不用愁。有了合作社，每年这一个项目能多挣几千块钱，还能待在家里，比外出打工要强不少"。调研数据显示，H村村民加入D合作社后，78.8%的社员认为收入有了"明显提升"。加入合作社前，种植收入和劳务收入是构成村民经济来源的两大支柱；加入合作社后，农民收入来源结构更加多元，合作社业务收入成为农民新的主要收入来源。

然而，如果说萌芽、初创阶段的D合作社忽略了组织的经济功能，导致发展方向扭曲的话，那么处于突破、发展阶段的合作社则走向了挑战乡土社会关系网络的另一个极端。我国农民合作社区别于西方农民合作社的价值目标，若以西方农民合作社的单一属性和规范属性作为标尺衡量，显然会存在"制度背景的局限性"和"适用范围的局限性"。① 乡域内部传统的生产和户组关系自然形成了内部行为准则和规范，游离或者破坏互惠规则，则会销蚀合作社运行的合法性。案例中，D合作社养殖毗邻H村的主河，污水排放和生态破坏造成了村民与社员之间的对立，甚至引发群体性冲突，而合作社在村级公共事务中的"缺位"又引发了非合作社社员群体对组织显性或隐性使用村域资源的排斥与干扰，社会资本的式微使合作社的壮大步履维艰。

（四）结构嵌入：经济资本强，社会资本强

如若农民合作社的关系嵌入和功能嵌入可被归入具有单一属性特征的表层性嵌入，那么兼具经济资本和社会资本"双强"要素的结构嵌入则可被视为高阶性嵌入。结构嵌入重点关注参与者在社会网络中所居的位置，强调组织接近"中心性"的可能。当农民合作社在社员自愿联合、民主管理的基础上实现了有效的经济互助，并按照章程规定或成员大会决议分享了盈余，即有了更为坚实的经济合法地位。经济基础决定了合作社在网络

---

① 李萍，田世野. 如何看待现阶段我国农民合作社的"规范性"？——一个政治经济学的探讨［J］. 四川大学学报（哲学社会科学版），2019（1）.

中的某些结点比其他结点拥有更多的直接关系，既能利益惠及成员，又能通过经济资本的累积支持部分村域公共事务，如道路修缮或广场翻新等。当行动者介入网络中的所有重要关系时，社会资本得以叠加，中心位置进一步巩固。

结构嵌入强化了组织间的合作，提升了组织适应环境的能力。在乡域生态中，作为经济组织的农民合作社与作为权威组织的村两委之间既有正式契约，也存在非正式社会关系。农民合作社与村两委在互动和交流中磨合，通过协商将本来模糊不清的功能界限划分明晰——关于乡村整体发展的工作由村委会负责，如乡村道路、水利等公共基础设施建设以及乡村公共事务管理等，合作社则主要选派社内经验丰富的社员或技术人员开展村域内与种植养殖相关的专业性指导工作。换句话说，村两委在土地流转、环境治理、社会动员等方面为合作社提供资源和条件，农民合作社在技术保障、市场信息和风险沟通等方面发挥价值优势。双方在基层治理中取长补短，协力提升公共服务的供给质量。访谈中，H 村村民委员会主任对 D 合作社的价值给予了充分肯定，认为"合作社协助村委会解决了一些棘手的问题和矛盾"。

在 H 村拆除老旧危房过程中，有村民因不愿放弃旧宅或是补贴标准有分歧而与执行人员发生冲突时，D 合作社受村委会委托以协调者的身份对社员进行劝解；在扶贫政策推进过程中，D 合作社积极配合基层扶贫工作人员，对社员村民实际情况进行调查，公正合理地完成了贫困户的鉴定补贴等任务，并利用自身的产业发展功能，吸纳贫困家庭加入就业队伍，减轻了扶贫干部的工作压力；在文化建设方面，D 合作社关注村民精神需求，与村两委共同承接了政府委托的老人、留守儿童、妇女、残障人员等帮扶项目，发挥农民与基层政权组织之间的"蓄水池"功能；在乡村旅游品牌塑造方面，D 合作社开辟公共文化空间，设置了展示中心、艺术家部落、教育中心等供全村村民和游客开展活动的场所，依托"春夏秋冬"四季活动，提升了 H 村的旅游吸引力和美誉度。经济资本与社会资本的双向增强，助推结构嵌入的实现；反之，结构嵌入黏性的增加，又促进了组织间的合作和治理增益目标的实现。

结论与讨论

国家治理体系和治理能力现代化是实现社会主义现代化的特征之一。乡域治理既是国家治理体系的重要组成部分，也是实现乡村振兴战略的基石。在基层治理系统中，多元主体协同成为保障治理成效的前提。农民合作社以治理主体的身份嵌入乡域治理格局，既是新时代治理情境的现实需求，也是对国家治理体系现代化背景下基层社会治理范式转型的回应。本研究在理论和实践中具有如下意义：

首先，区别于农民合作社单一功能研究的传统视角，本书更关注农民合作社经济功能之外的社会属性，拓展了乡域治理情境的解释空间。农民合作社是在农村家庭联产承包经营基础上，同类农产品的生产经营者或者同类农业生产经营服务的提供者、利用者，自愿联合、民主管理的互助型经济组织。然而，作为经济行为和集体行为的组织载体，农民合作社只有嵌入乡域的社会、政治、经济等网络之中，方能汲取发展所需的资源并发挥其应然功能，推动乡村振兴背景下新型合作治理模式的形成。近年来我国农民合作社的发展，既为乡域社会带来了新型复杂的经济结构及其所包含的纷繁利益关系，一定程度上瓦解了村庄治理的原貌基础，也为基层治理提供了新的博弈力量，使治理生态系统的重构与新主体的深度嵌入成为可能。

其次，依托社会嵌入理论的规范内涵，本书剖析了农民合作社自主嵌入乡域治理的动能，并有效识别了我国农民合作社的三重嵌入路径。从资源依赖的角度看，农民合作社组织的生存和发展依托于外部环境提供的必要资源；从关键行动者的角度看，村两委作为维持乡域治理秩序的正式主体，是农民合作社在村治体系中首要协同的对象；从参与环境的角度看，乡域社会中的"生产"和"生活"无法截然分开，纯粹的生产型合作社通常因脱离治理环境，或陷于规模小的窠臼，局限于散户组合，或由少数群体把持，村民无法分享收益。农民合作社基于关系嵌入、功能嵌入和结构嵌入三重路径，成为村治改良模式的新型因子。

再次，本书以代表性案例为佐证，提炼了影响农民合作社嵌入路径的两大关键要素。我国乡村振兴战略以"产业兴旺、生态宜居、乡风文明、治理有效、生活富裕"为原则，"产业兴旺"即是首要因素。当农民合作社以"互助型经济组织"为属性运转时，经济资本当仁不让地成为绩效衡量的关键标准。农民合作社作为发源并生长于乡村的实体经济组织，直接参与产业融合发展并累积经济资本，成为现代农业发展的中坚组织力量。农民合作社的社会资本指向社会信任、关系网络和价值认同等，可划分为原生型和外展型，通过在工具性和表达性行动中作用的发挥，使嵌于乡域社会网络中的组织资源增强行动效果。

最后，在实践层面，嵌入方式的划分对于甄别农民合作社在发展过程中面临的"脱嵌"风险具有指导意义。按照经济资本和社会资本强弱的不同组合情况，可将农民合作社的嵌入表征区分为组织脱嵌、关系嵌入、功能嵌入和结构嵌入等四种类型。一方面，仅有单一的经济资本或社会资本的强位特征无法达成组织持续发展的目标，只有两个要素双向协同，才能摒弃农民合作社"空壳运作""异质运作"或"俘获运作"；另一方面，关系嵌入和功能嵌入可被归入表层性嵌入，结构嵌入则可被视为高阶性嵌入。结构嵌入重点关注参与者在社会网络中所居的位置，强调组织接近"中心性"的可能，当行动者介入网络中所有重要关系时，社会资本得以厚植，中心位置进一步巩固。

本书试图采用典型案例研究的方式，探讨农民合作社"本源功能"与"溢出功能"耦合之情境下，农民合作社自主嵌入乡域治理的路径及影响因素。然而必须承认的是，"现象学不是纯粹的特异性，也不是完全的普遍性"①。虽然文中对 D 合作社个案的发展历程进行了全景式描绘，但仍需通过更充分的论据实现对研究结论的复刻，并结合农民合作社的类型学划分等对嵌入路径进行再检视。与此同时，笔者在实证研究中深刻体会到农民合作社与村两委的合作关系将深刻影响乡域治理效能。当农民合作社组织具备经济资本与社会资本"双强"属性并实现结构嵌入时，如何厘清边界进而规避其与村两委的治权重合或冲突即成为重要议题，有待后续展开深入研究。

---

① 马克斯·范梅南. 生活体验研究——人文科学视野中的教育学［M］. 宋广文，译. 北京：教育科学出版社，2003.

第八章　乡域社会治理的代际重心

　　打赢脱贫攻坚战，是全面建成小康社会最艰巨的任务，是党和全国人民共同完成的历史性成就。脱贫攻坚的重点在中西部地区，难点在集中连片特困区域。教育作为脱贫的五大举措之一，是阻断贫困代际传递、夯实脱贫攻坚根基的根本之策，为乡村振兴战略的实现提供人才动能。近年来，在高位推动与多元主体的协同合力下，集中连片特困区域农村教育资源投入极大提升，教学条件显著改善，辍学问题得到历史性解决。"教育脱贫"逐渐嵌入并成为集中连片特困区域精准扶贫体系的重要一极，是"产业脱贫"与"就业脱贫"成效发挥的关键保障和长效机制。

　　厘清农村教育脱贫的关键问题，提炼教育扶贫之治的中国方案，方能实现脱贫攻坚和乡村振兴战略的有机衔接。然而，已有研究多立足单一向度的行政科层活动视角解析教育扶贫行为，忽视了其落脚与生发的基层治理结构这一社会基础。前期的预调研结果发现，精准教育扶贫只有良性嵌入乡域治理结构及其运行过程之中，才能成为国家与乡村社会对接教育资源的有效接口。因此立足中观治理视域来审视和理解乡村教育脱贫，才能更好地诠释其深层逻辑与发展规律。本研究精准靶向集中连片特困区域，研究对象聚焦农村教育脱贫的治理问题，将中观层面的治理结构分解为二元结构、人力结构、功能结构、协同结构、动力结构五个模块来进行深入探讨，同时结合深度访谈以及问卷调查等研究方法获取实证结果。

　　中国教育脱贫是一场以政府主导推动，社会力量广泛参与的多主体合力协同推进的攻坚战役。研究将立足整体性治理理论和政治势能理论展开学理分析。"整体性治理理论"是基于部门化、专业化分工管理造成的碎片化问题而提出的新兴治理范式。该理论强调充分运用信息技术等治理手段，协调整合治理层级、公私部门等机构的功能与责任机制，加强政府部门之间、政府与非政府组织之间的协同与整合机制的运用。"政治势能理论"是指公共政策发文的不同位阶所展示出不同强弱的政治信号，是中国共产党在新时代治国理政的方法与路径。在政治逻辑上，执政党通过政治势能的权势将意志从上层输送到下层，地方党委和政府在识别政治势能后借势采取相应的行动，推动公共政策的有效执行，进而实现良好的治国理政效果。

我国教育脱贫政策呈现治理主体多元化的特征，且政策执行阶段具有典型的以党中央、国务院"高位推动"促进落实的特点，适用于整体性治理理论和政治势能理论。因此，本研究立足理论基础构建识别集中连片特困区域农村教育脱贫结构性困境的模型，进一步对上述结构性困境产生的原因及教育脱贫重塑方案等进行分析。研究方法上，采取质性与定量方法开展研究，具体包括：①文献研究法。本研究通过查阅相关文献资料、梳理现有的教育脱贫政策法规等，掌握教育脱贫目标要求，把握政策动向；了解当前学者的理论依据与前沿研究现状，夯实研究基础。②问卷调查法。研究团队于 2019 年 3 月份初开启调研安排，集中在 2019 年 5 月份、7 月份、9 月份、2020 年的 10 月份、11 月份以及 2021 年的 1 月份对滇、黔、藏、川四省连片特困区域 14 个县中的 51 所乡村学校进行实地调查，每所学校发放乡村教师问卷 40 份，共计发放 2040 份，以了解乡村教育发展情况以及教育脱贫政策落地情况。③深度访谈法。研究团队深度访谈了 51 家学校的 27 位校长、116 位乡村教师代表、57 位学生代表、37 位学生家长代表、14 位当地教育部门行政管理人员以及 7 位高校挂职干部共计 258 人，对教育脱贫政策执行落实现状以及当地教育脱贫困境等进行记录、编码与分析。

第一节 孔殷之需：乡域教育脱贫的治理价值

教育兴则国家兴，教育强则国家强。2021 年 2 月 25 日，习近平总书记庄严宣告我国脱贫攻坚战取得了全面胜利，完成了 9899 万农村贫困人口全部脱贫的艰巨任务。站在脱贫摘帽的时代新起点上，切实做好巩固拓展脱贫攻坚成果同乡村振兴有效衔接各项工作，是新阶段的重要职责和任务。教育正是夯实脱贫攻坚根基之所在，是阻断贫困代际传递的根本之策。最新发布的"十四五"规划纲要显示，我国将以发展更加公平高质量的教育为目标，推动义务教育优质均衡发展和城乡一体化，加快补齐农村办学条件短板。

集中连片特困区域是我国贫困程度最深、发展相对滞后的区域，呈现自然条件差、经济基础薄弱、优质教育资源短缺掣肘。教育脱贫是集中连片特困区域脱贫攻坚和乡村振兴的重要支撑，其实施情况将直接影响贫困地区经济发展与贫困人口发展能力提升的效果。当前，我国通过改善薄弱学校办学条件、保障义务教育经费投入与增强乡村教师队伍素质等方式为突破集中连片特困县乡村教育发展困境赋能。然而，乡村教育依然存在城乡二元结构分化、人才资源规模性流失、政策执行碎片化、内生动力缺失等深层问题。

既有的教育脱贫相关研究多停留在理论内涵层面，通常关注农村教育脱贫的宏观价值，缺乏实践层面特别是针对贫困地区脱贫目标群体的深入实证调查与统计分析。本研究聚焦集中连片特困区域农村教育脱贫的特定场域，靶向集中连片特困区域农村教育脱贫的深层治理之困，通过较大样本数据和深度访谈的支持，期冀获得具有普适性价值的研究成果。

研究力图梳理集中连片特困区域教育发展不均衡的特点及表征，深入剖析我国集中连片特困区域农村教育脱贫的治理困境。同时识别提炼在农村教育脱贫攻坚过程中我国实现"阻断教育贫困代际传递"的破题之策，从夯实教育脱贫根基、提升教育脱贫能力、拓宽教育脱贫通道、拓展教育脱贫空间、集聚教育脱贫力量等方面构建系统整合的连片特困区域农村教育脱贫"中国方案"。本研究将以前瞻思维不断探索脱贫攻坚后时代背景下，连片特困"摘帽"区域农村教育新的着力点，构建从"教育脱贫"到"教育防贫防返贫"的可持续保障机制。在实地调研中，可以深切体悟集中连片特困区域农村存在乡域社会矛盾特殊性、教育公平普惠限制性等沉疴积弊，教育脱贫可通过外赋动能与内激动力助推破解连片特困区域农村的发展困境。

（一）彻底阻断贫困代际传递的治本之策

截至 2021 年，按现行农村贫困标准计算，我国 551 万农村贫困人口已全部实现脱贫。全年贫困地区农村居民人均可支配收入 12588 元，实际增长 5.6%，民众生活水平普遍提高，但集中连片特困区域仍然存在贫困代际传递的风险。习近平总书记多次强调要"让教育成为阻断贫困代际传递的重要途径"。

首先，教育能够改变贫困地区家庭的思想观念，激励贫困地区民众摆脱贫困的信心与决心，摒弃安于现状的封闭思想。其次，教育脱贫能够提高贫困地区家庭的就业质量，提高贫困民众的劳动技能，摆脱就业限制，提高收益水平。再次，教育脱贫能够打破贫困代际传递的内在联系。通过接受教育，贫困民众能够实现长期稳定的人力资本积累，从源头上切断贫困的代际传递路径。

"我在县职中学习了平面设计，现在是深圳一家广告公司的设计主管。年薪 17 万元，每月汇 5000 元给家里，也能养家了。"（YNYB-XS5）

"现在观赏花卉和植物很受欢迎，我们掌握培植技术后，可以直接开花店创业，也可以进入一些园艺公司，收入还不错。实习期间一个月有 1600 元的收入。前几天实习刚刚结束，我签了一家园艺公司，入职以后管吃管住，每个月的收入大概能有 3000 多元。"（GZWC-XS3）

（二）解决特困乡域社会矛盾的有效途径

新时代，乡域社会的主要矛盾已转化为村民日益增长的美好生活需要和不平衡不充分的发展之间的矛盾。集中连片特困区域人民的美好生活需要主要体现在两方面：一是"硬需要"，人们期待更稳定的工作、更满意的收入以及更舒适的居住条件；二是"软需要"，包括获得感、幸福感、成就感、尊严、权利等主观感受。

教育是解决上述矛盾的有效途径：动力层面，教育树立勤劳致富的坚定决心，形成"扶贫不是发钱，脱贫不养懒汉"理念，立志"宁愿苦干，绝不苦熬"；能力层面，提升群众的文化程度与技能水平，通过人力资本价值的实现满足美好物质生活的需要；精神层面，通过物质丰富的实现阻断"贫困思想"的代际传递，提升广大群众的获得感、幸福感与安全感。

"为提升脱贫内生动力，我们对贫困群众自力更生勤劳致富的先进典型进行宣传，倡导崇尚劳动、鄙视懒惰的社会风尚，提高靠双手改变命运的积极性。"（GZTZ-JYJ1）

"技能培训现在是本着'缺什么、补什么'的原则，因人而异、量身定制、按需供给，每个贫困家庭劳动力至少掌握一门增收致富技能。"（SCLT-GB1）

（三）实现劳动力有序转移的先导性条件

城乡二元分割的"差序格局"视角下，贫困农村地区劳动力的转移能够有效缓解人力矛盾及家庭经济贫困问题。这不仅关系到当地的脱贫状况，也深刻影响着城镇化建设的发展质量。然而，由于大量贫困地区劳动力自发、无组织地涌入城镇，且劳动个体普遍受教育水平低、缺乏相关专业技能，即使进入城镇务工也无法通过自身能力摆脱现有的贫困处境。因此，只有真正做好"教育脱贫"工作，提升新生代贫困地区劳动力素质，通过将人才纳入学校教育的方式协调贫困地区流向城市的人口数量，才能真正实现乡村振兴与城市建设的均衡发展。

"我文化程度低，走出去也不稳定，提着行李箱东奔西走，去过人才市场、工厂门口，还被中介坑过 200 块（钱），好不容易找到工作，每月 840 元底薪还时不时拖欠，我就回家了。"（YNHQ-XS9）

"我们全面实施岗位技能培训、开发就业岗位、拓宽就业渠道等举措。2019 年全市完成劳动力培训 11410 人次，输出贫困劳动力 12033 人，就业贫困人口占建档立卡贫困人口的 35%，贫困家庭户均 1.3 人实现就业，户均就业收入 7000 元。"（YNHQ-GB1）

（四）达成教育公平普惠目标的基础举措

"十四五"规划强调要"形成惠及全民的公平教育"，集中连片特困区域教育脱贫工作的推进效果将决定我国能否成功达成目标。教育公平普惠目标，即在教育的权利、机会、规则以及分配等方面实现公平，其贯穿教育起点、过程以及结果诸阶段。作为达成教育公平普惠目标的基础举措，集中连片特困区域的农村教育脱贫工作经过十年的不懈努力，已取得显著成就。贫困家庭学生辍学问题得到历史性解决，实现动态清零；累计改善贫困地区义务教育薄弱学校 10.8 万所，6.41 亿人次贫困学生得到资助；学生营养改善计划每年惠及 4000 多万人；2020 年贫困县九年义务教育巩固率达到 94.8%。

　　"现在我们这边经过这么长时间脱贫攻坚，取得了非常可观的成绩。我们省内88个贫困县、市、区全部通过了检查，116万余贫困家庭学生实现了应读尽读。这几年我们全省投入教育脱贫资金超过790多亿元，川西特困地区的办学条件得到了极大的改善。"（SCHS-JYJ1）

（五）维护造血扶贫持续机制的智力保障

　　脱贫攻坚时期，集中连片特困区域的扶贫模式以"输血式"扶贫为主。通过生活救济和财政补贴等手段，提高贫困群众的生活水平，达到快速脱贫的目的。在后脱贫时代，提升贫困群众摆脱贫困的能力，形成一套持续有效的"造血式"扶贫机制势在必行。一方面，文化教育避免贫困群众形成安于现状、不思进取的生活态度，进而内化成思维方式和行为习惯；另一方面，教育为职业技能的习得积累认知、学习、创新等能力，是造血机制的重要智力保障。

　　"基础的文化教育还是很重要的，受过教育的群众普遍知道要勤劳致富，他相信通过双手能创造幸福生活，而且他有这个学习能力的基础在，掌握技能也会更快。"（GJMT-JYJ1）

第二节　断裂之困：乡域教育脱贫的深层问题

　　立足整体性治理理论和政治势能理论，教育脱贫政策具备治理主体多元化的特征，且政策执行阶段具有典型的"高位推动"促进落实的特点。以上述理论为基础，研究团队认为连片特困区域农村教育脱贫的深层问题在于二元结构分化、人力结构错配、功能结构偏差、协同结构耗散以及动力结构缺失。

（一）二元结构分化：教育脱贫需求与资源供给失衡的矛盾

需求是精准扶贫的重要抓手，教育脱贫工作若想实现质的飞跃，需解决需求与供给间的"适配性"问题。目前乡村教育物质脱贫需求已得到一定程度的解决，但精神需求尚未得到有效解决，具体表现为子代学习目标不明确、留守儿童心理缺乏支持等，而此时扶贫资源供给无法跟进动态变化的教育脱贫需求，不仅造成资源浪费，也阻碍了教育扶贫工作质效的提升。

　　"前几年我们学校发展都不太好，基础设施跟不上、学生辍学率高。近两年因为各项政策扶持，学校实行寄宿制，学生食宿全免，还修建了图书馆、信息教室这些，各方面都在变好。"（YNHQ-XZ1）

　　"我们作为老师每天都在控制脾气，但是有时上班会被气个半死，有的学生就是不学习，跟他讲道理，他说自己上过小学就可以去打工，只需要会认字算账就行。"（YNYB-JS3）

经济之贫、教育之贫两者均存在贫困代际传递特征，而人力资本、社会资本等先赋因素的匮乏使得贫困家庭子代始终处于发展劣势，其需求未得到精准回应。扶贫资源的有限性导致教育扶贫实践表层化和功利化，忽略教育扶贫需求与供给的良性互动。

（二）人力结构错配：特殊政策惠置与人才规模流失的悖论

乡村教育振兴的关键在于建设一支志愿扎根乡村、服务乡村的教师队伍，但乡村教师人数却呈逐年递减趋势，教师结构性流动现象引人深思。本研究认为至少可从下述两方面合理阐释：其一，城乡二元分割的"差序格局"视角下，有限的政策激励对乡村教师吸引力不足；其二，乡村教师群体"文化偏向"生发出来对农村生活的拒斥与背离。

一方面，经济因素是影响乡村教师职业选择的重要因素之一。问卷显示，近半数教师认为，"乡村教师工资福利待遇差"是离职的主要原因（图8-1）。集中连片特困地区教育基础薄弱、历史欠债多，分配至乡村教师手中的津贴仅是教育扶助资金的冰山一角，恶性循环导致教师数量、质量都存在缺憾。

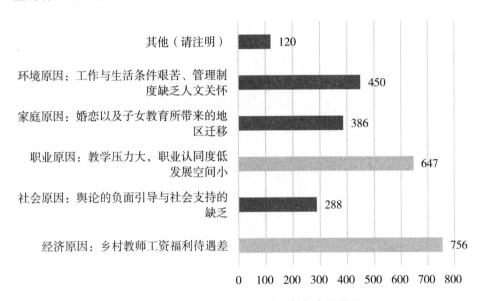

图8-1　集中连片特困区域农村教师离职原因

另一方面，年轻教师寄居乡村的候鸟式生存方式症结在于无法真正融入乡土文化中，其多数工作地在乡村而常住于城市，这批教师向城镇流动倾向明显，若在城市教育体制中，可获得更广阔的发展平台与更丰富的发展资源。

（三）功能结构偏差：消解代际贫困与农村教育沉疴的反差

集中连片特困区域治理结构偏差困境体现为农村教育的沉疴现状与阻隔农村代际贫困的深层需求间的矛盾与反差，突出表现为高辍学率与低升学率压力、国家通用语言文字阻力以及职业技能教育乏力。

首先，留守儿童比例居高不下，监护人参与缺位的严峻现状加剧了高辍学率及低升学率的压力。问卷结果显示，66.2%的教师反映所在学校留守儿童比例在10%以上（图8-2），62.53%的教师反映其学生家长只能为孩子"提供经济支持，但无法参与孩子的学习管理过程，完全依靠学校及教师"（图8-3）。

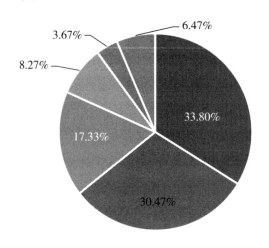

■10%以内　■10%~30%　■30%~50%　■50%~70%　■70%以上　■不清楚

图8-2　集中连片特困区域留守儿童比例

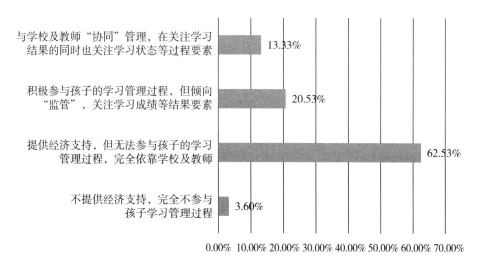

图8-3　监护人对集中连片特困区域儿童的学习管理现状

其次，国家通用语言文字的低普及率不利于地区对外交流及发展，为阻隔代际贫困带来阻力。同时，职业教育作为阻隔代际贫困、提升短期增收能力与长期持续发展能力的重要手段，在实践中存在专业设置与地方民族特色产业不匹配、民众认可度低、师资队伍整体素质较低等困境。

"现在（推广普通话教育）最大的障碍在于老百姓习惯了用方言交流，不愿意开口讲普通话。大家认为，方言便于交流而且更有亲切感。而且我们这个地方外来人口相对较少，在市民看来推广普通话没有太多必要。"（GZDZ-JYJ1）

"大部分家长不愿意让自己的孩子上职高的原因，就是担心职高学校的学风不好、管理混乱，同时专业设置也不尽如人意。我想最主要的原因恐怕是职高学校缺乏榜样的力量。"（XZRKZ-JYJ2）

（四）协同结构耗散：层级功能整合与碎片任务导向的冲突

连片特困区域农村教育脱贫工作任务在实践层面呈现碎片化特征，而合理整合层级功能是提高教育脱贫效率的必然要求。二者的冲突从深层次反映协同结构耗散的困境。

其一，同级政府部门间的横向扶贫实施主体协同不畅，体现在教育脱贫工作中任务碎片化及低效率推进。教师编制、教育扶贫资金使用等有关人事、财政等的重要事项在执行中无法实现预期效益。

"（补贴）信息统计上来后，应当先由乡镇审核，再上报到县里职能部门审批。但在实际工作中，基层干部常以客观条件限制为由，不认真履行职责，放松了对相关信息的审核把关。"（GZCS-GB1）

其二，上下级部门间的纵向扶贫推进主体协同不当，下级主体在落实上级指令时出现政策执行偏差。部分乡村教师被列为行政主体，肩负扶贫重任，部分地区强制摊派，执行僵化、流于形式。

　　"都知道教师的任务是教书育人，但是现在我们却承担了太多明显不属于教师的任务，完成不好还要被问责。我们这里要求教师要在扶贫所在村住 15 天，有时也不考虑我们的授课问题。"（GZXS-JS6）

　　其三，政府与社会力量间的多元扶贫合作主体协同不足。问卷结果显示 27.73% 的教师表示从未获得过高校帮扶、公益组织及企业捐赠等非财政性投入支持（图 8-4）。

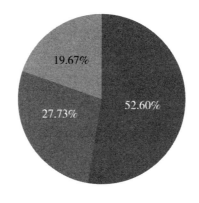

■获得过　■未获得　■不清楚

图 8-4　高校帮扶、公益组织及企业捐赠等非财政性投入支持情况

　　针对此类非财政投入支持的效果，更多教师认为当前社会帮扶存在力度较弱、持续性差、治标不治本等问题（图 8-5），反映了协同性不足、未能调动社会多元力量的问题。

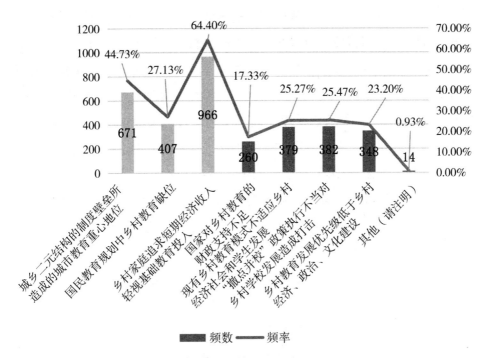

图8-5　非财政性投入支持效果不显著的原因

（五）动力结构缺失：外部显性助推与内生动力不足的罅隙

扶贫情境中的"内生动力"是指贫困个体通过自主奋斗追求脱贫目标的行为倾向。解决贫困问题最好的方法即是唤醒贫困群众想要脱离贫困的决心与信心。当前国家对集中连片特困区域乡村教育助推力度显著，但基层相关主体对教育的重视程度仍显不够。

"一些年轻老师有机会就跑了，要么过了最低服务期也走了，留不住。主要还是待遇发展差，再加上压力大。他们都是在城市上过学的，乡村留不住人，要想留住人，我觉得最直接有效的办法还是提高发展机会和待遇，但这也确实是难。"（GZTZ-XZ1）

职业认同不足导致乡村教师不愿扎根基层教育。教育大计教师为本，实现"请得来、留得住、教得好"是助推乡村教育发展与教育脱贫的重要保障，教师是乡村教育发展的关键，然而诸多受访教师反映教师五年的流失比率在30%以上。"新读书无用论"导致学生家长不愿投入教育事业。"新读书无用论"是指人们受限于高投资和回报的不稳定，不愿将资源投入教育。近几年来，在集中连片特困区域"新读书无用论"之风甚嚣。问及阻碍乡村教育发展困境的主要成因时，64.40%的教师认为是"乡村家庭追求短期经济收入，轻视基础教育投入"。学习环境不佳导致乡村孩子不愿接受学校教育。父母对教育不重视、同龄人的负面影响、陈旧的乡村教育观等因素导致乡村学生接受教育的动力不足。资源投入能改变教育硬件设施，却难以改变乡村孩子的学习环境，难以改变他们的学习观念。

"有的孩子不愿意读书，不愿意到学校来，来了也不认真学习，一部分受家长影响的孩子觉得能识字会算数就足够了。"（XZRKZ-JS6）

第三节　溯源之考：乡域教育脱贫之困的成因

实证调研显示，农村教育脱贫治理困境的原因包括教育扶贫政策设计理想化、教育人力资源职能错位、政出多门导致政策悬浮与叠加、教育脱贫评价呈现指标化、先赋性与自生性贫困并行等。

（一）教育扶贫政策设计理想化，与特困区域环境不兼容

聚焦教育精准扶贫，我国出台了一系列涵盖基础设施建设、学生资助体系、师资补充等多方面的政策，取得了瞩目的成就。然而，集中连片特

困区域致贫因素复杂，部分政策设计较为理想化，制度安排与特困区域环境不兼容。

一是地方财政收入不稳定，教育资金投入具有不可持续性。2013 年《关于全面改善贫困地区薄弱学校基本办学条件的意见》（以下简称《意见》）强调"加大省级财政投入，最大限度地向贫困地区业务教育倾斜"。然而集中连片特困区域产业支撑薄弱，财政收入有限导致教育经费投入不稳定。问卷结果显示，当前乡村教育发展的最大困境仍是"教育设施不完善"（图 8-6）。

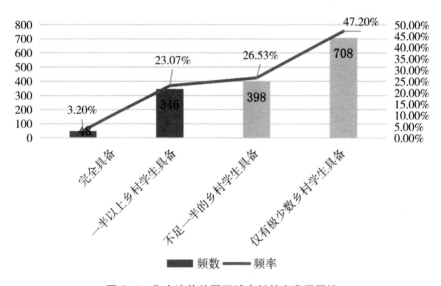

图 8-6 集中连片特困区域农村教育发展困境

二是政策设计具有时滞性，农村教育资源浪费严重。《意见》强调加大农村教育资源投入，"消除大班额、大通铺现象""确保实验仪器、运动场等教学设施满足基本教学需求"，但忽视了农村学校因师资及生源流失而逐渐萎缩的现实，应政策要求新修建设施不得不废弃。

三是忽视集中连片特困区域贫困户的实际情况，教学设施使用门槛高。《2017 年教育信息化工作要点》强调"加快推进农村学校互联网接入，进一步提升学校网络宽带"。然而研究团队发现，疫情期间仅有极少数学生具备远程学习的条件（图8-7），多媒体教学设施的配备忽视了贫困户家庭远程学习硬件条件差的现实困境。

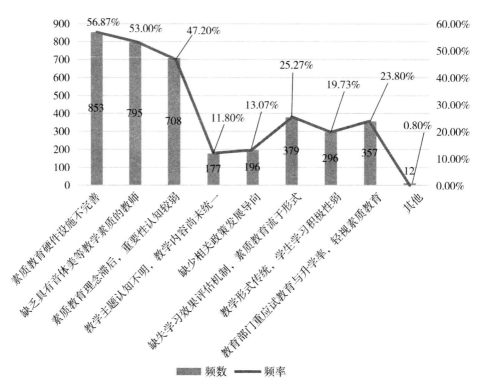

图8-7 集中连片特困区域农村学生远程学习条件

（二）经济脱贫压力链逐层传递，教育人力资源职能错位

一方面，在经济脱贫为先导的条件下，教师驻村脱贫致使教育人力资源职能错位。脱贫压力逐层传递，连片特困区域乡村教师需结对帮扶贫困户。

将教师纳入教育精准扶贫的实施主体中加重了其工作负担，而入户扶贫往往涉及辅助填表、宣传政策等机械琐碎的工作，严重影响了教师的工作积极性和主观能动性，降低了其自我效能感，消解了教学效果。

"我希望减少教师参与和学校教育无直接联系的表册、活动总结等事情，不要把教学变成副业，让我们尽心尽职教书育人。"（SCHS-JS5）

"减少行政工作，抵制形式主义，让我们老师从各种繁杂的检查中解放出来。"（GZDZ-JS3）

另一方面，农村教师经济获得感低，向上流动的倾向性明显。问卷显示，农村教师离职的首要原因是工资福利待遇低。从离职去向来看，到所在地区城镇学校教学占比33.53%，跨区域到经济发达地区的城镇学校占比25.47%（图8-8），离职教师普遍寻求更优越的薪资条件与更广阔的发展空间。

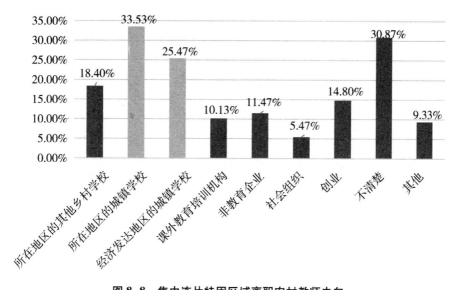

图8-8　集中连片特困区域离职农村教师去向

（三）政出多门导致政策悬浮与叠加，权责利交叉未形成合力

教育精准扶贫需要调动多元主体联合施策，教育扶贫政出多门、决策管理多元化、各部门之间的权利配置交叉重叠正是教育脱贫制度性障碍的

典型表现。

在教育精准扶贫政策制定部门趋于多元的背景下，一方面，绝大多数部门制定的政策集中在宏观层面的总体性教育精准扶贫领域。研究团队通过梳理政策工具发现，近年来中央政府共使用总体性教育扶贫政策工具178 次，占比为 49.6%。政策制定部门的自身偏好导致部分领域政策集中叠加，而其他领域政策缺失或悬浮，致使教育扶贫政策失衡。问卷结果显示，46.27% 的乡村教师认为教育扶贫政策执行效果比较一般，9.87% 的乡村教师认为效果不显著（图 8-9）。

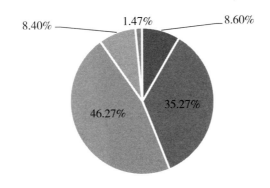

■效果非常显著 ■效果比较显著 ■一般 ■效果不太显著 ■效果非常不显著

图 8-9 教育精准扶贫政策对集中连片特困区域教育发展支持情况评价

另一方面，各部门涉及某一具体教育扶贫领域时协同性不足，利益割据问题以及各行其是的运行惯性也会影响政策的整体效应。以教师编制问题为例，人力资源与社会保障部门为节省财政开支严格控制新增教师编制，导致集中连片特困区域教师缺编，与教育部门施策动机相悖。问卷结果显示，859 名教师认为教育帮扶措施"持续性差，多为一次性或一段时间内的帮扶"，31.53% 的教师认为未深入解决教育发展的根本问题，"治标"不"治本"，还有教师认为当前财政投入资源重合，协同互补效果较差。

（四）教育脱贫评价呈现指标化，质与效一定程度被忽略

集中连片特困区域教育精准扶贫具有复杂性、特殊性、多样性等特点，教育扶贫考核标准也应当体现区域性、系统性和可行性。我国虽已形成一套相对全面化的评价指标体系，但考核内容更多指向宏观层面可量化的达成度评价，缺乏微观层面具体化的满意度评价。

集中连片特困区域教育精准扶贫政策在执行过程中应当关注"量""质""效"三个层次，而基于当前的评价指标体系，基层政府干部为彰显在任期间的扶贫绩效，往往关注"量"的达成度，忽略"质"的满意度以及"效"的辐射性，直接影响教育扶贫政策的执行效果。

（五）先赋性与自生性贫困并行，教育脱贫的阻力源凸显

当前稳定的政治环境以及良好的经济环境为集中连片特困区域教育扶贫政策的执行创造了有利条件，但自然环境所带来的先赋性贫困与社会环境所积淀的自生性贫困仍存在阻滞。一方面，集中连片特困区域恶劣的自然地理环境影响了教育扶贫工作的开展。地理位置崎岖、自然资源匮乏以及自然灾害频发等因素导致学生获取教育资源的难度较大。

"我们这里山高沟深，有的人家离学校有好几十里山路，许多孩子上早课要提前五个小时起床，然后翻山越岭、爬坡上坎才能到达学校。大多数孩子年龄又小，一路上深一脚浅一脚的，非常辛苦和危险。"（SCLT-JS16）

另一方面，集中连片特困区域社会环境积淀的自生性因素也带来阻力。其一是能力贫困问题。贫困家庭的学生受到家庭教育、学习环境和学习习惯的制约，普遍存在学习能力不足、学习效率较低以及学习效果较差等问题。其二是文化贫困问题。家长与学生的教育期望普遍较低。连片特困区域的部分民众存在短视行为，相较于历时长、见效慢的教育脱贫，家长往往更倾向于选择历时短、见效快的经济脱贫。同时，习得性无助使得家长与学生对知识改变命运的信心不足、自我期望值不高。问卷结果显示，集中连片特困区域对教育脱贫与乡村振兴的关联认知较弱，在乡村教育发展理念的大力倡导与引领下，仍未对乡村教育的重要性形成正确认知（图8-10）。

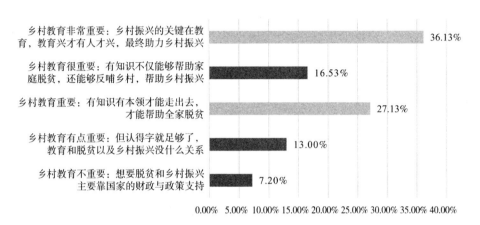

图8-10　集中连片特困区域对乡村教育的重视程度

第四节　中国之治：乡域教育脱贫的重塑方案

我国自1989年起即大力推动以"希望工程"为代表的助学项目改善乡村教育，致力于以教育促进集中连片特困区域从根本上摆脱贫困。针对教育脱贫治理的困境，我国已形成了一套切实有效的中国方案。本研究基于整体性治理理论和政治势能理论，从"规制保障""自上而下""自下而上""约束监督""目标导向"五个维度提炼集中连片特困区域农村教育脱贫的重塑方案。教育脱贫重塑方案逻辑框架如图8-11所示。

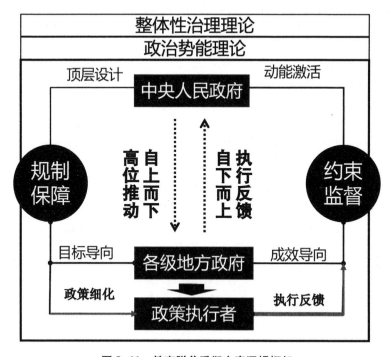

图 8-11 教育脱贫重塑方案逻辑框架

（一）制度优势：顶层设计与社会力量动员

教育脱贫治理须通过顶层设计统筹全局、协调各方，广泛动员社会力量，从而在教育脱贫实践中实现制度优势与治理效能双向互动，扩大制度优势，强化治理效能。

科学顶层设计，夯实制度根基。早在 2013 年，教育部就联合多个部门出台《关于实施教育扶贫工程的意见》要求在集中连片特困区域实施教育强民工程。《教育脱贫攻坚"十三五"规划》等文件为教育脱贫工作确立了"服务全局、精准施策、就业导向、合力攻坚"的基本原则。国务院及各部委办从师资人才队伍建设、学前教育、基础教育、民族教育等方面出台多个总体规划性文件（表 8-1）。

表 8-1 国务院及各部委办关于教育脱贫的政策文件

类别	政策名称	发文单位	年份
总体性	《关于实施教育扶贫工程的意见》	教育部等七部门	2013
	《国家贫困地区儿童发展规划（2014—2020 年）》	国务院办公厅	2014
	《教育脱贫攻坚"十三五"规划》	教育部等六部门	2016
	《职业教育东西协作行动计划滇西实施方案（2017—2020 年）》	教育部	2017
	《深度贫困地区教育脱贫攻坚实施方案（2018—2020 年）》	教育部、扶贫办	2018
教师队伍	《乡村教师支持计划（2015—2020 年）》	国务院办公厅	2015
	《高校银龄教师支援西部计划实施方案》	教育部	2020
学前教育	《关于实施第三期学前教育行动计划的意见》	教育部等四部门	2017
	《关于全面改善贫困地区义务教育薄弱学校基本办学条件的意见》	教育部等三部门	2013
基础教育	《国务院关于进一步完善城乡义务教育经费保障机制的通知》	国务院办公厅	2015
	《关于进一步做好农村义务教育学生营养改善计划有关管理工作》	教育部、财政部	2017
	《关于进一步加强控辍保学工作健全义务教育有保障长效机制的若干意见》	教育部等十部门	2020
高等教育	《关于做好直属高校定点扶贫工作的意见》	教育部	2013
	《关于完善国家助学贷款政策的若干意见》	教育部等四部门	2015
职业教育	《职业教育东西协作行动计划（2016—2020 年）》	教育部、扶贫办	2016
	《职业教育东西协作行动计划滇西实施方案（2017—2020 年）》	教育部	2017
特殊教育	《第二期特殊教育提升计划（2017—2020 年）》	教育部等七部门	2017

类别	政策名称	发文单位	年份
民族教育	《关于加强十三五期间教育对口支援西藏和四省藏区工作的意见》	教育部	2016
	《推普脱贫攻坚行动计划（2018—2020年）》	教育部等三部门	2018

细化政策规范，提升治理效能。地方政府作为承上启下的核心，在贯彻国务院各项政策意见和推动基层干部落实方面发挥了重要作用。如多地政府针对乡村教师队伍的建设相应出台《乡村教师支持计划实施办法》，进一步明确了乡村教师奖励补偿细则，实现人才激励。《教育脱贫专项过程年度考核方案》等则从减贫成效、精准帮扶的具体指标进行考核，进一步提升了教育脱贫治理成效。

　　"每次劝返，不知翻了多少山路，吃了多少苦头。有的时候白天找不到人，就要晚上去突击；有的时候刚到房门口，狗一叫，孩子父母知道我们来了就跑了，我们还得留下来照顾小孩。劝返真的是举全县之力做的事情。我们成立领导小组，1个孩子由3个人负责，有领导、帮扶责任人和教师，全县所有处级、科级干部全参与。根据辍学的情况，是因病、因观念、因穷等采取不同的措施，每周都要入户劝学、蹲点、突击都是常有的事。2020年我们县累计劝返234人，控辍保学成效还是很显著的。"（YNYB-JYJ1）

动员社会力量，形成治理合力。《国务院办公厅关于进一步动员社会各方面力量参与扶贫开发的意见》和《民政部 财政部 国务院扶贫办关于支持社会工作专业力量参与脱贫攻坚的指导意见》等规制激励社会组织、各类企业、社会工作专业人才等参与到教育脱贫治理过程中，涌现出如真爱梦想基金会梦想教室等一大批示范性项目，通过人才支持、项目支持、培训支持等方式提升教育脱贫治理水平。

(二) 政治势能：高位推动与教育资源聚合

中国教育脱贫的制度优势能够转化为脱贫实践的治理效能离不开公共政策自上而下的落实过程。强政治势能嵌入中国的科层体制，高位推动促使各级执行主体突破制度惰性和部门割裂，形成强大效能和执行力。

高位推动中央主导，激活教育脱贫的强政治动能。党的十八大以来，党中央将"发展教育脱贫一批"纳入精准扶贫脱贫的基本方略，而集中连片特困区域的教育脱贫任务更加艰巨。在目标推动下，中共中央办公厅、国务院办公厅通过颁布一系列涉及集中连片特困区域的教育脱贫政策发出强政治信号，激活了各级政府的政治动能。

> "脱贫攻坚战这个要求一发出，我们从上到下的政府都紧张起来了，政治敏锐性大家都有的。脱贫攻坚战，这就是我们贫困县要着力完成的五年大目标大任务。没有什么任务比这个更重要了，这就是中央发出的政治信号，这个信号一发出来，大家心里都明白应该怎么执行了。"（YNHQ-GB2）

政治势能聚合效应，有效促进优质教育资源共享。在高位推动影响下政治势能的"聚合效应"突出，教育系统、财税系统、宣传系统等形成强大合力。"银龄计划"与"特岗计划"等支援政策通过跨区域联合方式促进了优质教育资源共享化发展。政治势能强力推动以高度整合的资源、政策以及制度合力促进教育脱贫目标的顺利实现。

> "中央政策一出台，为我们带来了很多支持。现在一批又一批大学生、志愿者、特级教师都来给我们山区里的孩子上课了，这是真正的人才资源。没有中央的统一协调安排，没有东部兄弟省市的大力支

援，我们恐怕难以获取这样优质的师资。现在最重要的问题，就是要如何留下老师，如何帮助乡村学生更好发展。"（SCLT-JYJ1）

（三）执行策略：五维并举与东西扶贫协作

面对二元结构分化的现实困境，我国在具体执行策略上构建起包含扶智通语、控辍保学、职业教育、信息技术以及营养改善在内的"五维并举"体系，并将其有效嵌入东西部扶贫协作机制（图8-12）。

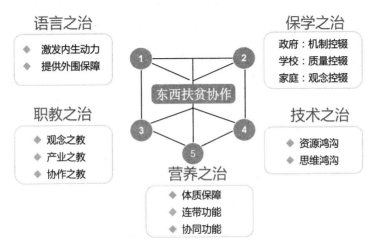

图8-12　执行策略下的"五维并举"与东西扶贫协作体系

1. 前提之维：扶智通语优先

普通话能力是有效实施职业及技能教育等举措的前提，语言教育在教育扶贫体系中处于基础地位。我国14个集中连片特困区域中有11个位于民族地区或包含民族自治地方，通语难题加重了脱贫之困。

在"扶贫先扶智，扶智先通语"的战略导向下，"通语"取得了切实成效。对于受教育主体而言，以青壮年农民为主体的普通话教育促进了劳动力语言和信息能力提升；以中小学学生为主体的普通话教育切断了语言贫困的代际传递，消解了贫困代际传递中的人文诱因；以基层干部和教师为主体的普通话教育提升了教育工作者的语言意识和语言素养。"语言之治"为经济脱贫提供外围保障，发挥着教育扶贫的先导作用。2020 年"三区三州"深度贫困地区普通话普及率达到 61.56%，贫困人口普通话能力明显增强，职业技能大幅提升，语言扶贫事业成效显著。

"我们云南民族多、方言类型也多，小朋友在学校还有普通话环境，回到家就一点也没有了。推普攻坚以来，县里给每所学校都发了语言扶贫定制手机，里面有语言测评还有普通话歌曲教学，学生可以轮流使用。另一方面就是对普通话达到国家规定等级的教师有一些奖励，形成双语教育的环境。现在我们的学生普通话日常交流都没有问题，他们也逐渐明白学好普通话也是一门致富技能，以后不管是去学技术、去外面打工都更容易，现在学习普通话的动力提升了，是发自内心地想学习。"（YNYB-XZ2）

2. 关键之维：控辍保学为本

人才是实现脱贫摘帽及振兴的关键，而失学辍学直接阻断学生成才的可能，导致脱贫及发展"根源断裂"。调研显示，贫困地区结合实际情况逐步建立起以政府为核心，学校和家庭为两翼的"三位一体"控辍保学联动机制。政府通过学生劝返复学制度、动态检测机制等手段以及改善义务教育办学条件、提供经济资助等举措发挥"机制控辍"与"保障控辍"；学校通过优化管理模式、推进信息化技术建设发挥"质量控辍"；通过对学生监护人进行义务教育法律政策宣传、入户矫正"新读书无用论"错误认知等方式发挥"观念控辍"。在"四维"控辍的精耕细作下，"控辍保学"取得卓越成效。截至 2020 年底，全国义务教育阶段辍学学生由 60 多万人降至 682 人，建档立卡家庭辍学学生实现动态清零。

"除少数是因为身体原因无法上学外，我们这里原来有一部分学生是上完小学就辍学回家放牧，一头牦牛 1 万~2 万元，很多家长觉得养牦牛比上完学打工挣得多，这是眼界和长期以来的观念问题。现在国家要求不让一个孩子落下，上面也有具体的工作考核指标，我们几线并行，因为教育观念有偏差而导致辍学且拒不复学的，我们和学校校长亲自去家里做工作，就是背也要把学生背回来。因为经济原因辍学的，除两免一补外，我们额外提供教学资助。"（XZRKZ-JYJ2）

3. 质量之维：职业教育发展

为提高脱贫质量，攻克"技能之困"，我国从转变职教观念、建立东西职教协作机制出发，形成"职教之治"。

职业教育一方面发挥着"观念之教"的功能，其包含基础科学知识的教育，与学历教育相比起点更低、成本更小、就业通道更为直接，对职业教育认知的不断深入进一步为职业教育提供了可能。另一方面，职业教育发挥着"产业之教"功能。产业扶贫是脱贫攻坚与乡村振兴的首要途径，而职业教育是连接产业扶贫与教育扶贫的根本渠道。此外，职业教育发展以实践为依托，东西职业院校协作的全覆盖等举措为东西部扶贫协作构架起"协作之桥"。

"我们这里每家都养麻羊，麻羊是我们这里的特色产业，养麻羊门道不少，圈舍羊床铺垫原料、幼羊去角、修蹄哪个环节没搞好麻羊都卖不上好价钱。以前我们养麻羊都是靠传下来的老经验，现在麻羊产业做大了，县里职业学校专门有教麻羊养殖的，我儿子就在学，学好回来后把家里的麻羊养得更好！"（GZXS-JZ3）

4. 技术之维：弥合教育鸿沟

区域间教育资源与教育水平长期存在客观差距，现代化与数字化教育技术的发展更进一步拉大差距，造成教育脱贫"数字之困"。

完善贫困地区教育信息化基础建设是破解"数字之困"的重要之举。2003 年起，我国加快推进以"三通两平台"为核心的教育信息化建设，通过贫困行政村宽带网络全覆盖、教师信息技术培训等方式缩小城乡间教育信息技术发展差距。"技术之治"弥合教育发展的"资源鸿沟""质量鸿沟"与"思维鸿沟"。教育突破时空限制，贫困地区学生线上接受"双师教学"，教师通过线上培训等手段提升教学技能，信息技术以低成本将优质数字教育资源便捷传向贫困地区。同时，信息技术使贫困地区学生通过互联网感知世界，重塑教育是切断贫困代际传递的认知，破解因思维阻滞带来的内生动力缺失。

　　"我知道成都七中在给云南的一些农村学生线上同步授课，我们这边主要还是在'国家中小学网络云平台'等平台学习录播课程，虽然是录播课程，但是也帮我们解决了很大问题。一些实验课，学生之前都靠图片来想象，现在可以亲眼看到实验过程。我们老师每月会有两节集中培训课，老师坐在一起通过大屏幕学习，老师学习积极性也被调动起来了。真的希望以后能有更多的素质教育课程和直播课程，来弥补我们这边资源的短缺。"（GZTZ-JS2）

5. 保障之维：营养改善支持

　　良好的身体素质是高质量发展的前提，生活在集中连片特困区域 680 个县的 4000 万学生群体长期"吃不好"，造成"生理发展之困"。为切实缓解营养贫瘠现状，我国自 2011 年起正式实施营养改善计划，凝聚成"营养之治"中国经验。营养改善计划有效发挥"体质保障"的基础功能，计划试点地区学生身体素质得到明显提升。营养改善计划发挥连带功能，成为"脱贫助力"。午餐资助缓解贫困家庭经济压力，食堂工勤人员雇佣等用人需求提供就业岗位，带动人口增收和经济发展。营养改善计划发挥协同功能，构筑"保障合力"。财政部逐年加大资金投入、卫健委进行动态健康监测等形成系统内横向层级间的保障合力，东西部协作下民营企业、社会组织等多元主体帮扶资助形成系统外社会力量的保障合力，共同构成营养支持协同保障体系。

> "这个政策最好的两点：一是减轻了老百姓家庭经济负担；二是把学生在学校里面集中起来，吃营养的饭菜。保证吃到肉、吃到鸡蛋，这样就避免学生中午为了节省饭钱不吃饭、饿肚子，或者自己出去，到校外去吃一些不干净的食品。"（SCLT-GB1）

（四）强化考核：多元评价与激励约束并重

落实教育脱贫攻坚工作，扶贫考核评估是重点。在全国脱贫攻坚进程中，于地方政府而言，扶贫考核指标是政策执行的压力，更是指挥棒和风向标。

强化考核压实责任，建立专门考核体系。义务教育有保障是"两不愁三保障"的底线目标，中央层面出台了省级扶贫开发成效考核办法，年度考核责任到人。同时，教育部制定了以实际成效为导向的考核机制，出台《对省级人民政府履行教育职责的评价办法》等考核文件，确定关键指标，保证教育脱贫攻坚政策落实。

> "'两不愁一保障'是底线目标，是必须落实完成的任务。这个指标完不成我们贫困县摘帽是不可能的。所以一定要牢牢抓住九年义务教育，要严格落实适龄儿童上学任务，绝对不能有一个孩子非正常辍学。'义务教育有保障'的使命和任务是国家要求的，是必须完成的。"（YNMD-JYJ1）

引入第三方评估，建设多元主体评价机制。中央层面引入以高校和科研院所为主的第三方机构，重点评估精准识别和精准帮扶工作落实情况。同时落实民主党派中央进行督查，建立完备的工作考核机制。教育系统方面，评价工作引入第三方专业评估机构参与，引入社会监督，确保评价结果的客观性、可信度和公信力。

> "现在的考核太多太严格了，省级考核、国家级考核、东西部扶贫协作考核、国家督导组考核，这大大小小的考核任务压在身上，我们干部群众怎么会没有压力？只有把这些考核指标都完成，都落实到位，只有真正沉下到镇里到村里调查情况，才能放心。自己有底气了，考核也就没什么好担心的。"（GZXS-GB1）

考核结果合理运用，激励与问责机制并存。以扶贫开发工作成效考核结果为依据，建立起中央约谈地方的负激励工作机制，同时在考核激励方面，省级出台的治理考核办法将脱贫成效作为评定贫困县领导干部选拔任用的重要依据。教育领域注重建立评价激励与问责机制，奖惩问责力求有据可依、合法合规，从而推动各级政府及有关部门更好地履行教育职责，保障工作进度和成效。

（五）成效导向：精准施策与公共服务均衡

教育脱贫攻坚以来，我国通过中央到地方四级政府的上下联动，贯彻落实教育脱贫政策，强化压实考核责任，高位推动将制度优势转化为治理效能，取得了突出成效。

以"保学"稳固教育发展的人才根基，促进控辍成效精准化。我国坚持以"三区三州"为决战地，精准施策保证适龄儿童不失学辍学。同时逐步建立起以政府为主导覆盖各级各类家庭经济困难学生的资助政策体系，包含膳食营养补助、学费补助等多方面，农村义务教育学生营养改善计划实现全覆盖。

以"改薄"夯实教育发展的物质根基，促进公共教育服务均衡。通过义务教育学校标准化建设，贫困地区发展后劲不断增强，城乡和区域差距缩小，义务教育趋于均衡发展。自 2013 年以来我国累计改善贫困地区学校 10.8 万所，使农村（含县镇）义务教育薄弱学校教学和生活设施满足基本需要，全国 760 个贫困县通过了县域义务教育基本均衡发展国家实地督导检查。此外，农村教育信息化亦完成了"校校通、三通两平台、教学点数字教育资源全覆盖"等系列工程。

"强调乡村学校办学标准化建设，不再是为了鼓动农村'巨型学校'的建设，而是为了引导乡村学校发现学校和师生的优势，激发潜能，从而办成优质学校。学校的基础教育资源落实到位，才能让更多学生走出去获得优质教育。"（SCHS-JYJ1）

以"扶智"扩充教育发展的人才驱动力，提升教育质量和水平。其一，依托职业技能培训，实施职业教育东西协作行动计划。截至 2021 年 2 月，800 多万名贫困家庭初高中毕业生接受职业教育培训。其次，重视乡村教师队伍培育与扩充，"特岗计划"累计覆盖中西部 1000 多个县、3 万多所农村学校。截至 2021 年 2 月，"国培计划"培训中西部乡村学校教师校长近 1700 万余人次，连片特困地区乡村教师生活补助惠及 8 万多所乡村学校 127 万名教师，同时不断吸引优秀大学生及银龄教师支援西部，充实人才资源。

"通过组织集体备课、举办讲座指导我们当地教师申报课题等多种教研活动，帮助我们的教师提高教学水平和业务能力，把先进教育教学管理经验与理念带到了农村学校，提高了教师队伍整体素质和学校教学质量。我们的老师有机会走出去培训，我们的学生才更有可能接触到最新的知识理念。"（YNHQ-XZ1）

第五节　前瞻之思：乡域教育振兴的基本路径

脱贫攻坚后乡村振兴战略的全面施行，对农村教育振兴工作提出了更高的要求。立足于后脱贫时代，本研究从风险的阻隔、差异化供给、整合治理层级与功能、内涵式成长、治理效能提升等五个层面进行前瞻探索，构建教育"防贫防返贫"新机制。

（一）动态监测返贫致贫表征，分类预警阻隔教育振兴风险

针对不同人群潜在的返贫风险，坚持动态监测及时识别返贫致贫表征。首先，以建档立卡贫困人口为重点，将所有贫困户纳入监测范围，全面开展村委实时监测、行业部门重点监测、服务热线动态监测等多重监测方式。其次，建立周排查和月访制度，教育部门依托行业平台系统，每周开展数据比对筛查，通过线上筛查和线下排查，综合研判因学、因意外事故等原因导致教育出现的问题。再次，建立分类预警机制，有效连接专项动态帮扶机制，阻隔教育振兴风险。

针对观念返贫之困，以教育扶贫观念，宣传时代新风思想。部分以"等、靠、要"思想为返贫原因的人群，要通过教育科普现代科学技术，宣传人力资源思想，营造自强不息氛围。针对能力返贫之困，以教育提能力，构建技能培训体系。一方面需通过职业教育，短时间内提高脱贫人员的致富能力。另一方面，通过基础教育，提高其子女后代的能力，有效防止贫困的代际传递。

研究团队在云南鹤庆县调研发现，该县已建立贫困状况动态监测机制和预警干预机制，对因学致贫和致返贫的家庭进行登记管理，迅速跟进，有针对性地落实帮扶措施。一方面，严格学籍管理，对入

学、变动、复学、辍学情况进行分析，加强对贫困学生与留守儿童的监控；另一方面，建立县、乡、村、组四级动态监测工作体系，加大帮扶政策和措施落实，做到全程跟进、常态跟踪，确保稳定脱贫不返贫。

(二) 精准识别农村教育新需求，构建弹性差异化供给策略

立足乡村振兴的新起点，农村教育资源的配置目标已然从助力脱贫转向助力振兴，配置重点亦应当由刚性配置向柔性供给倾斜。

一是精准识别农村教育发展新需求。结合有关创新型教育研究成果，因"校"制宜对集中连片特困地区农村学校的发展规划创新性建设目标，从而更具针对性地助力乡村教育振兴。二是构建弹性化差异化供给策略。形成资源供给的需求导向，不仅局限于自上而下的发号施令，更应当自下而上形成需求，在形成内生动力及自主发展能力基础上以内部需求带动外在动力，从而实现多样化的资源供给形式。三是建设多元化供给主体的能力。教育资源供给组织在对工作人员进行培养与考核中凸显人文关怀，杜绝硬指标层层加压。在具体实践层面，可试行教育资源供给客体评价反馈机制，将师生家长的评价作为重要考核指标，切实推进教育资源供给主体能力的提升。

研究团队在遵义市道真县的"组团式"帮扶模式中，看到了教育资源的柔性供给。该模式提前了解每位支教教师的教学长处与学校优势，整合教学资源，根据道真县各校所需，提供个性化菜单，进行"点单式"对接帮扶，真正做到了因校、因师制宜，实现了资源输出的最优化、识别的精准化。

(三) 摒弃农村教育治理碎片化倾向，整合治理层级与功能

农村教育扶贫的整体性治理是提升农村教育质效的必然选择。整体性

治理要求政府、学校和社会等多主体通过平等合作、利益协调等方式，发挥好整体联动效应，同时建立健全针对教育主体履责的考核、监督机制，以优化农村教育扶贫程序。

基于理论与实际的优化，本研究对主体协作模式进行解构与重构。首先，既要有效发挥上级部门的指导职能，又要合理体现下级部门的自主管理职能，明确专项治理下同级政府教育扶贫任务，提高相关教育扶贫政策的宣传力度，构建科学有效的对象识别机制。其次，学校层面作为教育政策的主要执行者，应做好以"教学"为核心的本职工作，避免执行中的形式主义，建立教师、学生、家长等多主体间帮扶成果考核机制，同时简化流程、报表等方面的繁文缛节，减少教师的行政任务。再次，教育扶贫体系亟待社会力量的参与，应充分动员社会力量，尤其是大力发展慈善救助事业，鼓励并引导社会各界参与教育捐赠。

　　研究团队在甘孜藏区理塘县的调研中发现，当地政府、学校等主体正积极实行一套"五大机制与 1334+N"相结合的模式，其中"五大机制"强调跨省对口地区间、城乡校际、政府与学校、教师与学生以及人才自身激励的教育帮扶，并辅之"1334+N"精神建设机制。在该模式下理塘县的辍学率近十年内降低了 17.76%。

（四）发挥多重人力资本核心效应，助推农村教育内涵成长

后脱贫时代，农村教育振兴在确保"输血"机制的同时，还应巩固连片脱贫区域人民的"造血"能力，实现"由内而外"的教育公平，迈向依靠教育助力全面振兴的高级阶段。

重塑新的理念，阻断贫困的代际传递。通过专业的教师开启全方位育人模式，"润物细无声"地使受教育者形成正确的世界观、价值观，从"贫困"的思想中挣脱出来，培养人的能力，提升竞争力的核心要素。依

靠教育将知识转化为认知、学习、创新、合作等关键能力，以人力资本为核心来实现教育服务社会经济的最终价值。以人为本，巩固教育固脱防返成效。将"人"作为教育公平的出发点和落脚点，获得全面自由发展的人才能实现物质与精神的富裕，以素质换物质的"内涵式"教育才能有效助力脱贫，真正实现"教育公平"。

> 研究团队在四川黑水调研时发现，当地树立"教育一个学生，影响一个家庭"理念，志智同扶的过程中让学生了解国家建设、家乡发展、历史文化等方面的成就，重燃学习的希望。职业教育方面，办好中职学校和县级职教中心，支持一批社会有需求、就业有保障的特色优势专业。针对需要实施定向、订单培养，提高就业创业能力，培养一大批新型农民和产业需要的技术技能人才，通过教育来阻断贫困的代际传递。

（五）矫治资源投入政策倾斜工具导向，注重治理效能提升

进入后脱贫时代，教育扶贫也从"脱"绝对之"贫"转向"减"相对之"贫"，更应聚焦精准配置教育资源，提升基层教育治理效能，实现纾减相对贫困程度和可持续性发展目标。一方面，为促进教育事业均衡、公平发展，实现优质教育资源共享，应更加强调分配正义，满足脱贫群体社会阶层流动的诉求，在教育资源共享的过程中，给予相对贫困地区政策、规划以及项目安排等方面的统筹规划。另一方面，后脱贫时代教育发展的核心工作依然是将教育扶贫政策的体制优势转化为提升被扶贫对象满意度、获得感的实际治理效能。通过实现教育扶贫政策的精准性、建立稳定可持续的教育扶贫政策机制以及提升贫困地区民众的获得感与满意度等方式，提高教育扶贫政策的效能发挥水平。

研究团队在贵州省遵义市的调研中发现，为巩固已退出贫困地区的脱贫成果，贵州省坚持"四个不摘"，即坚持不摘责任、不摘政策、不摘帮扶、不摘监管。对顺利实现贫困退出的地区，在退出当年，由省财政一次性奖励财政专项资金 2000 万元用于脱贫成果巩固提升。原有的教育脱贫攻坚政策继续保持不变，推动公共教育资源向基层倾斜、向农村倾斜、向贫困地区倾斜、向薄弱学校倾斜，让教育给百姓更多的获得感。

结论与讨论

集中连片特困区域教育脱贫具有夯实脱贫攻坚成效、为乡村振兴注入活力、补齐社会主义现代化国家建设短板的重要意义。本研究历时 24 个月，团队成员对滇、黔、藏、川 4 省 14 县的 51 所乡村学校进行实地走访，以 258 位目标群体的深度访谈和 2040 份问卷调查为基础，获取了较为翔实的一手素材。

既有的研究通常关注农村教育脱贫的宏观价值，本研究则聚焦集中连片特困区域农村教育脱贫的特定场域，靶向集中连片特困区域农村教育脱贫的深层治理之困，通过解构教育脱贫实践的内在机理，拓展了研究深度。同时依托较大规模的数据分析和深度访谈样本，获得了具有普适性价值的研究成果。

研究发现，集中连片特困区域农村教育脱贫具有彻底阻断贫困代际传递、解决特困乡域社会矛盾、实现劳动力有序转移、达成教育公平普惠目标、维护造血扶贫持续机制等多重价值。基于调研数据，研究以整体性治理理论和政治势能理论为抓手，提炼了集中连片特困区域农村教育脱贫的深层次问题，包括"二元结构分化""人力结构错配""功能结构偏差"

"协同结构耗散""动力结构缺失"等治理困境表征，进而从教育脱贫的政策理想化、职能错位性、执行碎片化、评价单一化、先赋性阻力五个方面进行了溯源剖析。

在此基础上，研究凝练了集中连片特困区域农村教育脱贫的重塑方案，从"制度优位""政治势能""执行策略""强化考核""成效导向"等维度对集中连片特困区域农村教育脱贫的"中国之治"进行了详细阐释。立足乡村振兴的时代背景，研究前瞻性地构建了脱贫攻坚后时代农村教育振兴的可持续路径，提出了动态监测返贫致贫表征，分类预警以阻隔教育振兴风险；精准识别农村教育新需求，构建弹性化差异化供给策略等针对性策略。在未来的研究中，研究团队将更加关注实证样本的丰富性、概率抽样的覆盖性、教育发展的时效性等问题，同时将研究拓展至甘肃、新疆、宁夏等具有代表性的集中连片特困脱贫区域，探寻后脱贫时代农村教育振兴的发展现状。

参考文献

专著：

[1] 费孝通. 乡土中国 [M]. 北京：北京大学出版社，2012.

[2] 费孝通. 费孝通经典 [M]. 上海：华东师范大学出版社，2018.

[3] 贺雪峰. 乡村治理的社会基础 [M]. 北京：生活·读书·新知三联书店，2020.

[4] 刘刚. 乡村治理现代化：理论与实践 [M]. 北京：经济管理出版社，2021.

[5] 王滢涛. 中国特色乡村治理体系现代化研究 [M]. 上海：上海社会科学院出版社，2021.

[6] 徐勇. 乡村治理的中国根基与变迁 [M]. 北京：中国社会科学出版社，2019.

[7] 杨贵华. 转型与创生："村改居"社区组织建设 [M]. 北京：社会科学文献出版社，2014.

[8] 章浩，李国梁，刘莹. 新时期乡村治理的路径研究 [M]. 北京：首都经济贸易大学出版社，2021.

期刊：

[1] 郁建兴，任杰. 中国基层社会治理中的自治、法治与德治 [J].

学术月刊, 2018 (12).

[2] 侯宏伟, 马培衢. "自治、法治、德治"三治融合体系下治理主体嵌入型共治机制的构建 [J]. 华南师范大学学报 (社会科学版), 2018 (6).

[3] 张文显, 徐勇, 何显明, 等. 推进自治法治德治融合建设, 创新基层社会治理 [J]. 治理研究, 2018 (6).

[4] 邓建华. 构建自治法治德治"三治合一"的乡村治理体系 [J]. 天津行政学院学报, 2018 (6).

[5] 欧阳静. 乡村振兴背景下的"三治"融合治理体系 [J]. 天津行政学院学报, 2018 (6).

[6] 吴理财, 杨刚, 徐琴. 新时代乡村治理体系重构: 自治、法治、德治的统一 [J]. 云南行政学院学报, 2018 (4).

[7] 施远涛, 赵定东, 何长缨. 基层社会治理中的德治: 功能定位、运行机制与发展路径——基于浙江温州的社会治理实践分析 [J]. 浙江社会科学, 2018 (8).

[8] 王斌通. 新时代"枫桥经验"与基层善治体系创新——以新乡贤参与治理为视角 [J]. 国家行政学院学报, 2018 (4).

[9] 乔惠波. 德治在乡村治理体系中的地位及其实现路径研究 [J]. 求实, 2018 (4).

[10] 邓大才. 走向善治之路: 自治、法治与德治的选择与组合——以乡村治理体系为研究对象 [J]. 社会科学研究, 2018 (4).

[11] 邓超. 实践逻辑与功能定位: 乡村治理体系中的自治、法治、德治 [J]. 党政研究, 2018 (3).

[12] 黄浩明. 建立自治法治德治的基层社会治理模式 [J]. 行政管理改革, 2018 (3).

[13] 邰国英. 乡村治理中的法治德治自治关系问题探究 [J]. 法制

与社会，2018（30）．

[14] 吴晓琴. 论自治、法治、德治相结合的乡村治理体系及其现实意义 [J]. 实践与跨越，2018（2）．

[15] 何阳，孙萍. "三治合一"乡村治理体系建设的逻辑理路 [J]. 西南民族大学学报（人文社科版），2018（6）．

[16] 王国勤. 基层协商民主理论与实践在浙江的新进展 [J]. 浙江社会科学，2018（12）．

[17] 崔凤军，姜亦炜. 农村社区开放式协商机制研究——基于德清县乡贤参事会的调查 [J]. 浙江社会科学，2018（6）．

[18] 蔡禾，贺霞旭. 城市社区异质性与社区凝聚力——以社区邻里关系为研究对象 [J]. 中山大学学报（社会科学版），2014（2）．

[19] 曹姮钥，康之国. 后"村改居"时期的社区组织治理能力研究 [J]. 天津行政学院学报，2015（2）．

[20] 曹志刚. 多重逻辑下的社区变迁——武汉市千里马社区治理模式研究 [J]. 中国行政管理，2013（12）．

[21] 陈天祥，叶彩永. 新型城市社区公共事务集体治理的逻辑——基于需求—动员—制度三维框架的分析 [J]. 中山大学学报（社会科学版），2013（3）．

[22] 陈晓莉. 村改居社区及其问题：对城中村城市化进程的反思与改革 [J]. 兰州学刊，2014（3）．

[23] 丁煌，黄立敏. 社会资本视阈下的"村改居"社区治理——以深圳市宝安区为例 [J]. 江西社会科学，2009（9）．

[24] 范志海，刘钢，李高业. 大型居住社区治理模式初探——以上海三林世博家园社区为例 [J]. 华东理工大学学报（社会科学版），2010（5）．

[25] 顾杰，胡伟. 协商式治理：基层社区治理的可行模式——基于

上海浦东华夏社区的经验 [J]. 学术界，2016（8）.

[26] 顾永红，向德平，胡振光. "村改居" 社区：治理困境、目标取向与对策 [J]. 社会主义研究，2014（3）.

[27] 蒋福明，周晓阳. 论 "村改居" 社区文化特点及其转型的价值目标 [J]. 云南民族大学学报（哲学社会科学版），2014（1）.

[28] 蒋福明. "村改居" 社区文化及其困境探讨 [J]. 北京行政学院学报，2013（3）.

[29] 李和中，廖澍华. 行政主导的 "村改居" 社区治理困境及其化解——基于深圳市宝安区 S 街道的个案分析 [J]. 社会主义研究，2017（2）.

[30] 李菁怡. 论 "村改居" 中的社区自治与居民参与 [J]. 中共南京市委党校学报，2011（4）.

[31] 李强，陈宇琳，刘精明. 中国城镇化 "推进模式" 研究 [J]. 中国社会科学，2012（7）.

[32] 李学. 公平观念与城市化过渡社区中居民的利益博弈——以 X 市 PN 社区为例的实证分析 [J]. 公共管理学报，2008（4）.

[33] 刘凤，孙涛. 现代城市基层治理中的逆行政化问题研究 [J]. 天津社会科学，2017（1）.

[34] 刘俊祥. 论城市社区的民主合作治理 [J]. 云南行政学院学报，2010（5）.

[35] 刘晔. 公共参与、社区自治与协商民主——对一个城市社区公共交往行为的分析 [J]. 复旦学报（社会科学版），2003（5）.

[36] 麻宝斌，任晓春. 政府与社会的协同治理之路——以汪清县城市社区管理改革为个案 [J]. 吉林大学社会科学学报，2011（6）.

[37] 孙娜，唐丽萍. 结构功能主义视角下村改居社区居委会的功能实现——以上海泗泾镇 ZS 小区为例 [J]. 发展改革理论与实践，2017（12）.

[38] 王海侠, 孟庆国. 社会组织参与城中村社区治理的过程与机制研究——以北京皮村"工友之家"为例 [J]. 城市发展研究, 2015 (11).

[39] 吴莹. 村委会"变形记": 农村回迁社区的基层组织建设研究 [J]. 社会发展研究, 2014 (3).

[40] 吴莹. 空间变革下的治理策略——"村改居"社区基层治理转型研究 [J]. 社会学研究, 2017 (6).

[41] 向德平, 申可君. 社区自治与基层社会治理模式的重构 [J]. 甘肃社会科学, 2013 (2).

[42] 杨贵华. 城市化进程中"村改居"社区居民社团组织培育发展研究 [J]. 中共福建省委党校学报, 2013 (6).

[43] 杨贵华. 城市化进程中的"村改居"社区居委会建设 [J]. 社会科学, 2012 (11): 76-84.

[44] 杨贵华. 集体资产改制背景下"村改居"社区股份合作组织研究 [J]. 社会科学, 2014 (8).

[45] 刘金海. 村民自治实践创新 30 年: 有效治理的视角 [J]. 政治学研究, 2018 (6).

[46] 叶敏. 社区自治能力培育中的国家介入——以上海嘉定区外冈镇"老大人"社区自治创新为例 [J]. 南京农业大学学报 (社会科学版), 2015 (3).

[47] 周孟珂. 国家与社会互构: "村改居"政策"变通式落实"的实践逻辑——基于 Z 街道"村改居"的案例分析 [J]. 浙江社会科学, 2016 (5).

[48] 吕青. "村改居"社区秩序: 断裂、失序与重建 [J]. 甘肃社会科学, 2015 (3).

[49] 陈荣卓, 李梦兰, 马豪豪. 国家治理视角下的村规民约: 现代转型与发展进路——基于"2019 年全国优秀村规民约"的案例分析 [J]. 中国农村观察, 2021 (5).

［50］丁建彪．整体性治理视角下中国农村扶贫脱贫实践过程研究［J］．政治学研究，2020（3）．

［51］王露璐．中国式现代化进程中的乡村振兴与伦理重建［J］．中国社会科学，2021（12）．